성지행전

 Acts of the Holy Land 신약

이원희 목사와 함께 떠나는

성지행전

Acts of the Holy Land

이원희 지음

평단

하나님 보시기에 좋은 땅을 소망하며

《성경》은 기록한 연대와 장소 그리고 당시의 풍습을 생각하며 읽어야 이해하기 쉽고 말하고자 하는 의미를 정확히 알 수 있다. 그런데 《성경》은 실제 사건과 그 사건을 기록한 시기가 달라 독자가 이해하는 데 많은 어려움이 있다.

하나님이 베푸신 역사의 현장을 찾아다닌 지 올해로 꼭 65회가 되었다. 출입이 제한된 금지 구역과 신변의 위험, 불편한 교통 그리고 건강과 비용 문제 등 많은 어려움이 있었지만 밟는 땅마다 그 속에서 들려주시는 하나님의 메시지는 말씀을 글로 읽을 때와는 사뭇 달랐다.

특히 벧세메스에서 경험한 은혜는 특별했다. 새끼를 집에 두고도 좌우로 치우치지 않고 에그론에서 벧세메스까지 법궤를 끌고 오는 사명을 다한 후에는 자신의 몸을 번제물로 내어 놓기까지 한 암소의 길이야말로 오늘 내가 걸어갈 길이 아닌가! 성지에서 주신 하나님의 말씀을 전할 수 있다면, 그래서 많은 사람의 삶을 변화시킬 수 있다면 기꺼이 벧세메스로 가는 암소가 되리라고 다짐했다.

사실 성지 답사 초기에는 현장의 모습을 사진에 담고 정보를 얻는 데만 열중하다 보니 막상 그곳에서 일어난 사건과 말씀을 묵상하며 기도하는 일을 소홀히 했다. 그러다 2002년 바울의 전도 여행지를 답사하던 중 로도스Rhodes 섬 동쪽 린도스Lindos 항구의 아름다움에 취해 있을 때 하나님은 성지 답사의 새로운 장을 열어 주셨다.

이렇게 힘들게 일하는 것이 단순히 성지 현장의 정보만 주기 위함이라면 그것이 무슨 의미가 있겠는가. 이제는 성지에서 하나님이 주신 메시지를 전하는 자가 되어야겠다고 결심했다.

이후로 성지 답사는 확연히 달라졌다. 어디를 가든 사진 한 장 더 촬영하는 것에 연연하지 않고 그곳에서 일어난 《성경》 사건을 묵상하며 하나님 말씀에 더 귀를 기울였다. 그런 나에게 하나님은 가는 곳마다 현장에서 많은 은혜를 주셨다. 그 은혜로 성지 세미나와 성지 집회를 인도하기 시작했고, 더욱 많은 사람과 함께 성지에서 받은 은혜를 나누기 위해 이 글을 쓰게 되었다. 특히 이 책은 《성경》의 역사순에 따라 항목을 배열하고, 《성경》과 관련된 장소와 풍습 속에서 《성경》을 해석하고, 답사를 통해 얻은 정보와 현장에서 받은 은혜로운 말씀을 중심으로 엮었다.

끝으로 이 책을 출간하기까지 성지 현장을 함께 뛰고 협력해 준 이스라엘 유대학연구소 소장 이강근 박사, 요르단 성지여행사 손종희 사장, 이집트 성지여행사 제진수 사장과 성지 촬영을 함께한 탤런트 한인수 장로와 정영숙 권사, 한국성지미디어 이사진과 진흥문화사 박경진 회장 그리고 함께 성지를 찾고 늘 기도해 준 모든 사람에게 감사를 드린다. 마지막으로 이 책을 출판해 준 평단문화사에도 감사의 마음을 전한다.

하나님, 홀로 영광 받으소서 !Soli Deo Gloria!

구리 자택에서
이원희

Contents

2장

십자가
그 길을 따라

3장

오직
복음의 한길로

4장

세상 끝날까지
함께하리라

1장

이 땅에 오신 어린 양 예수

집에 들어가 아기와 그의 어머니 마리아가 함께 있는 것을 보고 엎드려 아기께
경배하고 보배합을 열어 황금과 유향과 몰약을 예물로 드리니라 마태복음 2:11

우리를 위하여
이 땅에
오신 예수

_베들레헴

마리아 수태 고지 교회 _ 나사렛

" 가이사 아구스도(아우구스투스)가 로마 황제로 있을 때 세례자 요한이 태
어났다. 그리고 6개월 후 요셉과 마리아가 호적을 등록하러 갔던 베들
레헴에서 예수님이 태어났다. 목자들은 들판에서 예수님의 탄생 소식을
듣고 찾아와 하나님께 영광을 돌리고 찬송했으며, 이어 동방박사들도
별을 보고 길을 따라와 아기 예수에게 경배했다 마태복음 1:1~2:12, 누가복음
1:1~2:38. "

로마가 팔레스타인 지역을 통치하고 있을 때 나사렛에 살던 요셉과 마리아는 결혼을 앞두고 정혼했다. 당시 정혼은 우리나라의 약혼보다 더 강한 개념으로 결혼식만 치르지 않았을 뿐 실질적으로는 결혼과 같은 것이었다. 오늘날도 중동 지역에서는 혼인을 약속한 후 패물이 준비될 때까지 결혼식을 미룬다. 보통은 여자 측에서 1년 정도 기다려 주는데, 1년이 지나도 패물이 준비되지 않으면 파혼하기도 한다.

그런데 요셉과 정혼한 마리아에게 이해할 수 없는 일이 일어났다. 천사 가브리엘이 하나님의 보내심을 받아 나사렛에 있는 마리아에게 찾아와 감당하기 어려운 말을 전한 것이다.

보라 네가 잉태하여 아들을 낳으리니 그 이름을 예수라 하라 누가복음 1:31

그 소리를 들은 마리아는 너무나 놀랄 수밖에 없었다. 결혼하지 않은 여자가 임신을 하면 율법에 따라 돌에 맞아 죽을 수도 있었기 때문이다. 마리아는 천사에게 물었다.

"나는 남자를 알지 못하니 어찌 이 일이 있으리이까?"

천사가 다시 마리아에게 말했다.

"성령이 네게 임하시고 지극히 높으신 이의 능력이 너를 덮으시리니 이러므로 나실 바 거룩한 이는 하나님의 아들이라 일컬어지리라. 대저 하나님의 모든 말씀은 능하지 못하심이 없느니라."

오늘날 나사렛에는 마리아 수태 고지 교회˚가 있다. 이 교회 지하에 마리아가 살던 집터가 있는데 바로 천사가 나타나 마리아에게 수태를 알려 준 곳이다. 그리고 교회 밖 요셉 기념 교회 쪽으로 가는 길에 보면 천사가 마리아에게 수태를 알리는 동상이 세워져 있다. 동상의 모습을 자세히 살펴보면 마리아가 두 손을 가슴에 모으고 두렵고 놀란 표정으로 천사를 바라보는 것을 알 수 있다.

감당할 수 없는 하나님의 말씀 앞에 마리아는 이렇게 대답했다.

주의 여종이오니 말씀대로 내게 이루어지이다 누가복음 1:38

마리아는 인류 구원을 위한 하나님의 계획 앞에 자신의 순결을 드렸다. 그것도 죽을 수도 있는 상황에서 말이다.

지금 예수님이 우리에게도 찬송가 〈내 너를 위하여〉의 가사처럼 "내 너를 위하여 몸 버려 피 흘려 네 죄를 속하여 살 길을 주었다 너 위해 몸을 주건만 날 무엇 주느냐 너 위해 몸을 주건만 날 무엇 주느냐"와 같이 질문한다면 우리는 어떤 대답을 할 수 있을까? 나 역시 찬송가 〈웬 말인가 날 위하여〉의 가사처럼 "늘 울어도 눈물로써 못 갚을 줄 알아 이 몸밖에 드릴 것 없어 이 몸 바칩니다"라고 할 것이다.

천사로부터 잉태 계시를 받은 마리아는 서둘러 친척 중 늙어 임신한 엘리사벳에게로 갔다. 엘리사벳은 예루살렘 근교 유다 산골마을인 아인카림에

● 마리아 수태 고지 교회 : 마리아가 천사 가브리엘로부터 예수를 잉태할 것이라는 계시를 받은 곳에 세워진 교회로 1969년에 완성되었다. 나사렛 시내에 들어서면 가장 먼저 눈에 띄는 원형의 큰 건물로 교회 지하에는 마리아가 수태 고지를 받았던 동굴이 보존되어 있다.

살고 있었는데 나사렛에서는 142킬로미터[**]나 되는 먼 거리였다. 아마 마리아는 천사로부터 나이 많은 엘리사벳도 임신했다는 소식을 듣고 확인차 급히 달려갔을 것이다. 그리고 천사가 말한 불가능한 일이 자신에게 가능한지 확인하고도 싶었던 것이다.

자식 없이 늙은 사가랴는 주의 사자가 나타나 그의 아내 엘리사벳이 아들을 낳을 것이라는 말을 들었으나 처음에는 믿지 못해 그 일이 이루어질 때까지 벙어리가 되었다. 엘리사벳 역시 다섯 달 동안 숨어 있었다. 그러나 마리아가 찾아와 문안하는 소리를 듣자 뱃속에서 아이가 기뻐 뛰놀았다. 이에 엘리사벳이 성령의 충만함을 받아 마리아에게 "내 주의 어머니"라고 부르면서 이렇게 말했다.

> 보라 네 문안하는 소리가 내 귀에 들릴 때에 아이가 내 복중에서 기쁨으로 뛰놀았도다 주께서 하신 말씀이 반드시 이루어지리라고 믿은 그 여자에게 복이 있도다 누가복음 1:44~45

이렇게 태어난 세례자 요한은 예수보다 6개월 먼저 출생했고 엘리사벳의 고백대로 예수를 낳은 마리아

●● 나사렛~아인카림 : 나사렛에서 제닌까지 29킬로미터, 제닌에서 세겜까지 40킬로미터, 세겜에서 예루살렘 성전산까지 65킬로미터, 예루살렘 성전산에서 아인카림까지는 8킬로미터로 대략 총 142킬로미터이다.

는 엘리사벳의 주의 어머니가 되었다.

오늘날 엘리사벳과 마리아가 만난 아인카림은 보통 성지 순례 일정에는 포함하지 않는다. 그러나 이스라엘에서 하루 일정을 추가한다면 아인카림을 비롯해 유대인 600만 학살 기념관과 베다니, 벳바게, 기랏여아림 등 예루살렘 주위 지역을 순례할 수 있다.

아인카림은 주차할 공간이 좁기 때문에 대형 버스는 순례객을 내려놓고 다른 곳에 있다가 시간에 맞춰 다시 와야 하는 불편함이 있다. 우리는 승용차를 이용해 아인카림을 찾아가기로 하고 먼저 엘리사벳과 마리아가 만난 곳에 세워진 마리아 방문 교회로 향했다.

《성경》의 기록대로 유다의 전형적인 산골마을인 아인카림은 주차장에서 200미터 평지를 걸어가면 왼쪽에 마리아 샘이 있다. 그곳에서 산 위로 다시 150미터를 올라가면 마리아 방문 교회가 나온다.

마리아가 엘리사벳을 만난 아인카림

교회 정문으로 들어서면 오른쪽에 엘리사벳과 마리아가 만나는 모습의 동상이 세워져 있는데 엘리사벳은 임신해 배가 부른 모습이다. 밖의 벽면에는 엘리사벳을 만난 마리아가 주를 찬양한 내용(누가복음 1:46~55)이 한국어를 비롯해 각국의 언어로 번역되어 있다.

이어 세례자 요한이 탄생한 곳에 세워진 교회로 들어서자 마리아 방문 교회처럼 왼쪽 벽면에 사가랴의 찬가(누가복음 1:68~79)가 각국의 언어로 번역되어 있었다. 하나님 말씀을 믿

마리아 방문 교회 앞에 있는 마리아와 엘리사벳이 만나는 동상 _ 아인카림

지 못해 벙어리가 되었던 사가랴가 세례자 요한이 태어난 후 입을 열어 찬양한 내용이다. 나이가 많아 자식을 포기한 사가랴에게도 하나님은 인류 구원을 위해 이 땅에 오실 예수님 앞에 요한을 보내 주었던 것이다.

마리아는 엘리사벳의 집에서 3개월을 지낸 후 다시 자기 집으로 돌아갔다. 이후 엘리사벳은 아들을 낳고 주의 사자가 말한 대로 그 이름을 요한이라고 지었다. 마리아는 임신으로 요셉과 파혼 위기에 처했지만, 임신이 성령으로 되었다는 천사의 말을 들은 요셉은 마리아와 결혼해 출산하기까지 동침하지 않고 지냈다.

세례자 요한이 출생한 후 6개월이 되었을 때 마리아는 만삭이 되었다. 이때 로마에서 첫 번째 황제 칭호(가이사)를 받은 아구스도는 사람들에게 우리나라의 주민세와 비슷한 인두세를 징수하기 위해 호적을 하도록 명령했다. 이 명령은 신속하게 이행되었고 요셉도 호적을

세례자 요한 탄생 교회 _ 아인카림

하러 만삭이 된 마리아와 함께 고향 베들레헴으로 올라갔다. 요셉은 나사렛이란 작은 마을에서 목공일을 하고 있었는데, 당시 목수는 낮고 천한 직업 중 하나로 요셉이 매우 가난한 사람이었다는 것을 알 수 있다.

베들레헴에 도착하자 호적을 하러 온 사람들로 모든 여관마다 붐벼 요셉과 마리아는 짐승 우릿간에 묵게 되었다. 그리고 이곳에서 마리아는 아기 예수를 낳아 구유(먹이통)에 눕혔다. 예수님은 이렇게 이 땅에 왔다. 가난한 목수의 아들로 세상에서 가장 낮은 곳으로 온 것이다.

오늘날 예수님이 탄생한 베들레헴 구유에는 예수 탄생 교회가 세워져 있다. 예수 탄생 교회는 비잔틴 제국의 황제 콘스탄티누스와 그의 어머니 헬레나 황후의 발의로 세워졌으나 AD 6세기경 사마리아인의 반란으로 일부 파괴되었다. 그러다 530년 유스티니아누스에 의

18

해 개조되어 지금까지 남아 있다.

　7세기경 페르시아가 이 땅을 침입했을 때 대부분의 교회가 파괴되었으나 예수 탄생 교회는 당시 교회 정면에 있던 모자이크 때문에 훼파를 모면했다고 한다. 아기 예수를 경배하기 위해 찾아왔던 세 명의 박사를 그린 모자이크가 페르시아 복장으로 묘사되어 있었기 때문이다. 그리고 교회 입구를 좁고 낮게 한 것은 회교도 침입자들로부터 보호하기 위해서였다.

　지금도 좁은 입구 위에는 본래의 문이 있었던 아치형 흔적이 그대로 남아 있다. '겸손의 문'으로 불리는 이 문은 허리를 숙여야만 들어갈 수 있게 되어 있다. 이는 하늘 영광을 버리고 이 땅에 온 예수님의 생애와 겸손의 가르침을 보여 주는 의미 있는 문이다.

> 낙타가 바늘귀로 들어가는 것
> 이 부자가 하나님의 나라에
> 들어가는 것보다 쉬우니라 마
> 태복음 19:24

이 말씀에 대해서는 낙타를 밧줄로, 바늘귀는 침공문으로 보는 견해도 있다(안셀무스, 토마스 아퀴나스). 예루살렘은 바늘귀 문이 있었는데 입구가 너무 좁

예수 탄생 교회로 들어가는 겸손의 문

목자들이 천사에게 예수님의 탄생 소식을 들은 장소에
세워진 목자들의 들판 교회 _ 베들레헴 근교 벧사훌

동방박사 기념 교회 _ 이란 오루미예

고 낮아 이 문으로 낙타가 들어가려면 모든 짐을 내리고 구부려야 통
과할 수 있었다. 예수님은 이 문을 생각하며 비유를 들어 설명했을
것이다.

예수님이 짐승 우리에서 태어난 사실을 처음 안 사람은 베들레헴
근교 들판에서 양을 치고 있던 목자들이었다. 그들은 밤에 양떼를 지
키다 천사들로부터 예수님의 탄생 소식을 들었다. 그리고 베들레헴
으로 아기 예수를 찾아가 마리아와 요셉에게 천사들이 말한 내용을
전하고 하나님께 영광을 돌린 후 찬송하며 돌아갔다.

오늘날 벧사훌에는 목자들이 예수님의 탄생 소식을 들은 것을 기
념해 세운 목자들의 들판 교회가 있는데 교회 옆에는 목자들이 양을
지켰던 동굴이 있다. 돔 모양으로 세워진 교회 안에는 목자들이 천사
로부터 소식을 듣는 장면과 아기 예수를 찾아가는 모습, 그리고 찬송
하며 돌아오는 모습이 그림으로 장식되어 있다.

교회를 나와 옆에 있는 동굴로 가자 순례객을 위한 공간이 마련되어 있었다. 이 동굴에서 천사로부터 구원의 기쁜 소식을 가장 먼저 들은 목자들을 떠올렸다. 그들이야말로 아주 복된 자들이지 않은가. 우리 역시 복음을 먼저 받았으니 아직 이 소식을 모르는 사람에게 전하는 것이 마땅하다.

지극히 높은 곳에서는 하나님께 영광이요 땅에서는 하나님이 기뻐하신 사람들 중에 평화로다 누가복음 2:14

목자들이 다녀간 후 멀리 동방에 있던 박사들이 별을 연구하던 중 예수님의 출생 사실을 알고 별을 따라 이곳까지 찾아왔다. 동방박사들이 있던 곳은 고대 페르시아 지역이나 정확한 위치는 알 수 없다. 다만 오늘날 카스피 해 서남쪽에 있는 이란 오루미예에 동방박사 기념 교회가 있어 장소를 추측할 뿐이다. 그렇게 보면 동방박사들은 베들레헴에서 1,400킬로미터나 떨어진 먼 곳에서 온 것이다.

박사들이 몇 명 왔는지는 모르지만 어쨌든 세 가지 예물을 준비

〈목자와 동방박사들의 아기 예수 방문〉 _ 이집트 카이로 동굴 교회

<동방박사들의 아기 예수 방문길> _ 스테파노 사세타 작, 뉴욕 메트로폴리탄 미술관 소장. 경사진 구도는
아기 예수 방문길이 험하고 힘든 여정임을 보여 주며, 많은 사람과 물품은 긴 여정이었음을 짐작케 한다.

했다. 한 사람이 한 가지씩 준비했을 수도 있고, 한 사람이 세 가지
예물을 준비했을 수도 있다.

그러나 황금과 유향과 몰약, 이 세 가지 예물은 카스피 해 서남쪽
에서는 나지 않는다. 특히 유향은 사우디아라비아 남쪽의 예멘에서
많이 생산된다. 따라서 박사들이 가지고 온 예물은 아기 예수의 탄생
에 맞춰 따로 준비한 것으로 보인다.

황금은 고대에 왕에게 드리는 대표적인 예물이었다. 유향은 신
성한 예물이며, 몰약은 죽은 자를 장례하는 데 필요한 물품이다. 그
러므로 황금은 아기 예수를 왕으로 인정하는 표시로 드린 것이요, 유
향은 아기 예수를 하나님의 아들로서 거룩한 분으로 인정하는 표시
로 드린 것이며, 몰약은 인류 구원을 위해 이 땅에 온 구세주로 인정

하는 표시로 드린 것이다.

그렇다면 동방박사들은 그 예물을 어디서 준비했을까? 당시 무역로를 살펴보면 시리아 사막에 있는 타드모르Tadmor(팔미라의 현대 지명)와 남쪽의 요르단 페트라가 대상들의 주요 교역 도시였다. 아마도 박사들은 대상들의 무역이 이루어졌던 타드모르에서 세 가지 예물을 준비했을 것이다. 그러나 예물을 준비한 장소보다도 그들이 아기 예수의 탄생에 맞춰 예물을 준비했다는 것이 더 중요하다.

아기 예수가 태어난 때는 가이사 아구스도가 로마의 황제로, 헤롯 대왕이 팔레스타인 지역 분봉왕으로 통치하고 있을 때였다. 박사들이 별을 따라 예루살렘에 도착한 후 "유대인의 왕으로 나신 이가 어디 있느냐? 우리가 동방에서 그의 별을 보고 그에게 경배하기 위해 왔다"고 말하자 헤롯과 백성은 매우 놀랐다. 더욱이 태어난 아기가 유대인의 왕이라는 말은 헤롯에게는 큰 충격이었다. 이에 헤롯이 조용히 박사들을 불러 아기를 찾으면 자기에게도 알려 줄 것을 부탁했다. 이후 헤롯을 떠난 박사들은 베들레헴에서 별이 멈춘 것을 보고 아기 예수를 찾아가 세 가지 예물을 드렸다.

아기 예수가 태어난 곳은 베들레헴 예수 탄생 교회 강단 지하에 있다. 겸손의 문으로 들어가면 강단 오른쪽으로 지하로 내려가는 좁은 문이 있다. 허리를 굽혀 지하로 내려가면 바닥에 별모양으로 표시된

아기 예수가 태어난 자리 _ 베들레헴 예수 탄생 교회

공중에서 본 베들레헴, 중앙 건물이 예수 탄생 교회이다.

곳이 있는데 바로 예수님이 태어난 자리이다. 이곳은 많은 순례객으로 붐벼 보통 때는 줄을 서서 기다려야 한다. 그리고 그 앞에 손을 대고 기도를 올린다.

예수님이 태어난 이 자리에서 가장 크게 다가오는 것은 동방박사들이 드린 예물의 의미다. 예수님은 우리 죄를 사하고 우리의 모든 질병과 연약함을 친히 담당하기 위해 이 땅에 왔다. 그래서 해마다 성탄절이 되면 '축하보다 감사를 먼저'라는 제목으로 말씀을 전한다. 나를 위해 목숨까지도 내놓은 예수님 앞에 축하보다는 "예수님, 나를 위해 이 땅에 오심을 감사합니다"가 먼저이기 때문이다. 그리고 나서 예수님께 축하를 드리는 것이 바른 순서라고 생각한다.

앞서 언급한 것처럼 마리아는 인류 구원을 위해 자기의 순결을 드렸다. 그리고 동박박사들은 예수님을 왕으로, 하나님의 아들로, 구세주로 인정하는 표시로 황금과 유향과 몰약을 드렸다. 그렇다면 우리는 무엇을 드릴 수 있을까? 우리를 구원하기 위해 십자가에 달려 죽기까지 한 예수님 앞에 무엇을 드릴 것인가?

난 전 재산을 드린다 해도, 나의 재능과 명예와 경험을 다 드린다 해도 부족하다. 그래서 찬송가의 가사처럼 "이 몸밖에 드릴 것 없어 이 몸 바칩니다"라고 고백하지만, 그 몸조차도 약하고 병들어 드리기가 죄송하다.

그래서 이렇게 기도한다.

"나의 생애를 주께 드립니다. 주님, 보잘것없는 인생이지만 기쁘게 받아 주세요. 나의 몸을 주께 드립니다. 약하고 병든 몸이지만 물리치지 말아 주세요."

요셉이 일어나서 밤에 아기와 그의 어머니를 데리고 애굽으로 떠나가 헤롯이
죽기까지 거기 있었으니 이는 주께서 선지자를 통하여 말씀하신 바 애굽으로부터
내 아들을 불렀다 함을 이루려 하심이라 마태복음 2:14~15

온 인류를
위한 피난
_ 예수의 피난처

요셉 가족이 이집트로 피해 와서 머물렀던 예수 피난 교회 _ 옛 카이로

" 베들레헴에서 태어난 아기 예수는 할례를 받고, 요셉은 꿈속에서 주의
사자가 지시한 대로 마리아와 아기 예수를 데리고 헤롯을 피해 이집트
로 갔다. 그리고 그곳에서 헤롯이 죽기까지 머물렀다. 한편 헤롯은 동방
박사들에게 속은 것을 알고 심히 노하며 박사들에게 물은 때를 기준으
로 두 살 아래의 아기를 모두 죽이라는 명령을 내렸다 마태복음 2:13~18. "

헤롯 대왕은 BC 47년경 로마 아우구스투스 줄리어스 시저(가이사 아구스도)로부터 유대 총독으로 임명받은 안티파터 Antipater의 장남이다. 대왕이라는 칭호는 안티파터의 장남이어서 학자들이 붙인 것이다.

헤롯은 동방박사들로부터 유대인의 왕으로 난 아기가 있다는 말을 듣고 왕권의 위기를 느꼈다. 이는 로마 지배하에 있는 유대 땅을 계속해서 분봉왕으로 통치하기 위해서는 로마의 신임을 받아야 했기 때문이다. 따라서 자신의 통치 지역에서 폭동이나 반란 등의 문제가 발생해서는 안 되었다. 또한 헤롯은 신분상 유대인이 아니라 에돔족 혈통인 이두매인으로 항상 유대인들에게 신변의 위험을 느끼고 있었다.

그가 얼마나 불안해했는가는 요새 건축과 유아 학살에서 알 수 있다. 헤롯은 로마로 출장을 갈 때든지, 반란이 일어날 경우를 대비해 이스라엘 쪽 헤로디온과 마사다 그리고 요르단 쪽 마케루스에 유사시에 피할 수 있는 요새와 궁전을 건축했다. 또 말년에 아기 예수를 죽이려고 한 것 또한 왕권에 대한 불안을 보여 준다.

아기 예수를 데리고 이집트로 피난 간 요셉 가족은 2년 정도 피난 생활을 했다. 《성경》에는 언급되어 있지 않지만 이집트 콥틱 교회의 전승에 의하면 요셉 가족은 이집트에 와서도 한곳에 머무르지 않고 여러 곳으로 피해 다녔다.

예수의 피난 여정을 살펴보기 위해 온On 지역으로 향했다. 온은 요셉의 장인이 살았던 곳으로 오늘날에는 확장된 카이로 변두리에 위치한 헬리오폴리스이다.

마리아가 쉬면서 아기 예수에게 젖을 먹였다고 전해지는 마리아 나무(돌무화과나무) _ 이집트 헬리오폴리스

헬리오폴리스에서 마리아가 몸을 숨겼던 곳에 이르자 총을 든 군인들이 지키고 있었다. 이곳에는 마리아의 우물이 있는데, 그 옆에 한 돌무화과나무가 자라고 있었다. 피난 당시 이곳은 사막이었고 유일하게 무화과나무 한 그루가 있었는데, 마리아가 이 나무 그늘에서 잠시 머물며 아기 예수에게 젖을 물렸다고 전해진다. 그래서 이곳에 세워진 교회에는 마리아가 아기 예수에게 젖을 물리는 모습과 요셉이 마리아에게 과일을 건네는 모습의 성화가 걸려 있다. 지금의 나무는 마리아 당시의 나무가 번식한 것이라고 해 일부 콥틱 신자들은 이 나무를 숭배하고 있다. 교회는 5세기경 처음 세워졌고 1350년에 프란체스코 소유가 되었는데 현재 건물은 1872년에 건축된 것이다.

우물 긷는 요셉과 아기 예수에게 물을 붓는 마리아 _ 이집트 헬리오폴리스

교회에서 나와 다시 마리아 우물 앞으로 가자 벽에 조각상을 만들어 걸어 놓은 것이 눈에 띄었다. 요셉이 우물에서 물을 긷고 있고, 마리아는 아기 예수에게 더위를 식히기 위해 물을 붓는 모습의 조각이었다. 아마 요셉 가족이 한여름에 이집트에 온 것임을 보여 주기 위한 것으로 생각된다. 이제 갓 출산한 몸으로 아기 예수를 안고 무더위 속에 베들레헴에서 이곳 먼 이집트까지 피난 왔으니, 이 모든 것이 인류 구원을 위한 하나님의 큰 사랑이 아니겠는가.

우리는 온을 떠나 옛 카이로Old Cairo에 있는 예수 피난 교회로 갔다. 예수 피난 교회는 성지 순례 때 빠지지 않고 방문하는 곳이다. 도로에서 아래 계단으로 내려가 좁은 골목을 따라가면 교회가 보인다.

아부사르가 교회The Church of Abu Sarga라는 이집트에서 가장 오래된 교회 중 하나로 순교자 사르기우스와 바쿠스를 기념해 세운 것이다.

반지하로 된 교회 안으로 들어가자 벽에는 예수님의 생애를 보여 주는 성화가 걸려 있었다. 정면 왼쪽으로 높은 강단이 있고 지붕을 떠받치는 기둥은 예수님과 열두 제자를 상징하듯 총 13개가 세워져 있었다. 그중 특이하게 검은색 기둥이 보였는데 가룻 유다를 상징하는 것이었다. 교회 안에는 마리아가 몸을 피한 곳으로 전해지는 동굴이 있는데, 일반 순례객에게는 개방하지 않아 들어갈 수 없지만 위에서 보면 동굴 안이 보인다.

단체 성지 순례를 인도할 때마다 이곳에서 꼭 전하는 말씀이 있다. 베들레헴에서 갑작스럽게 피난 온 요셉 가족은 어떻게 피난 생활의 경비를 마련했을까? 목수로 가난한 살림을 꾸려 나가던 요셉인데 준비할 시간도 없이 이집트로 와서 어떻게 생활했을까?

그것은 바로 동방박사들이 드린 세 가지 예물이 있었기에 가능했다. 동방박사들이 신앙 고백으로 드린 예물을 팔아 생활한 것이다. 황금은 예나 지금이나 세계 어디서든 현금으로 쉽게 바꿀 수 있는 것이고, 유향은 물이 귀한 중동 지역에서 몸의 냄새를 제거하는 데 사용하는 일상적인 필수품이었다. 그래서 당시 저축 수단 중 하나가 질 좋은 향수를 구입해 모아 놓는 것이다. 마리아가 예수님께 향유를 부은 것도 이런 의미에서 이해할 수 있다. 몰약은 이집트에서 장례 때 꼭 필요한 물품으로 역시 현금으로 쉽게 바꿀 수 있었다.

하나님의 섭리는 이런 것이다. 신앙 고백으로 드린 세 가지 예물을 가지고 피난 생활비로 사용하게 한 하나님의 섭리는 오늘 우리에

요셉과 마리아가 배를 타고 도피한 마리아 콥틱 교회 _ 이집트 마디

게도 귀한 교훈을 준다. 요셉과 마리아처럼 도피 생활을 할 수밖에 없는 어려운 환경에서도 우리는 믿음으로 살아야 한다. 생활환경이 어려울 때를 대비해 신앙을 더욱 믿음으로 강하게 준비해야 한다.

철학자 비트겐슈타인은 "지붕에 올라간 사람은 사닥다리가 필요 없다"고 말했다. 이 말은 곧 믿음은 이 세상에서 필요한 것이지 천국에서는 필요 없다는 말이다. 믿음과 같은 사닥다리는 천국과 같은 지붕에 올라가기 위해 필요한 것이지 일단 지붕(천국)에 올라가면 다시 세상으로 내려올 필요가 없기 때문에 사닥다리가 필요 없다는 것이다.

그렇다. 믿음이란 이 세상에서 필요한 것이다. 동방박사들이 신앙 고백으로 드린 예물로 이집트에서 생활비로 사용한 것처럼 우리가 험한 세상을 살아가는 것은 신앙 고백 곧 믿음으로 사는 것이다. 그래서 평안할 때 믿음을 쌓아 놓으면 환난 때 그 믿음을 사용해 세상을 이기는 것이다. 이것이 예수 피난 교회에서 깨달은 은혜이다.

다음으로 찾아간 곳은 요셉 가족이 배를 타고 더 남쪽으로 내려간 나일 강변에 있는 마리아 콥틱 교회이다. 여러 차례 이곳을 방문했지만 이번에는 관광객을 위해 운영하는 돛단배인 펠루카를 타기로 했다. 교회에 도착해 보니 요셉, 마리아, 아기 예수를 상징하는 원형 모양의 세 지붕이 눈에 띄었다. 이집트에서조차 한곳에 머무르지 못하고 그렇게 피해 다녀야 했던 요셉과 마리아의 심정이 더 가까이 전해지는 듯했다.

《성경》에서 이집트는 피난처요 도피 장소이다. 아브라함은 기근을 피해 이집트로 내려왔고, 여로보암은 솔로몬을 피해 이집트로 망명했다. 요셉은 헤롯의 박해를 피해 아기 예수를 데리고 이집트로 왔다. 그러나 이집트는 영원한 피난처가 되지 못했다. 그래서 아브라함은 다시 약속의 땅 가나안으로 돌아갔고, 형들에 의해 이집트로 팔려온 요셉은 죽어 뼈만이라도 가나안 땅에 묻어 주기를 후손에게 다짐시키고 마침내 약속의 땅에 있는 세겜에 묻혔다. 여로보암도 솔로몬이 죽은 후 이집트 망명 생활을 마치고 본토로 돌아갔다.

요셉과 마리아도 헤롯이 죽은 후 다시 나사렛으로 돌아가 30년을 보냈다. 세상에는 영원한 피난처가 없다. 오직 우리 피난처는 하나님뿐이다.

하나님은 우리의 피난처시요 힘이시니 환난 중에 만날 큰 도움이시라
시편 46:1

나사렛이란 동네에 가서 사니 이는 선지자로 하신 말씀에 나사렛 사람이라

칭하리라 하심을 이루려 함이러라 마태복음 2:23

예수님이 성장한 나사렛 _ 이스라엘

작지만 큰 동네
_나사렛

" 헤롯 대왕이 죽은 후 요셉은 주의 사자의 말에 따라 이스라엘로 돌아왔
다. 그러나 헤롯의 아들 아켈라오가 유대 분봉왕이 되었다는 소식을 들
은 그는 유대 지역으로 가지 않고 갈릴리에 있는 나사렛으로 올라갔다.
예수님은 나사렛에서 공생애를 시작하기 전인 30세 무렵까지 아버지
요셉의 목수 일을 도우며 자랐다. 특히 열두 살 때는 유월절을 지키기
위해 예루살렘으로 올라갔다가 랍비들과 율법에 대해 질문과 대답을 나
누기도 했다 마태복음 2:19~23, 누가복음 2:39~40. "

헤롯 대왕이 죽은 후 이집트에서 돌아온 요셉은 나사렛에 있는 자기 집으로 가서 목수 일을 하며 지냈다. 예수님은 나사렛에서 30여 년을 보통 사람처럼 아버지의 일을 도우며 지냈기 때문에 훗날 '나사렛 예수'라는 칭호가 붙었다.

나사렛*은 예루살렘 북쪽 약 134킬로미터 지점, 다볼 산 서쪽 9킬로미터, 갈릴리 바다 서쪽 도시인 티베리아에서는 서남쪽으로 약 31킬로미터쯤에 위치한 산악 지대에 있는 마을이다. 지중해에서는 동쪽으로 약 32킬로미터 떨어진 갈릴리 지방의 작은 동네였으나 지금은 이 지역의 중심 도시가 되었다. 삼태기 모양으로 가운데가 움푹 들어간 분지에 자리 잡고 있으며, 주위는 해발 375미터의 산이 마치 병풍처럼 두르고 있다. 성서 시대에는 국제 도로인 바닷길(비아 마리스Via Maris)이 지나는 주요 교통로에 위치해 있었다.

나사렛은 구약에서 어떤 형태로든 한 번도 언급되지 않았다. 그러나 고고학 발굴을 통해 이곳에서 오래전부터 사람이 살았음을 확인했다.

예수님 당시 나사렛은 30~50가구 정도가 살던 작은 마을로 농사를 짓는 사람이 대부분이었다. 제2차 성전이 무너진 후에는 유대인이 살았으며, 나다나엘의 말처럼 나사렛은 평판이 좋지 않았다(요한복음 1:46). 이는 이곳 사람들이 교육을 받지 않은 무

● 나사렛 : 나사렛의 헬라어는 '초소', '망루' 등의 뜻을 가진 나차르와 '새싹', '싹' 등의 뜻을 가진 네체르라는 히브리어에서 유래된 것으로 보인다. 유대인은 기독교인을 나사렛 지명에서 따와 '나사렛 사람들'이라는 뜻으로 '노찌리'라고 부른다. 나사렛은 히브리어인 '나짜레트' 어원에 '쏘다', '가지'란 뜻이 내포되어 있어 〈이사야〉 11장 1절의 "이새의 줄기에서 한 싹이 나며…"라는 말씀처럼 나사렛 사람 예수님의 탄생을 예고한 셈이다.

례한 자들이었기 때문일 것이다.

오늘날 나사렛에는 《성경》과 관련된 여러 형태의 교회당이 있는데 1980년 통계에 의하면 24개의 교회가 있었다. 아랍인은 거의 이슬람교를 믿으나 이곳 나사렛에 거주하는 아랍인 중 70퍼센트 이상이 크리스천이다. 예로부터 나사렛은 이스르엘 평야의 비옥한 농토에 의지해 농사를 지었으며, 주위 산에는 지금도 감람나무가 무성하고 이 때문에 올리브기름 생산지로도 유명하다. 최근에는 마리아 수태 고지 교회 근처에 대규모 회교 사원을 건립하는 문제로 분쟁이 일어나기도 했으나 건축은 이루어지지 않았다.

나사렛에는 마리아의 집터가 있는데 그곳에서 남쪽으로 150미터 정도 떨어진 곳에 요셉의 집터 위에 세워진 요셉 기념 교회가 있다. 그러니까 마리아와 요셉은 이웃으로 살다가 결혼한 것이다.

요셉 기념 교회에는 요셉이 목수 일을 했던 옛 터가 있다. 교회 정면은 요셉이 천사로부터 꿈속에서 마리아를 데려오는 것을 두려워하지 말라는 내용과 마리아와 정혼식을 하는 모습이 색유리로 장식되어 있다.

교회를 둘러보며 마리아의 잉태 소식을 들었을 때의 요셉의 심정을 가만히 생각해 보았다. 꿈속에서 천사가 나타나 성령으로 인한 것이라 했다 해도 요셉의 입장에서는 믿기 어려운 일이었다. 요셉은 참을 수 없는 배신감을 느꼈을 것이다. 당시 시대 상황으로 볼 때 요셉의 말 한마디에 정혼자인 마리아의 목숨이 달려 있었다. 그래서 그는 가만히 끊고자 했다. 이런 요셉의 인격적인 모습이야말로 원수까지도 사랑하라는 예수님의 말씀을 가지고 사는 신자의 모습이다. 요셉

〈요셉과 마리아의 정혼〉 _ 나사렛 요셉 기념 교회

의 집터에서 다시 한 번 용서와 받아들임이 무엇인지 생각하며 나사렛의 옛 회당으로 갔다.

전해지는 이야기에 의하면 이 회당은 예수님 당시의 회당으로 알려져 있다. 회당 안에 강단 하나와 좌우로 계단만 있는 단순한 구조로 보아 그렇게 생각할 수도 있다.

예수님 당시 나사렛은 30~50가구 정도가 살던 작은 마을이었고, 보통 유대인은 성인 남자 열 명이면 회당을 세울 수 있었으니 작은 시골 마을에 회당은 한 개밖에 세울 수 없었을 것이며 규모도 크지 않았을 것이다. 그렇다면 지금 우리가 서 있는 이곳이 예수님 당시의 회당이라면 예수님은 이곳에서 〈이사야〉 말씀을 읽었을 것이다.

> 주 여호와의 영이 내게 내리셨으니 이는 여호와께서 내게 기름을 부으사 가난한 자에게 아름다운 소식을 전하게 하려 하심이라 나를 보내사 마음이 상한 자를 고치며 포로된 자에게 자유를, 갇힌 자에게 놓임을 선포하며 여호와의 은혜의 해와 우리 하나님의 보복의 날을 선포하여 모든 슬픈 자를 위로하되 이사야 61:1~2

예수님이 말씀을 읽은 그 자리에서 우리도 똑같이 〈이사야〉 말씀을 읽었다. 너무나 감격스러운 순간이었다. 성지 순례가 갖는 가장 큰 의의는 《성경》에 나온 바로 그 자리에 있을 수 있다는 것이다. 그래서 그곳에서 일어난 《성경》 말씀을 읽고 그 뜻을 묵상하며 기도하는 것이다.

이렇게 성지에서 주시는 하나님의 은혜가 너무 크기에 이 일을 사명으로 알고 지금껏 해오고 있다. 성지 순례를 통해 말씀을 전하며, 성지에 관련된 글을 쓰고, 세미나와 집회를 인도하며 미디어를 통해 성지의 복음을 전하고 있다. 앞으로 여건이 허락되면 성지 센터나 성지 다큐 제작과 성지 테마파크를 만들어 좀 더 실제적으로 성지에서 받은 은혜의 말씀을 전하고 싶은 소망이 있다.

예수님은 이곳 회당에서 말씀을 읽은 후 모인 무리에게 "이 글이 오늘 너희 귀에 응하였느니라"라고 했다.

예수님 당시의 나사렛 회당에서 〈이사야〉 말씀을 읽는 순례객

이 말을 들은 사람들은 놀라면서 서로 수군거렸다.

"이 사람이 요셉의 아들이 아니냐?"

이에 예수님이 다시 말씀하셨다.

"선지자가 고향에서는 환영을 받는 자가 없느니라. 내가 참으로 너희에게 이르노니 엘리야 시대에 온 땅에 흉년이 들었을 때 많은 과부 중에 엘리야는 사렙다의 한 과부에게만 보내심을 받았느니라. 또한 이스라엘에 나병환자가 많았으나 오직 수리아 사람 나아만만이 깨끗함을 받았느니라."

이에 회당에 있는 사람들이 크게 분노해 예수님을 잡아 동네 밖 산 낭떠러지로 끌고 가서 죽이려고 했다. 예수님을 어린 시절부터 알아온 사람들이니 자신이 하나님의 아들이라는 간접적인 표현을 받아들일 수가 없었던 것이다.

그런데 예수님이 산 낭떠러지로 가서 죽기 직전에 이르렀을 때 《성경》은 "밀쳐 떨어뜨리고자 하되 예수께서 그들 가운데로 지나서 가시니라"(누가복음 4:29~30)고 기록하고 있다. 과연 29절과 30절 사이에는 어떤 일이 있었을까? 아마 이 두 절 사이에 예수님이 그들의 눈을 어둡게 했다든지, 아니면 그들의 몸을 움직이지 못하도록 했다든지 하는 기록이 빠졌을 것으로 생각하기 싶다. 아니면 아직은 예수님이 죽을 수 없기 때문에 어떤 기적을 베풀었다고도 볼 수 있다.

그러나 이에 대한 궁금증은 기록이 빠진 것이 아니라 당시 철저하게 안식일을 지키던 상황을 이해하면 쉽게 해결된다. 예수님 당시 유대인은 안식일을 철저히 지켰다. 안식일에는 회당을 갔다 오는 정도의 거리(약 2천 보)만 걷고 개인적인 일로 걷는 것은 금지되었다. 그러므로 안식일에 예수님의 말씀을 듣고 분노한 사람들이 예수님을 낭떠러지로 끌고 가서 죽이려던 순간 자신들이 안식일 규정보다 많이 걸은 것을 기억하고 더 이상 움직일 수가 없었던 것이다.

오늘날에도 예루살렘에는 2킬로미터마다 철사줄에 천을 묶어 안식일에 규정된 걸음보다 그 이상 걷는 것을 방지하고 있다. 이 철사줄에 매인 천을 볼 때마다 유대인이 율법적이기는 하지만 하나님에 대한 철저한 예배정신만은 본받아야겠다는 생각을 한다. 마찬가지로 우리 또한 주일을 지키는 것만은 철저해야 한다. 교회에서 드리는 예배뿐만 아니라 우리 생활이 항상 예배가 되어야 한다.

성지 순례 시에는 므깃도에서 나사렛으로 가는 버스 안에서도 이

예수님을 죽이려 끌고 갔던 산 낭떠러지 _ 나사렛 외곽

낭떠러지를 볼 수 있다. 지금은 낭떠러지 바로 밑에 굴을 뚫어 더 가까이에서 볼 수 있다. 나사렛 회당에서 낭떠러지까지는 자동차 길로 대략 2~3킬로미터쯤 되는 것 같다.

이곳을 지나갈 때마다 순례 버스 안에서 율법의 문자적인 해석에만 빠져 막상 율법의 정신을 등한시한 당시 종교 지도자에 대한 말씀을 전한다. 그래서 예수님도 그런 종교 지도자를 향해 안식일은 사람을 위해서 있는 것이지 사람이 안식일을 위해 있는 것이 아니라고 가르치지 않았는가!

우리는 율법을 결코 등한시하지 않는다. 중요한 것은 율법이 말하고자 하는 근본정신이다. 말로만 말씀을 외치는 것은 힘이 없다. 말씀을 행동으로 옮길 때 그 말씀에 힘이 있어 많은 사람을 감동시키며 구원에 이르게 하는 것이다.

〈야고보서〉는 이렇게 말하고 있다.

내 형제들아 만일 사람이 믿음이 있노라 하고 행함이 없으면 무슨 유익이 있으리요 그 믿음이 능히 자기를 구원하겠느냐 …… 이와 같이 행함이 없는 믿음은 그 자체가 죽은 것이라 야고보서 2:14~17

그때에 세례 요한이 이르러 유대 광야에서 전파하여 말하되 회개하라
천국이 가까이 왔느니라 하였으니 마태복음 3:1~2

광야에서 외치는 자의 소리

_세례 터와 유대 광야

예수님이 세례를 받은 곳, 지금은 강의 물줄기가 바뀌었다. _요르단

"
예수님이 공생애를 시작하기에 앞서 세례자 요한은 유대 광야에서 "회
개하라 천국이 가까이 왔느니라"고 외치며 세례를 베풀었다. 이에 예루
살렘과 온 유대와 요르단 강 사방에서 다 나아와 세례를 받았다. 요한
은 예수님의 사역을 위해 그에 앞서 길을 닦은 것이다.
예수님도 요르단 강으로 와서 세례자 요한에게 세례를 받았다. 이후 예
수님은 유대 광야에서 40일 동안 성령에 이끌리며 마귀에게 세 가지
시험을 받았다 마태복음 3:1~4:11, 마가복음 1:4~13, 누가복음 3:1~4:13.
"

예수님이 30세 무렵이 되어 공생애를 시작하기에
앞서 세례자 요한은 유대 광야에서 회개의 세례를 외쳤다.

그때에 세례 요한이 이르러 유대 광야에서 전파하여 말하되 회개하라
천국이 가까이 왔느니라 하였으니 마태복음 3:1~2

세례자 요한은 선지자 이사야의 말씀처럼 광야의 외치는 자로서
주의 길을 준비한 사람이었다. 그는 낙타털 옷을 입고 허리에는 가죽
띠를 띠고 유대 광야에서 메뚜기와 야생꿀을 먹으며 지냈다. 그의 외
침을 들은 수많은 사람은 그를 찾아와 죄를 자복하고 요르단 강에서
세례를 받았다. 요한은 자기를 찾아오는 종교 지도자들을 향해 "독
사의 자식들아"라고 극렬한 표현을 사용하며 회개에 합당한 열매를
맺으라고 외쳤다.

그때에 예수님이 세례를 받기 위해 요한을 찾아왔고, 요한은 자
신에게 세례를 받으려는 예수님을 보고 크게 놀랐다. 그는 예수님이
누구인지 알았기에 오히려 자신이 예수님께 세례를 받아야 한다고
고백했다. 그러나 예수님은 사역을 위해 세례를 받아야 한다고 말했
고, 세례자 요한은 예수님께 세례를 베풀었다.

초기 성지 답사 때 예수님이 세례자 요한에게 세례를 받은 곳을
방문했다. 이곳은 오늘날 요르단과 이스라엘 국경이 있는 여리고 앞
요르단 강가에 위치해 있다. 지금은 요르단 강 물줄기가 바뀌어 강물
이 흐르지 않지만 예수님 당시에는 이곳으로 강물이 흘렀다. 전에는

요르단과 이스라엘의 국경인 여리고 앞의 요르단 강, 건너편이 요르단이다.

요르단 강을 사이에 두고 이스라엘과 요르단에서 서로 자기 쪽 요르단 강에서 예수님이 세례를 받았다고 주장했지만 바티칸에서 요르단 쪽을 공식적으로 지지하면서 논란은 종식되었다.

　예수님이 세례를 받은 곳을 벗어나 200~300미터 정도 걸어서 요르단 강이 흐르는 곳으로 갔다. 강폭도 불과 25미터밖에 안 되는 데다 시냇물 정도도 채 되지 않는 물이 흘렀지만 이 강을 사이에 두고 요르단과 이스라엘이 무장한 군인을 배치한 채 국경을 마주하고 있었다. 강가에는 강물에서 세례를 받을 수 있는 시설을 해놓았다. 세례를 받을 필요가 없는 예수님이 사역을 위해 세례를 받은 바로 그 요르단 강 앞에서 사역자의 자세를 생각해 본다.

　바울 사도는 "음식이 내 형제를 실족하게 한다면 나는 영원히 고

기를 먹지 아니하여 내 형제를 실족하지 않게 하리라"(고린도전서 8:13)
고 했다. 비록 대접받아야 할 지위에 있으나 전도를 위해 대접하며,
높은 자리에 있으나 오히려 낮아지며, 위로받아야 할 형편에 있으나
오히려 남을 위로하는 것이 사역자가 아닌가!

　세례자 요한에게 세례를 받은 예수님은 유대 광야로 가서 40일
을 금식한 후 마귀에게 시험을 받았다. 유대 광야는 여리고에서 시작
해 사해 서쪽을 따라 남쪽으로 이어진다. 예루살렘에서 여리고로 내
려가는 길에 볼 수 있는데, 버스 안에서 광야를 보는 것도 좋지만 와
디 켈트 전망대로 향하는 비포장 길로 조금만 들어가도 유대 광야를
감상할 수 있다.

　《성경》에서 광야는 훈련의 장소요 준비의 장소이다. 세례자 요한
은 유대 광야에서 예수님의 사역을 위해 준비했다. 이런 유대 광야를
바라볼 때마다 예수님의 길을 예비한 요한의 말씀을 마음속에 새겨
본다.

> 그는 선지자 이사야를 통하여 말씀하신 자라 일렀으되 광야에 외치는
> 자의 소리가 있어 이르되 너희는 주의 길을 준비하라 그가 오실 길을 곧
> 게 하라 하였느니라 마태복음 3:3

그렇다. 우리는 모두 예수님을 모르는 사람들이 복음을 잘 받아들일 수 있도록 길을 준비하는 자가 되어야 한다. 그들이 쉽게 예수님 앞으로 나오도록 평탄한 길로 닦아 주어야 한다. 생활이 어려운 이들에게는 생활의 짐을 덜어 주고, 인생의 무거운 짐을 지고 사는 이들에게는 그들의 짐을 나누어 져야 한다. 외로운 자에게는 친구가 되어 주고, 기쁨과 슬픔을 나누는 것이 바로 그들의 길을 평탄케 하는 것이요, 굽은 길을 곧게 하는 것이다. 이것이 광야에서 외치는 자의 소리이다.

오늘날 구약의 여리고에 가면 서쪽으로 유대 광야가 시작되는 높은 언덕에 시험산 수도원이 있다. 예수님이 본격적인 사역을 앞두고 40일 금식 후에 마귀에게 세 가지 시험을 받은 곳이다.

그 첫 번째 시험은 돌을 떡으로 만들어 먹으라였다. 40일을 금식한 예수님이 가장 견딜 수 없는 것은 먹는 문제였다. 이는 재물에 대한 시험이다. 오늘 우리에게도 가장 중요한 것은 역시 먹는 문제이다. 재물은 인간 생활에 없어서는 안 되는 필수적인 요건이다. 그래서 사람은 재물에 약할 수밖에 없다. 많은 사람이 재물의 유혹에 넘어가는 것은 어쩌면 당연한 일인지도 모른다.

그러나 나에게는 돌을 떡으로 만들어 먹으라고 유혹하는 것이 큰

유대 광야

시험이 되지 않는다. 어차피 나는 돌을 떡으로 만들 만한 능력이 없다. 그러나 능히 돌을 떡으로 만들 능력이 있는 예수님께는 큰 시험이 될 수밖에 없다. 왜 돌을 떡으로 만들 능력이 있는데 구태여 40일이나 금식하며 인류 구원을 위해 애쓰느냐는 마귀의 유혹은 그럴듯한 것이었다. 그러나 그것은 하나님이 원하는 방법이 아니었기에 예수님은 "사람이 떡으로만 사는 것이 아니라 하나님의 입으로부터 나오는 말씀으로 사는 것이다"라는 말씀으로 시험을 물리쳤다.

예수님이 마귀에게 시험받았던 유대 광야, 세례자 요한이 회개를 외쳤던 유대 광야, 나에게 유대 광야는 사명자가 걸어야 할 길을 보여 준 곳이요, 죽을 지경에 이르더라도 먹는 것보다 우선하는 것은 말씀이라는 우선순위를 결정하는 곳이었다.

신앙은 우선순위다. 광야에서 외치는 자의 소리로 살자. 그것은 세상의 떡보다 말씀을 우선순위에 두고 사는 것이다.

포도주가 떨어진지라 예수의 어머니가 예수에게 이르되 저들에게 포도주가
없다 하니 예수께서 이르시되 여자여 나와 무슨 상관이 있나이까 내 때가 아직
이르지 아니하였나이다 요한복음 2:3~4

물이 변하여
포도주가 되듯
_가나

갈릴리 가나에 있는 두 기적 교회

" 유대 광야에서 마귀의 시험을 물리친 예수님은 갈릴리 가나의 혼인잔치
에서 포도주가 떨어지자 물을 포도주로 만드는 첫 번째 기적을 행했다.
이 일로 제자들이 예수님을 믿었다. 이후 예수님은 유대인의 유월절을
맞아 예루살렘으로 올라갔는데 성전 안에서 매매하는 자들과 환전상을
보고는 "내 아버지의 집으로 장사하는 집을 만들지 마라"고 말씀하시
며 그들의 짐승을 쫓아내고 환전상의 상을 엎는 등 성전을 정결케 했다
요한복음 2장. "

예수님은 30세가 되면서 공생애를 시작했다. 그리고 갈릴리 가나의 혼인잔치에서 그 첫 번째 기적을 보였다.

당시 혼인잔치에서 포도주는 필수 음료였다. 보통 혼인식°은 1~2주에 걸쳐 진행되었다. 그런데 준비한 포도주가 생각보다 빨리 떨어졌다. 아마 잔치 막바지에 많은 사람이 찾아왔기 때문으로 보인다. 그리고 이 잔치는 예수님의 어머니와 관련 있는 혼인식이었던 것 같다. 그래서 예수님과 제자들도 잔치에 초청받는데 마리아가 예수님께 와서 "포도주가 떨어졌다"고 말했다.

이에 예수님은 이렇게 대답했다.

"여자여 나와 무슨 상관이 있나이까? 내 때가 아직 이르지 아니하였나이다."

° 혼인식 : 고대 근동의 결혼 제도는 모가장적 결혼 제도와 부가장적 결혼 제도가 일반적인 형태였다. 모가장적 결혼 제도에서는 자녀들이 어머니의 권한 아래에 있으며 남편이 어느 정도 아내의 집에 거주하는 경우와 자녀들이 어머니 쪽으로 인정되면서 아내는 자신의 친척과 함께 머물고 남편이 정기적으로 아내를 방문하는 경우이다. 부가장적 결혼 제도에서는 자녀들이 아버지 쪽으로 인정되고 아내는 오로지 남편 권위 안에서 자유와 권리를 지녔다. 그래서 남편은 아내가 하나님께 한 맹세를 취소시킬 수도 있었으며(민수기 30:10~14), 아내는 하나의 재산과 같이 취급되었다. 《성경》에서는 일부다처제, 일부일처제, 족외혼과 동족혼이 있으며 혈통을 잇기 위해 남편의 동생과 관계를 맺는 수혼제 등이 있다.

이는 아직은 공식적으로 자신이 메시아임을 나타낼 때가 아니라는 말이거나 혹은 훗날 십자가를 앞두고 자신의 죽음과 부활을 염두에 두고 한 말로 생각된다. 그러나 이 말의 뜻을 어머니 마리아는 알지 못했다. 그러면서도 하인들에게는 "너희에게 무슨 말씀을 하든지 그대로 따르라"고 시켰다. 이는 마리아가 이 잔치를 준비하는 책임 있는 자리에 있음을 보여 준다. 책임 맡은 사람으로서 걱

정이 되어 예수님께 사정을 말했던 것이다.

어쨌든 예수님은 하인들에게 유대인의 정결 예식에 사용하는 여섯 개의 돌항아리에 물을 채우라고 했다. 그 항아리는 두세 통의 물이 들어갈 정도로 큰 것이었다. 이에 하인들은 항아리 아귀까지 가득 물을 채웠고 예수님은 "이제는 퍼서 연회장에게 갖다 줘라"고 했다. 그러자 물은 포도주가 되었고 연회장은 그 포도주를 맛보고 아주 질이 좋은 포도주라며 신랑을 칭찬했다. 이것이 예수님이 갈릴리 가나의 결혼식에서 베푼 첫 번째 기적이었다.

가나의 위치에 대해서는 세 가지 설이 있다. 하나는 레바논에 있는 가나이고, 나머지 두 곳은 갈릴리에 있는 가나로 그중 하나는 나사렛에서 티베리아로 가는 길의 6~7킬로미터 지점에 있는 현재 카프르 가나Kafr Kana이며, 다른 한 곳은 나사렛 북쪽 14킬로미터 지점에 있는 키르벳 가나Khirbet Kana**이다.

카프르 가나는 그리스 정교회와 로마 가톨릭 교회가 전통적으로 복음서에 나타난 가나로 믿고 있는 곳이다. 그러나 이곳은 나사렛에서 가깝다는 것과 가버나움과 벳새다로 가는 길에 있어 중세 순례자들이 접하기 쉽기 때문에 그렇게 추측했을 뿐 복음서의 가나일 가능성은 희박하다고 본다.

레바논에 있는 가나는 두로에서 남동쪽으로 약 9.6킬로미터 떨어져 있다. 오늘날 카나Qana로 알려진 곳

●● 키르벳 가나 : 유대 역사학자 요세푸스 Josephus도 키르벳 가나를 예수님이 기적을 베푼 가나로 지지했는데 자신 역시 그 마을에서 살았다고 한다. 이곳에서는 1세기경 도기 조각과 동전이 많이 출토되었으나 아직 완전한 발굴이 이루어진 것은 아니다. 저수조와 건물 유적이 있고 주위에는 바위 무덤이 있다. 키르벳 가나는 고대 아소키스Asochis(오늘날 엘 바투프el Battuf) 평야 북쪽에 위치하고 있으며, 지금은 갈대가 자라는 모습을 볼 수 있다.

레바논에 있는 가나   갈릴리 가나 북쪽 10킬로미터 지점에 있는 키르벳 가나

으로 비잔틴 시대의 교회 터가 약간 남아 있을 뿐이다. 주민은 이곳이 예수님이 물로 포도주를 만들었던 곳이라고 주장하는데,《성경》사건상 거리가 맞지 않기 때문에 세 곳 중에 가능성이 가장 낮다.

마지막으로 키르벳 가나는 학자들이 가장 지지하는 곳으로 고대의 폐허지이다. 이곳은 12세기경부터 성지 순례객들이 복음서의 가나로 알고 방문했다는 기록이 있다. 그리고 남쪽의 카프르 가나보다는 아랍 명칭인 카나Qana가 복음서 지명 표기에 가깝다. 정확한 아랍어 명칭은 카나 엘 엘릴Qana el Jelil로, 이는 갈릴리 가나와 밀접한 관계가 있는 말이다. 즉, 지명의 뜻처럼 갈대의 마을이라는 이름도 이곳과 잘 어울린다.

이 세 곳 중 카프르 가나에는 두 개의 기적 교회가 세워져 있다. 그중 갈릴리에 있는 가톨릭 프란시스코 소속 교회와 희랍 정교회에는 각기 돌항아리를 보관하고 있는데 서로 자기의 돌항아리가 예수님이 표적을 행한 본래의 항아리라고 주장하고 있다.

가톨릭 소속 기적 교회에 가면 지하로 내려가는 계단 한쪽에 당시의 돌항아리를 볼 수 있다. 우리나라의 큰 장독보다 조금 작은 크기인데 잔치 3일 이후에도 이런 항아리 6개에 포도주를 더 사용했으니 예상보다 많은 사람이 혼인잔치에 참석했음을 짐작할 수 있다.

지하로 내려가니 순례객을 위해 마련해 놓은 나무의자가 보였다. 의자에 앉아 왜 이곳보다 더 북쪽에 있는 키르벳 가나가 예수님이 기적을 행한 곳에 더 가까운지를 설명하고 성지 순례의 자세에 대해 이야기를 나누었다.

성지 순례는 《성경》에 기록된 사건 장소를 답사하며 기도와 말씀과 찬양을 통해 그곳에서 일어난 일을 되새기고 현재의 삶 속에 적용하는 데 가장 큰 뜻이 있다. 그런데 성지 순례를 하다 보면 《성경》 속 장소가 확실한 곳이 있고, 추정되는 곳이 있으며, 단지 기념을 하기 위한 장소도 있다. 그래서 순례 도중에 추정되는 장소를 가게 되면 전혀 은혜가 되지 않는다고 말하는 사람도 있다.

성지 순례는 단지 장소만 찾아다니는 것이 아니다. 그것은 하나의 정보만 얻는 데 그칠 뿐이다. 《성경》 속 장소이든, 추정되는 장소이든 우리는 그 장소와 관련된 《성경》 사건을 묵상하며 은혜를 구하면 된다.

그래서 예수님이 첫 번째 기적을 베푼 것을 기념하는 가나 기적 교회 지하실에서 왜 예수님이 첫 번째 기적으로 죽은 자를 살리고 병자를 고치는 기적이 아니라 물을 포도주로 만드는 기적

예수님이 기적을 베푼 항아리
_ 가나의 기적 교회 내

을 베풀었을까 묵상한다. 그리고 이런 찬양을 부른다.

예수님이 말씀하시니 물이 변하여 포도주 됐네
예수님이 말씀하시니 죽은 나사로가 살아났다네
예수님 예수님 나에게도 말씀하셔서 새롭게 새롭게 변화시켜 주소서

그렇다. 그것은 예수님이 메시아라는 것을 증거하기 위함이요, 혼인잔치의 주인공인 신랑으로서 예수님을 통해 하나님 나라의 도래를 선포하기 위함이요, 누구든지 신랑인 예수님께 나오기만 하면 물이 변해 포도주가 된 것처럼 혼인잔치에 초청받는 하나님의 자녀가 됨을 보여 주기 위함이었다.

또 한 가지 묵상할 것은 예수님의 말씀은 생명이라는 것이다. 예수님이 말씀하시면 물이 포도주가 되고, 죽은 자도 살아나는 것이다. 그 살아 있는 예수님의 말씀이 우리에게도 임하기만 하면 우리 말이 변하고, 생각이 바뀌고, 행동이 바뀐다. 물이 변해 포도주가 되듯 죽을 우리 생명이 영원한 생명으로 변하는 역사가 일어나는 것이다.

예수께서 대답하여 이르시되 이 물을 마시는 자마다 다시 목마르려니와 내가
주는 물을 마시는 자는 영원히 목마르지 아니하리니 내가 주는 물은 그 속에서
영생하도록 솟아나는 샘물이 되리라 요한복음 4:13~14

네 남편을 데려와라
_수가 성

야곱의 우물 위에 세워진 교회 _ 세겜

"
예수님이 유대를 떠나 갈릴리로 갈 때 사마리아 지역에 있는 수가라는
마을을 지나가게 되었다. 정오 무렵 예수님이 이 마을에 있는 야곱의
우물 곁에서 앉아 쉬고 있을 때 사마리아 여인이 물을 길러 왔다.
예수님은 여인에게 물을 청했고, 여인은 당시 관습에 어긋나게 말을 거
는 예수님을 향해 거북한 반응을 보였다. 이에 예수님은 여인의 남편
이야기를 꺼내며 생명수에 대해 말씀하셨다. 예수님이 메시아임을 알게
된 여인은 마을로 가서 사람들에게 예수님을 전했고 이로 인해 많은 사
람이 예수님께 나아와 그를 구세주로 믿었다 요한복음 4:1~42.
"

예수님은 본격적인 갈릴리 사역을 앞두고 유대로 내려가 제자들과 함께 그곳에 머물면서 사람들에게 세례를 베풀었다. 그리고 다시 유대를 떠나 갈릴리로 가기 위해 사마리아 지역을 지나가게 되었다.

당시 유대인은 사마리아인을 멸시해서 그들과는 상종하지 않았고 그들이 사는 사마리아조차 지나가는 것을 꺼려해 남쪽 유대에서 북쪽 갈릴리로 갈 경우에는 중간 지점인 사마리아를 피해 요르단 계곡 쪽으로 돌아서 갔다. 그래서 〈요한복음〉 4장 3~4절에서도 "유대를 떠나사 다시 갈릴리로 가실새 사마리아를 통과하여야 하겠는지라"고 말하고 있다. '하겠는지라'는 말은 당시 유대인이 사마리아인을 얼마나 멸시했는지를 보여 주는 말이다.

그러나 예수님은 그런 관습에 개의치 않고 곧바로 사마리아 지역으로 직행했다. 그리고 수가라는 마을에 있는 야곱의 우물가에서 대낮의 뙤약볕을 피해 피곤한 몸을 쉬고 있었다. 이때 한 여인이 물을 긷기 위해 우물가로 왔다. 팔레스타인 지역은 물이 귀하고 날씨가 무덥기 때문에 우물물은 저녁 서늘한 때 긷지만 이 여인은 한낮 뙤약볕 속에 물을 길러 온 것이다.

예수님은 그 사마리아 여인을 알아보고 먼저 말을 건넸다.

"나에게 물을 좀 달라."

여인은 의아한 듯 이렇게 대답했다.

"당신은 유대인으로서 어찌 사마리아 여자인 나에게 물을 달라 하십니까?"

예수님은 다시 말을 건넸다.

"네가 만일 하나님의 선물과 또 네게 물 좀 달라 하는 이가 누구인 줄 알았더라면 네가 그에게 구하였을 것이요 그가 생수를 네게 주었으리라."

여인은 그 말뜻을 이해하지 못하고 어디서 그런 생수를 얻을 수 있겠느냐고 반문했다. 그러자 예수님은 생명수에 대해 말씀하셨다.

이 물을 마시는 자마다 다시 목마르려니와 내가 주는 물을 마시는 자는 영원히 목마르지 아니하리니 내가 주는 물은 그 속에서 영생하도록 솟아나는 샘물이 되리라 요한복음 4:13~14

그러나 여인은 이 말도 이해하지 못했다. 그래서 예수님은 생명수에 대한 말씀을 깨닫게 하기 위해 여인에게 남편을 데려오라고 말씀하셨다.

〈사마리아 여인과 예수〉_ 이집트 카이로 외곽

이에 여인이 대답했다.

"나는 남편이 없나이다."

예수님이 다시 말씀하셨다.

"네가 남편이 없다 하는 말이 옳도다. 너에게 남편이 다섯이 있었고 지금 있는 자도 네 남편이 아니니 네 말이 참되도다."

이 말을 들은 여인은 너무나 놀라 예수님을 선지자로 보았다. 그리고 예수님이 스스로 메시아, 곧 그리스도임을 밝히자 여인은 물동이를 버려 두고 마을로 들어가 예수님이 그리스도임을 전했다.

이 사건이 일어난 수가라는 마을은 구약 시대의 세겜으로 지금은 나블루스Nablus이다. 이전에도 세겜을 방문했지만 세겜에 있는 야곱의 우물은 2000년 1월에 찾게 되었다. 이곳은 아랍 마을인 나블루스에서 시내를 지나 사마리아로 가는 도시 중심도로 바로 오른쪽에 있다. 처음 이곳을 방문했을 때는 교회가 건축 중이었는데 그후 오랫동안 중단되었다가 2009년 다시 방문해 보니 교회는 완성되어 있었고 내부는 많은 성화로 장식되어 있었다. 그중에는 예수님이 사마리아 여인과 대화를 나누는 성화도 있었다.

교회 지하로 내려가는 입구에 보니 그동안 그림으로만 보았던 야곱의 우물이 있었다. 지금은 지하에 있지만 예수님 당시에는 지상에 있었다. 도르래를 이용해 두레박으로 물을 퍼 올리도록 되어 있는데 지금도 우물물이 있어 예수님이 사마리아 여인에게 했던 "이 물을 마시는 자마다 다시 목마르려니와"라는 말씀이 더욱 생생하게 와닿았다.

우리는 도르래를 이용해 우물물을 퍼 올려 보았다. 우물 깊이가

야곱의 우물 위에 세워진 교회 내부 _ 세겜

40미터나 되어 도르래를 한참 동안 끌어올려야 했지만 예수님이 마
셨던 야곱의 우물물을 마시던 순간의 감격은 지금도 잊을 수가 없다.

그렇다. 예수님의 말씀처럼 세상에서 만족을 추구하기 위해 세
상 물을 마시는 자는 다시 목마르게 될 것이다. 세상이 우리에게 주
는 행복은 영원하지 못하다. 돈으로 행복한 사람은 돈이 사라지면 행
복도 사라진다. 권력에서 행복을 얻은 사람은 권력을 빼앗기면 역시
행복도 사라진다. 건강해서 행복한 사람은 질병에 걸리면 행복은 사
라진다.

세상의 행복과 만족이란 모두 일시적인 것이다. 그래서 사마리
아 여인처럼 한 남자로 만족하지 못하면 또 다른 남자를 찾게 되고
다섯이 있었으나 그 역시 만족하지 못하는 것이다. 목마르면 다시 마
셔야 되는 것이다.

인간의 욕망은 바다와 같다. 어찌 시냇물로 바다와 같은 욕망을 채울 수 있겠는가! 오직 예수 그리스도로부터 흘러나오는 생명수만이 바다 같은 우리 마음을 채울 수 있다. 그래서 예수님의 말씀을 들은 사마리아 여인은 세상의 갈증을 해결하기 위해 물동이를 버려 두고 마을로 가서 예수님이 그리스도임을 외친 것이다.

그녀는 어떻게 육체의 욕정과 세상의 욕망을 버릴 수 있었는가? 바로 예수님으로부터 그보다 더 크고 영원한 기쁨과 만족을 얻었기 때문이다. 그것은 메시아 되신 예수님이 주신 것이요 장차 오게 될 성령이었다. 여인의 외침은 마을 사람을 감동시켰고 수많은 사람이 예수님 앞으로 나아와 말씀을 듣고 예수님을 믿는 놀라운 복음의 역사가 일어났다.

야곱의 우물에서처럼 예수님은 지금도 우리에게 그와 동일한 말씀을 하신다.

> 누구든지 목마르거든 내게로 와서 마시라 나를 믿는 자는 성경에 이름과 같이 그 배에서 생수의 강이 흘러나오리라 요한복음 7:37~38

이 말씀은 믿는 자들이 받을 성령을 가리킨 것이다. 야곱의 우물에서 그 물을 마신 우리에게도 생수의 강 같은 성령이 충만하기를 소원한다.

말씀하시되 나를 따라오라 내가 너희를 사람을 낚는 어부가 되게 하리라 하시니
그들이 곧 그물을 버려 두고 예수를 따르니라 마태복음 4:19~20

너는
나를 따르라
_ 갈릴리 바다

갈릴리 바다 동쪽 해안가의 거라사

" 유대 광야에서 마귀의 시험을 물리치고 갈릴리로 가던 예수님은 도중에
빌립을 만나 제자로 부르고, 빌립은 나다나엘을 찾아가 예수님을 소개
했다. 예수님은 갈릴리 해변에서 시몬 베드로와 그 형제 안드레를 부르
고 조금 더 가서 세베대의 아들 야고보와 그 형제 요한도 불러 제자로
삼았다. 이후 예수님은 갈릴리 지역을 다니며 복음을 선포하고 약한 자
와 병든 자들을 고쳐 주었다 마태복음 4:12~25, 마가복음 1:16~20, 누가복음
5:1~11, 요한복음 1:43~51. "

예수님은 갈릴리로 향하던 중 빌립을 만나 제자로 부른 후 빌립의 소개로 온 나다나엘을 만났다. 얼마 후 예수님은 바닷가에서 시몬 베드로의 배에 올라 무리를 가르쳤다. 이때 어떤 말씀을 가르쳤는지 《성경》에는 언급되어 있지 않지만 예수님은 말씀을 마친 후에 베드로를 향해 "깊은 곳으로 가서 그물을 내리라"고 말씀하셨다.

예수님이 무리를 향해 말씀을 가르친 때는 베드로가 고기를 한 마리도 잡지 못해 그물을 정리하고 집으로 돌아가려던 아침이었다. 갈릴리 바다는 밤에 고기를 잡는다. 낮에는 고기가 이동하지 않기 때문에 고기를 잡을 수 없다. 그런데 예수님은 고기가 움직이지 않는 낮에, 그것도 깊은 데로 가서 그물을 던지라고 말씀하시는 것이었다. 평생 고기를 잡던 어부의 경험으로 도저히 이해할 수 없는 말씀이었다.

그런데 베드로는 이렇게 대답했다.

선생님 우리들이 밤이 새도록 수고하였으되 잡은 것이 없지마는 말씀에 의지하여 내가 그물을 내리리이다 누가복음 5:5

왜 베드로는 전혀 고기가 잡히지 않는 낮에 그물을 내리라는 예수님의 말씀에 순종했을까? 예수님이 유명했기 때문일까? 아니면 예수님의 능력을 알고 있었기 때문일까? 이때는 예수님이 갈릴리에서 1차 사역을 할 때였다. 이전에 예수님은 갈릴리 가나에서 첫 번째 기적을 베풀고 고향에서는 배척받았다. 그러나 베드로가 예수님의 말

씀을 따른 것은 바로 예수님이 가르친 말씀을 들었기 때문이다. 자신
의 경험을 포기할 만큼 말씀을 통해 큰 감동과 믿음을 갖게 된 것이
다. 어쩌면 믿음보다는 예수님의 말씀을 신뢰했기 때문이다.

　　결과는 정말 놀랍게도 그물이 찢어질 정도로 많은 고기가 잡혔
다. 이때 베드로가 예수님께 대답한 말은 우리 예상과는 전혀 다른
것이었다.

　　"주여 나를 떠나소서. 나는 죄인입니다."

　　고기를 많이 잡게 해주었으면 감사 표시를 하고 상당한 보답을
할 것 같은데 베드로는 그러지 않았다. 그리고 자신이 죄인임을 고백
하는 의외의 반응을 보였다.

　　이 일 후 얼마가 지났는지 모르지만 또 한 번 예수님은 갈릴리 바
닷가에서 베드로와 그의 형제 안드레가 그물 던지는 것을 보고 그들
을 불렀다.

빌립과 베드로와 안드레의 고향인 벳새다 마을의 어부의 집터(위), 가버나움에 있는 베드로 집터(아래)

나를 따라오라 내가 너희를 사람을 낚는 어부가 되게 하리라 마태복음 4:19

이에 두 사람은 그물을 버려 두고 예수님을 따랐다. 그물은 어부에게 생존도구였다. 특히 베드로는 다른 제자와 달리 이미 결혼해 가정을 꾸리고 있었다. 그런데 그물을 버려 두고 가정을 돌아보는 것을 뒤로한 채 예수님을 따라간 것이다. 이는 예수님의 제자가 된다는 것은 세상 것을 포기하고 자기 희생의 각오가 있어야만 가능함을 보여 준다.

오늘날 가버나움에는 베드로 집터가 남아 있다. 발굴한 규모를 보면 당시 주위 주택보다 훨씬 컸음을 알 수 있다. 베드로가 어부이지만 부요했던 것으로 보인다. 지금은 집터 위에 베드로 기념관을 세워 집터는 건물 밑으로 내려가야 볼 수 있다.

가버나움의 베드로 집터를 보면서 모든 것을 내려놓고 예수님을 따른 그의 결단을 되새겨 보았다. 무엇이 그에게 그런 결단을 하게 했을까? 훗날 베드로의 고백에서 그 해답을 얻게 된다.

오병이어의 기적을 경험한 수많은 사람이 세상의 떡을 위해 예수님을 따랐을 때, 예수님은 세상의 떡 대신 하늘의 떡, 곧 생명의 떡이 되는 자신에 대해 가르쳤다. 이에 많은 사람이 더 이상 세상의 떡을 얻지 못할 것을 알고 예수님을 떠나자 예수님은 열두 제자에게 "너희도 나를 떠나가겠느냐"라고 물었다. 이 질문에 베드로는 이렇게 대답했다.

영생의 말씀이 주께 있사오니 우리가 누구에게로 가오리이까 요한복음 6:68

그렇다. 영생의 말씀이 예수님께 있기에 세상의 어떤 것도 포기할 수 있으며, 자신을 희생할 수 있는 것이다.

훗날 베드로는 예수님께 이렇게 물었다.

우리가 모든 것을 버리고 주를 따랐사온대 그런즉 우리가 무엇을 얻으리이까 마태복음 19:27

그때 예수님은 이렇게 대답했다.

내가 진실로 너희에게 이르노니 세상이 새롭게 되어 인자가 자기 영광의 보좌에 앉을 때에 나를 따르는 너희도 열두 보좌에 앉아 이스라엘 열두 지파를 심판하리라 또 내 이름을 위하여 집이나 형제나 자매나 부모나 자식이나 전토를 버린 자마다 여러 배를 받고 또 영생을 상속하리라 마태복음 19:28~30

〈베드로와 안드레를 부름〉 _ 바티칸 베드로 대성당

베드로는 바다에 그물을 던지는 중에 예수님으로부터 제자로 부름을 받았다. 이는 생활 속에서 부름받은 것을 뜻한다. 우리도 일상생활 가운데서 주님의 부름을 받고, 말씀을 깨달을 때가 있다. 그 부름을 거절하지 않고 말씀을 좇아 순종하면 마침내 영생의 자리에 들어가게 된다.

야고보와 요한은 그물을 깁다가 예수님으로부터 부름을 받았다. 그리고 이들 역시 예수님의 부름에 배와 아버지, 품꾼을 두고 따랐다. 이들도 어부이기는 하지만 자기 배를 가지고 품꾼까지 두고 있었던 것을 보면 큰 어려움 없이 살았을 것으로 보인다.

이후에도 예수님은 제자들을 삼았는데 그중 특별히 열두 명을 세워 사도로 칭했다. 열두 사도 중 대부분을 갈릴리에서 부른 것은 의미 있는 일이다. 특히 베드로와 안드레, 야고보와 요한 네 명은 갈릴리 바닷가에서 부름을 받았다.

나 역시 갈릴리 바닷가에 설 때면 목사로 불러 주신 주님의 은혜가 더욱 가슴 깊이 다가온다. 실제로 처음 성지 순례를 할 때도 가장 큰 은혜를 받은 곳이 광야와 시내 산, 갈릴리 바다였다. 광야는 험한 인생 속에서도 나를 목사로 훈련시킨 하나님의 은혜가 있었던 곳이고, 시내 산과 갈릴리 바다는 주님이 모세와 제자들을 부른 소명의

갈릴리 바다 서쪽에 위치한 오늘날 티베리아스

장소여서 더욱 큰 은혜로 다가왔다.

갈릴리 바다는 크기로 보면 호수라는 명칭이 더 적절하지만 고대 이스라엘 사람들은 물이 많은 것을 바다라고 해서 그렇게 불렀다. 실제로 갈릴리 바다는 민물이지만 바닥 밑에는 소금층이 있어 물이 감소하면 수압이 낮아 염기가 분출될 위험이 있다.

갈릴리 바닷가를 일주하는 데는 현대 도로(90, 87, 92번) 기준으로 54킬로미터로 걸어서 이틀을 잡아야 한다. 티베리아스에서 출발해 반대편 골란 고원 앞에 있는 키부츠에서 1박을 한 후 다시 티베리아스로 오면 된다. 자전거를 이용할 경우 건강한 사람은 하루면 가능하다.

갈릴리 바다를 중심으로 서쪽에는 현대 도시인 디베랴(티베리아스 Tiberias)가 있다. 디베랴 북쪽으로 해안을 따라 6킬로미터 지점에는 막달라Magdala 마을이 있는데 도로변에 흰색으로 된 막달라 무덤이 있

막달라 마을에 있는 막달라 무덤

고 동쪽 바닷가 쪽으로는 유적도 남아 있다.

갈릴리 바다의 구약 시대 명칭인 긴네렛은 막달라에서 해안을 따라 북동쪽에 위치한 오늘날 이노프 기노사르의 작은 평야를 일컫는다. 이스라엘 지도에는 기노사르Ginosar로 표기되어 있다. 긴네렛이란 지명은 기노르Kinor라는 하프 모양의 악기에서 유래했으며 이는 갈릴리 바다의 모습이 하프(또는 수금)와 비슷했기 때문이다. 오늘날 기노사르 키부츠에는 1986년 가뭄 때 발견된 예수님 당시의 배가 전시되어 있다.

긴네렛에서 북쪽 해안을 따라 4.5킬로미터 더 가면 오병이어 교회와 베드로 수위권 교회가 있는 '타브가'라는 곳이 있다. 그리고 다시 3킬로미터를 가면 가버나움 회당 유적지와 베드로 집터가 있다. 그리고 가장 북쪽 중앙에는 오병이어의 기적을 베푼 벳새다 들판이 도로를 중심으로 양쪽으로 펼쳐져 있다. 이곳에서 북서쪽으로 2킬로미터 지점에는 국립공원이 된 벳새다 마을이 있다. 그러니까 예수님이 오병이어의 기적을 일으킨 벳새다 들판과 빌립, 베드로, 안드레가 살았던 벳새다 마을과는 거리 차이가 있다.

벳새다 들판을 지나 골란 고원이 있는 동쪽 중앙에는 군대 귀신 들린 자를 고친 거라사(오늘날 쿠르시Kursi) 국립공원이 있다. 계속해서 동쪽 해안을 따라 남쪽으로 내려가면 오늘날 엔게브 키부츠가 있는데 이곳이 《성경》에 나오는 아벡 지역이다. 유적이 약간 남아 있으며 순례객을 위한 배가 드나들어 오늘날 갈릴리 어선을 볼 수 있다. 또한 키부츠에서 운영하는 방갈로 형태의 숙박시설이 바닷가를 따라 남쪽으로 나 있다. 바닷물이 요르단 강으로 유입되는 곳에는 순례객을 위한 세례 터도 갖춰져 있다. 순례객들은 이곳에서 요르단 강물을 떠가기도 하고 기념품 가게에서 파는 요르단 강물을 사가기도 한다.

세례 터에서 다시 해안을 따라 북쪽으로 올라오면 티베리아스 직전에 로마 때 휴양지였던 함맛 온천지가 있는데 지금도 그 유적이 생생하게 남아 있다. 그리고 회당 터와 그 앞에는 모자이크로 장식된 12궁도가 있다.

갈릴리 바다에서 본 긴네렛

로마 때 온천인 함맛

함맛은 '온천' 혹은 '따뜻한 장소'라는 뜻이다. 납달리 지역의 성읍으로 레위 지파에게 주어진 곳이다. 〈역대상〉 6장 76절에서는 함몬으로, 〈여호수아〉 21장 32절에는 함못 돌Hammoth-dor로 나오고, 《영역본AV》에는 헤맛Hemath으로 나온다.

이렇게 많은 《성경》 속 장소로 둘러싸인 갈릴리 바다는 다른 성지보다 더 의미 있게 다가온다. 예수님 당시나 지금이나 여전히 변함 없는 성지로 남은 갈릴리 바다는 예수님이 사역을 시작한 곳이요 사역의 중심지이다. 제자를 처음으로 부른 소명의 장소이며 동시에 부활한 예수님이 다시 사명을 주신 곳이다.

갈릴리의 가버나움 동네에 내려오사 안식일에 가르치시매 그들이 그 가르치심에
놀라니 이는 그 말씀이 권위가 있음이러라 누가복음 4:31~32

흑암에서
빛의 땅으로
_가버나움

예수님의 갈릴리 사역의 중심지 가버나움 _ 이스라엘

" 갈릴리 1차 사역 중 예수님이 가버나움에서 행한 첫 번째 사역은 회당
에서 더러운 귀신 들린 사람을 고친 일이다. 그리고 베드로 장모의 열
병을 고치고 백부장 하인의 병을 말씀으로 고쳤다. 예수님은 가버나움
에서 많은 말씀을 가르쳤는데 특히 생명의 떡에 대해 말씀하셨다 마태복
음 8:5~13, 마가복음 1:23~31, 누가복음 4:33~39, 7:1~10. "

예수님의 사역 중 대부분은 갈릴리에서 이루어졌다. 그중 가나, 거라사, 나사렛 등에서 말씀을 전했으나 가버나움에서 가장 많은 사역을 행했다. 즉 가버나움은 예수님의 갈릴리 사역의 중심지 같은 곳이었다.

가버나움은 크파르(마을)와 나훔(인명)이 결합된 말로 '나훔의 마을 Kefar-Nahum'이란 뜻의 히브리어 지명이다. 아랍어로는 '탈훔 Talhum'이라 불린다. 곧 가버나움은 나훔이라는 사람에 의해 형성된 마을이어서 그렇게 이름이 붙은 것으로 본다.

가버나움은 갈릴리 바다 서쪽에 위치한 티베리아스에서 해안을 따라 북동쪽으로 16킬로미터 지점, 엣 타브가et-Tabgha에서는 3킬로미터 떨어진 곳으로 사복음서에만 등장하는 고고학 가치를 지닌 마을이다. BC 1세기경부터 사람이 살기 시작한 것으로 추정되며 구약에서는 한 번도 언급되지 않은 곳이다. 신약 시대에는 국경 지역으로 세관이 있고, 군대가 주둔하고 있었다. 예수님께 믿음을 칭찬받은 백부장도 국경을 수비하는 군대에 소속되어 있었다.

왜 예수님은 갈릴리, 특히 가버나움을 거점으로 갈릴리 북부 중심의 사역을 했을까? 이 지역은 한번에 많은 무리에게 말씀을 전할 수 있는 지형을 갖고 있다. 로마는 점령지 중 대도시에는 대부분 야외극장을 건설했는데 갈릴리 북부 지역은 마이크 없이도 갈릴리 바다로부터 불어오는 바람을 타고 소리가 잘 전달되는 지형이다. 그래서 오병이어의 기적 때처럼 1만 명 이상의 사람에게도 육성으로 말씀을 전할 수 있었다.

또한 가버나움은 당시 국제 도로인 바닷길에 위치해 있어 사람의 왕래가 많았다. 무역을 하는 사람들이 거쳐 가는 곳이니만큼 예수님이 이곳에서 말씀을 전할 때 그 사람들이 듣고 예수님을 믿었을 것이며, 또 그들이 이집트나 고대 바벨론으로 돌아가 예수님을 증거했을 것이다. 그래서 예수님이 승천한 후 오순절 날 예루살렘에 모인 사람 중에는 세계 각처에서 온 이들도 있었다.

> 우리는 바대인과 메대인과 엘람인과 또 메소보다미아, 유대와 갑바도기아, 본도와 아시아, 브루기아와 밤빌리아, 애굽과 및 구레네에 가까운 리비아 여러 지방에 사는 사람들과 로마로부터 온 나그네 곧 유대인과 유대교에 들어온 사람들과 그레데인과 아라비아인들이라 우리가 다 우리의 각 언어로 하나님의 큰 일을 말함을 듣는도다 사도행전 2:9~11

갈릴리 1차 사역 중 예수님은 갈릴리 가나에 있을 때 가버나움에 있는 왕의 신하의 아들을 고쳐 주었다. 그리고 가버나움으로 들어온 후 안식일에 회당에서 말씀을 전할 때 더러운 귀신 들린 사람을 말씀으로 꾸짖어 고쳤다. 또한 베드로 장모의 열병을 고쳤으며 중풍병으로 누워 있는 백부장 하인의 병도 고쳐 주었다. 특히 오병이어의 기적을 베풀자 많은 사람이 예수님을 왕으로 삼으려고 했다. 그래서 예수님은 이곳 가버나움에서 생명의 떡에 대한 말씀을 선포했다.

지리적으로 보면 가버나움은 이스라엘 전 영토에서 가장 비옥하고 물자가 풍부한 지역이다. 그러나 역사적으로 보면 북쪽의 앗수르와 바벨론, 남쪽의 이집트 두 강대국 사이에 끼어 있어 국력에 따라 약탈을 당하기도 하고, 또 많은 이익을 얻을 수도 있었다. 즉, 국력이 강할 때는 양쪽 진영으로부터 안전 통행세와 중개 무역 등을 통해 많은 이득을 얻을 수 있었지만 반대로 국력이 약할 때는 두 강대국으로부터 약탈당할 수밖에 없었다.

그래서 이사야 선지자는 이 지역 주민을 향해 "흑암에 행하던 백성"이라고 표현했다.

전에 고통 받던 자들에게는 흑암이 없으리로다 옛적에는 여호와께서 스불론 땅과 납달리 땅이 멸시를 당하게 하셨더니 후에는 해변 길과 요단 저쪽 이방의 갈릴리를 영화롭게 하셨느니라 흑암에 행하던 백성이 큰 빛을 보고 사망의 그늘진 땅에 거주하던 자에게 빛이 비치도다 이사야 9:1~2

환경이 좋다고 다 영적으로 축복된 조건은 아니다. 좋은 환경 때문에 오히려 약탈당할 수 있듯이, 좋은 환경이 하나님을 향한 우리 마음을 빼앗아 간다면 차라리 조금 어려워도 더욱 간절하게 하나님을 찾고 그분만 의지하는 믿음을 갖는 것이 더 축복이다.

물질로는 부유하나 더욱 복음이 필요한 곳이 갈릴리였다. 이런 곳이 예수님이 복음을 전하는 중심지가 되었으니 이사야 선지자의 말대로 이곳 백성에게 빛이 비추게 될 것이라는 예언이 이루어진 것이다.

당시 가버나움은 800×250미터 규모의 큰 도시였으니 지금의 호숫가에까지 뻗어나갔을 것이고, 인구는 2만 명 정도로 추산한다.

가버나움 회당, 예수님 당시의 회당 기초 위에 세워진 현재 남아 있는 회당의 내부 모습

그러나 오늘날 가버나움은 사방 80미터 정도 되는 자그마한 지역이다. 그럼에도 《성경》과 관련한 유적이 많이 있어 30분 정도는 설명을 들어야 한다.

가버나움 유적지 입장권을 구입해 안으로 들어서서 바로 왼쪽으로 20~30미터를 가면 법궤를 이동하는 모습이 새겨진 돌을 볼 수 있다. 그리고 정면에는 큰 건물이 보이는데 바로 베드로 집터 위에 세워진 베드로 기념관이다. 기념관 밑에는 베드로 집터가 발굴된 채 남아 있다. 이곳을 베드로 집터로 보는 것은 베드로와 관련된 유물이 발견되었기 때문이다.

베드로 집터 바로 옆에는 반쯤 훼손된 옛 회당이 있다. 가버나움에서 가장 중요한 이 회당의 기초 부분은 예수님 당시에 놓인 검은색 화강암으로 되어 있다. 그러니까 현재 남아 있는 회당은 예수님 당시의 회당 기초 위에 세워진 것이다.

이곳에서 회당 정문이 예루살렘을 향하도록 설계되었다는 사실을 알고는 다니엘이 바벨론으로 사로잡혀 간 후에도 창문을 열어 놓고 예루살렘을 향해 하루 세 번씩 기도했다는 《성경》 말씀이 생각났다. 모든 생활의 중심이 하나님이 계신 성전 중심이 되어야 한다는 뜻이다.

회당 안으로 들어가자 양쪽으로 두 단으로 된 계단이 있고 중앙에는 지붕을 받치고 있던 기둥이 남아 있었다. 보통 회당의 구조는 벽 양쪽으로 사람이 앉을 수 있는 계단이 있는데 이곳 가버나움 회당에도 계단이 그대로 남아 있었다. 이 계단은 신분이 높은 사람이 앉았으며 평범한 사람은 중앙 바닥에 앉았다. 그리고 정면 옆에는 소위 모세의 의자가 놓여 있었는데 가장 권위 있고 높은 자가 앉았다.

예수님 당시의 회당 터에 세워진 4세기경 회당

그래서 예수님은 서로 높은 자리에 앉으려고 하는 이들을 향해 이렇게 말씀하셨다.

모세의 의자 _ 고라신

> 서기관들과 바리새인들이 모세
> 의 자리에 앉았으니 그러므로
> 무엇이든지 그들이 말하는 바
> 는 행하고 지키되 그들이 하는
> 행위는 본받지 말라 …… 그들의 모든 행위를 사람에게 보이고자 하나
> 니 곧 그 경문 띠를 넓게 하며 옷술을 길게 하고 잔치의 윗자리와 회당
> 의 높은 자리와 시장에서 문안 받는 것과 사람에게 랍비라 칭함을 받는
> 것을 좋아하느니라 마태복음 23:2~7

세상 것 때문에 교만하면 만물의 주인인 하나님이 그를 낮추신다. 세상 사람은 높은 자리를 좋아한다. 그러나 교만은 신앙인에게 있어 절대 피해야 할 것이다. 하나님이 쓰시는 큰 사람은 겸손해서 자기를 낮추는 자이다.

교만과 겸손을 묵상하며 회당 뒷문으로 나가 보니 뒤뜰에 많은 맷돌이 놓여 있었다. 맷돌이 많은 것은 그만큼 많은 사람이 살았다는 증거이기도 하다. 당시의 맷돌을 보면 아래짝과 위짝으로 이루어졌으며 크기는 혼자 돌리기 어려울 정도였다. 그중 맷돌 위짝에 양쪽으로 손잡이가 남아 있는 맷돌이 있는데, 바로 예수님이 말씀하신 두 사람이 함께 가는 맷돌이다.

또 율법에서는 가난한 사람의 전당물을 잡을 때 맷돌 위짝을 잡
지 말 것을 규정하고 있다. 맷돌은 한쪽만 없어도 맷돌질을 하지 못
한다. 맷돌질을 못하면 곡식을 갈 수 없고 가난한 사람은 굶을 수밖
에 없기 때문에 맷돌은 가난한 자에게는 생존을 위한 최소한의 도구
이다.

다시 정문 쪽으로 나오다 보면 이전에는 오른쪽 철제담 너머로
돌기둥 밑에 비아 마리스라는 표지판이 있었다. 가버나움이 국제 도
로상에 있는 중요한 도시였음을 보여 주는 이
표지판은 지금은 다른 곳으로 옮겨져 이 자리
에는 없다. 그곳 바로 옆에는 연자맷돌이 있는
데, 한눈에 보기에도 사람이 돌리기 어려운 큰
맷돌이었다. 이 맷돌은 동물의 힘을 빌려
돌리는 것이다. 연자맷돌을 보자 또다
시 예수님이 하신 말씀이 떠올랐다.

바닷길 푯말 _ 가버나움

가버나움은 예수님 사역의 중심지답게 예수님의 말씀을 기억나게 하는 유적이 많다. 들기는커녕 기중기나 있어야 옮길 수 있을 것 같은 큰 연자맷돌을 보면서 저런 것을 목에 메고 바다에 빠진다는 것을 생각하니 사람을 실족하게 하는 것이 얼마나 큰 죄인지를 실감하게 된다.

두 사람이 함께 가는 맷돌

우리는 대부분 말로 사람을 실족하게 한다. 난 평소 남을 칭찬하는 데 인색하다 보니 이곳 가버나움 연자맷돌 앞에서는 특히 사람들에게 격려와 긍정적인 말을 하도록 힘써야겠다는 생각이 들었다.

연자맷돌 _ 가버나움 회당 터

예루살렘에 있는 양문 곁에 히브리 말로 베데스다라 하는 못이 있는데 거기
행각 다섯이 있고 그 안에 많은 병자, 맹인, 다리 저는 사람, 혈기 마른 사람들이
누워 물의 움직임을 기다리니 요한복음 5:2~3

네가
낫고자 하느냐
_베데스다 연못

베데스다 연못 _ 예루살렘

" 예수님은 갈릴리에서 사역하던 중에 유대인의 명절이 되어 예루살렘으
로 올라갔다. 그때 예루살렘 양문 곁에 있는 베데스다 못에서 다른 사
람의 도움을 받을 수 없었던 38년 된 병자를 고쳐 주었다. 이 날이 안
식일이었으므로 이 일로 유대인들은 예수님을 박해하게 되었다. 그러자
예수님은 그들을 향해 자신에 대해 증거했다 요한복음 5장. "

예수님은 공생애 이전부터 명절이 되면 부모와 함께 예루살렘으로 올라갔다. 이제 성년이 된 예수님은 갈릴리 사역을 하던 중에 유대인의 명절이 되자 다시 예루살렘으로 향했다.

《성경》에는 어떤 명절인지 언급되지 않아 당시 유대인의 명절인 오순절, 유월절, 나팔절, 초막절, 부림절 등 모든 명절이 거론되고 있다. 그러나 사마리아에서 전도하던 때가 추수하기 4개월 전이었으므로 추수와 관련된 오순절로 보는 것이 가장 설득력이 있다.

어쨌든 예수님은 이 절기에 예루살렘으로 올라가 양문 곁에 있는 베데스다 연못으로 갔다. 베데스다 연못은 히브리어로 '자비'라는 뜻이다. 예루살렘 성의 양문(스데반문, 사자문)으로 들어가 80미터쯤 가면 오른쪽의 성 안나 교회 옆에 있다.

이 연못은 하스모니안(BC 134~63) 시대에 물을 얻기 위해 만들어졌는데 빗물을 모아 저장하는 저수조였다. 그러나 간혹 밑에서 물이 솟기도 한다. 이 물은 본래 제물에 사용될 양을 씻는 용도로 사용했다고 한다. 현재는 대부분이 흙으로 메워져 있고 왼쪽에 웅덩이 일부가 남아 있으며 밑으로 내려가면 약간의 물을 볼 수 있다.

예수님 당시 이 연못의 물이 움직일 때 가장 먼저 들어간 사람은 어떤 병이라도 낫는다는 전설 때문에 많은 병자가 못 주위에 있었다. 이 물은 다른 곳과 지하 수맥으로 연결되어 있어 다른 쪽에 물이 빠지면 수맥을 통해 이 못에 있는 물이 빠지는 가운데 물이 동한다고 한다. 그러나 그런 자연현상을 통해서도 치유의 역사를 베푸는 분이 하나님이다.

베데스다 연못에서 가까운 양문, 사자문 또는 스데반문이라고도 한다.

그런데 이곳에서 38년 동안이나 물이 동하기를 기다렸던 병자는 피부병 같은 병이 아니라 몸을 마음대로 움직일 수 없는 환자였다. 무슨 병인지 《성경》에는 나와 있지 않지만 아마 몸을 제대로 가누지 못하는 중풍병자였을 것이다. 그래서 물이 움직여도 자신을 못에 넣어 주는 사람이 없어 38년간 이곳에서 기다렸던 것이다.

병을 고치려는 사람의 심정은 누구나 똑같다. 내가 병중에 있으면 다른 사람을 생각할 여유가 없다. 베데스다 연못가의 38년 된 병자는 다른 누군가의 도움을 받을 수 없는 사람이었고, 이미 그곳에 있는 모든 사람은 저마다 병을 치료하러 온 병자였다.

예수님은 이곳에서 38년 된 병자에게 말씀하셨다.

"내가 낫고자 하느냐?"

병자가 대답했다.

"주여 물이 움직일 때에 나를 못에 넣어 주는 사람이 없어 내가 가는 동안에 다른 사람이 먼저 내려가나이다."

이에 예수님이 "일어나 네 자리를 들고 걸어가라" 하니 병자는 자리를 들고 걸어 나갔다.

다른 사람의 도움을 받을 수 없었던 38년 된 병자뿐만 아니라 그곳에 있던 수많은 병자, 맹인, 다리 저는 사람, 혈기 마른 사람에게도 베데스다 연못가는 사람의 힘이 미치지 못하는 곳이었다. 그래서 의사의 치료를 포기하고 물이 동하기만을 기다렸던 그들이었다.

현재 베데스다 연못 주위는 일부만 발굴되어 있는데 그 깊이가 족히 20미터는 돼 보였다. 겨울 우기에 이곳을 들렀을 때는 38년 된 병자가 고침받은 것을 상징하듯 신기하게도 연못 한쪽에 벽돌 사이로 아네모네 꽃이 피어 있었다.

베데스다는 사람의 치료를 포기한 곳, 사람의 도움을 받을 수 없는 곳이다. 오직 예수님의 능력에 의지해 나아가야 하는 곳이다.

우리도 베데스다 연못가의 병자처럼 세상에서 포기의 순간을 경험하게 되는 때가 있다. 천사가 내려와 물을 동하게 하기만을 기다리던 그들처럼 그저 하늘만 바라볼 때가 있다. 그러나 사람의 도움을 받을 수 없는 그 삶의 현장에 찾아오는 주님을 바라보자. 그리고 "네가 낫고자 하느냐"라고 물어 보는 주님의 도우심을 구하자.

예수님이 베데스다의 38년 된 병자를 고친 날은 안식일이었다. 당시 유대인은 율법을 문자적으로 해석해 안식일에 일하는 것을 철저히 금했다. 그래서 베데스다에 누워 있던 병자가 일어나 자리를 들고 걸어가는 것을 보고 그것은 옳지 못한 일이라고 말했던 것이다.

율법은 안식일에 일하지 말라고만 했지, 그 일이 무엇인가에 대해서는 언급하고 있지 않다. 따라서 일에 대한 여러 가지 해석이 생기게 되었다. 유대인은 율법 외에 율법을 해석해 주는 또 하나의 율법인 《탈무드》가 있다. 율법의 짐을 지고 있던 유대인에게 장로의 유전은 또 하나의 짐이 되었다.

예컨대 유대인은 안식일에 땅에 떨어진 이삭을 주워 먹을 수는 있지만 알곡을 뜯어서 비벼 먹으면 추수 행위에 해당함으로 이는 안식일에 일하는 것이 된다는 견해를 가졌다. 따라서 유대인은 예수님의 제자들이 안식일에 밀밭 사이로 지나면서 시장해 이삭을 잘라 먹는 것을 보고 안식일에 하지 못할 일을 한다고 비판했다.

그러나 예수님은 사람이 안식일을 위해 있는 것이 아니고 안식일이 사람을 위해 있는 것이라고 말씀하셨다. 율법은 문자적 해석에 있는 것이 아니라 그 정신에 있는 것임을 말씀한 것이다. 그래서 예수님은 사람의 병을 고치고 살리는 일을 안식일에 많이 행했다.

예수께서 무리를 보시고 산에 올라가 앉으시니 제자들이 나아온지라 입을
열어 가르쳐 이르시되 심령이 가난한 자는 복이 있나니 천국이 그들의 것임이요
마태복음 5:1~3

천국을
소유한 자의
삶
_팔복 산

팔복 산에 있는 팔복 교회 _ 갈릴리

" 예수님이 갈릴리에서 사역을 시작하자 이적과 가르침은 수리아 온 지역
까지 퍼졌다. 이에 각종 병든 자가 모여들었고 갈릴리뿐만 아니라 데가
볼리와 남쪽 예루살렘과 유대와 요르단 강 동편에 있는 사람까지 예수
님을 따랐다. 예수님은 자기를 따르는 수많은 무리를 보고 산에 올라가
팔복을 비롯해 많은 말씀을 가르쳤다 마태복음 4:24, 7:29. "

가버나움에서 나오면 정면으로 산 언덕 위에 교회가 하나 보이는데 바로 예수님이 산상수훈의 가르침을 전했던 팔복산 위에 세워진 팔복 교회이다. 티베리아스에서 갈릴리 바닷가로 난 90번 도로를 따라 북쪽으로 12킬로미터 가면 87번 도로와 만난다. 여기서 90번 도로를 따라 북쪽으로 올라가는 S자형 도로 오른쪽에 팔복 교회가 있다.

갈릴리 호수가 내려다보이는 팔복 산(축복 산, Mt. Beatitudes) 또는 하티 산Mt. Hatti 위에 위치한 팔복 교회는 예수님의 산상수훈을 기념해 1937년 안토니오 바를루치Antonio Barluzzi가 팔복을 상징하는 팔각형 모양으로 건축한 교회이다. 교회 내부로 들어가면 둥근 지붕의 각 창문에 예수님이 산상수훈 때 가르친 팔복이 한 조목씩 기록되어 있고 바닥에는 라틴어로 된 여덟 가지 복이 모자이크로 새겨져 있다.

이곳을 방문할 때면 어김없이 생각나는 복음송가가 있다. 예수님이 가르친 팔복을 가사로 한 〈심령이 가난한 자〉이다. 성지에 세워진 기념 교회는 대부분 로마 가톨릭이나 정교회 소속 교회이기 때문에 찬송가나 복음송가를 부르는 것을 금하고 있다. 그러나 팔복 교회를 관리하는 수녀는 오히려 순례객이 부르는 찬양을 좋아한다.

심령이 가난한 자는 복이 있나니 천국이 그들의 것임이요
애통하는 자는 복이 있나니 그들이 위로를 받을 것임이요
온유한 자는 복이 있나니 그들이 땅을 기업으로 받을 것임이요
의에 주리고 목마른 자는 복이 있나니 그들이 배부를 것임이요

팔복 교회 내부, 여덟 개의 창문에 팔복이 기록되어 있다.

긍휼히 여기는 자는 복이 있나니 그들이 긍휼히 여김을 받을 것임이요
마음이 청결한 자는 복이 있나니 그들이 하나님을 볼 것임이요
화평하게 하는 자는 복이 있나니 그들이 하나님의 아들이라 일컬음을
받을 것임이요
의를 위해 박해를 받은 자는 복이 있나니 천국이 그들의 것임이라

이곳에서 예수님이 가르친 복에 대해 질문을 갖게 된다. 물론 온
유하고 긍휼히 여기고 마음이 청결하고 화평케 하는 자가 복이 있다
는 말은 이해가 된다. 그러나 어떻게 가난한 것이 복인가? 어떻게 애
통하는 것이 복인가? 어떻게 주리고 목마른 것이 복인가? 어떻게 박
해를 받는 것이 복인가?

예수님이 가르친 복은 어떤 복일까?

그 해답을 수가 성 야곱의 우물가에서 사마리아 여인에게 하신

예수님의 말씀에서 얻는다.

이 물을 마시는 자마다 다시 목마르려니와 내가 주는 물을 마시는 자는
영원히 목마르지 아니하리니 내가 주는 물은 그 속에서 영생하도록 솟
아나는 샘물이 되리라 요한복음 4:13~14

세상에서 행복을 찾으려고 세상 물을 마시는 사람은 다시 갈증을
느끼게 되고 그 행복은 사라진다. 세상이 가져다 주는 행복은 일시적

팔복 산과 팔복 교회

인 것이다. 그 행복은 가난하고
애통하고 주리고 목마르며 핍
박이 있을 때 사라지는 행복
이다. 그러나 예수님이 주는
행복은 영원한 것이다. 세
상의 행복은 상황에 따라
바뀌는 상대적인 것이지만

팔복 악보 _ 팔복 교회

예수님이 가르친 행복은 상황이 변해도 바뀌지 않는 절대적인 행복
이다.

그래서 예수님은 이렇게 말씀하셨다.

> 평안을 너희에게 끼치노니 곧 나의 평안을 너희에게 주노라 내가 너희
> 에게 주는 것은 세상이 주는 것과 같지 아니하니라 너희는 마음에 근심
> 하지도 말고 두려워하지도 말라 요한복음 14:27

사람들은 대부분 상대적인 것에서 행복감을 느낀다. 특히 스포
츠에서는 상대방이 져야 내가 행복을 느낀다. 상대방이 이겨도 함께
기뻐하는 경우는 그리 많지 않다. 내가 많은 것을 소유하고 있어도
상대방이 더 많이 가지고 있으면 내가 소유한 것에 만족하지 못한다.

예수님이 가르친 복은 세상의 복을 추구하는 사람에게는 이해할
수 없는 이상한 복이다. 그러나 하늘의 것을 추구하는 사람에게는 세
상이 빼앗아 갈 수 없는 영원한 복이요 절대적인 행복이다. 이것이
팔복 산에서 우리에게 주는 예수님의 귀한 선물이다.

예수께서 이르시되 청년아 내가 네게 말하노니 일어나라 하시매 죽었던 자가
일어나 앉고 말도 하거늘 예수께서 그를 어머니에게 주시니 누가복음 7:14~15

마지막 희망,
유일한 희망
_나인

오늘날 아랍인 주민이 사는 나인 마을

> 갈릴리 1차 사역을 마친 예수님은 이후 제자와 많은 무리와 함께 나인
> 성으로 갔다. 그리고 그곳에서 외아들을 잃고 슬픔에 빠져 있는 한 과
> 부를 보고 불쌍히 여겨 죽은 아들을 살렸다.
> 이 소식을 들은 세례자 요한은 제자를 보내 예수님이 자신들이 기다리
> 던 메시아인지 알아보게 했고 예수님은 사역을 통해 스스로를 드러내
> 보였다 누가복음 7:11~35.

예수님이 나인 성으로 갈 때 제자와 많은 사람이 따랐다. 그때 마침 한 과부의 외아들이 죽어 장례행렬이 지나가고 있었다.

당시는 다산이 일반적이었다. 그런데 이 과부는 일찍 남편을 떠나보냈음에도 재혼하지 않고 외아들과 함께 살았다. 또 그때 여성들은 생활을 위해 재혼하는 것이 보통의 관습이었으나 그녀가 재혼하지 않고 아들과 함께 살았다는 것은 마을 사람의 존경을 받을 만했다. 그렇기에 그 과부에게 외아들은 마지막 희망이었다. 그런데 외아들이 죽자 그녀의 모든 희망은 사라졌고 그녀를 불쌍히 여긴 많은 마을 사람이 장례식에 함께하며 위로했다.

예수님도 울고 있는 과부를 보고 불쌍히 여겼다. 《성경》에 보면 병자가 불쌍히 여겨 달라고 외침으로써 고침받은 사람이 있는가 하면 이 과부처럼 예수님이 친히 불쌍히 여겨 고쳐 준 경우가 있다.

예수님은 장례행렬을 멈추게 하고 관에 손을 대며 명령했다.

"청년아 내가 네게 말하노니 일어나라."

이에 죽었던 청년이 일어나자 예수님이 그를 어머니에게 건네주었다.

마지막 희망과도 같은 외아들을 잃은 과부에게 예수님은 그녀의 죽은 외아들을 살려 주었다. 그렇다. 세상의 마지막 희망이 사라져도 예수 그리스도는 여전히 우리의 유일한 희망이 된다.

나인 성의 외아들을 살린 것은 예수님이 죽은 자를 살린 첫 번째 사건이었다. 1999년 이 역사적이 사건이 있는 나인을 찾았다.

나인은 길보아 산과 다볼 산 사이에 있는 모래언덕 북쪽 네비 다이Nebi Dahi의 경사진 곳에 자리 잡은 오늘날 네인Nein 혹은 나인Nain으로 불리는 아랍 마을이다. 나사렛에서는 남동쪽 약 9킬로미터 지점에 있으며 가버나움에서 약 40킬로미터 떨어진 곳이다.

현재 나인 마을에는 아랍인 주민 수백 명 정도가 살고 있으나 유적으로 보아 한때 상당히 중요한 마을이었음을 알 수 있다. 1982년 남플로리다 대학이 도시 북서쪽에서 샘을 발견한 데 이어 그 주위에서 로마 때 석관 조각과 바위를 깎아 만든 무덤도 발견했다.

이곳은 예수님이 과부의 죽은 외아들을 살린 곳임에도 순례자들이 잘 찾지 않는 것은 1664년에 이곳을 방문한 한 프랑스 수도사가 아랍인 주민이 표범처럼 사납다고 말한 기록 때문이다. 성지 순례 때는 므깃도에서 나사렛으로 가는 길에 잠시 들를 수 있는데, 보통은 당일 코스로 예루살렘에서 갈릴리 티베리아스까지 가기 때문에 30분 정도 시간을 내기가 쉽진 않다.

오늘날 이곳에는 비교적 생활수준이 있는 작은 아랍 마을이 형성되어 있다. 마을에는 1880년 프란체스코회에서 세운 나인 성 기념 교회가 있으나 교회 안에 예수님이 과부의 아들을 살리는 그림 한 장만 걸려 있고 거의 방치되어 있다. 다만 교회 옆에 있는 가정집에서 가끔 가다 오는 순례자들을 맞이할 뿐이었다.

이곳을 처음 방문했을 때는 마을 아이들이 몰려와 "원 달러" 하면서 구걸하는 모습을 쉽게 볼 수 있었다. 아랍 마을치고 살 만한 동네인데도 아이들은 신발을 신지 않고 다녔다. 가엾은 마음은 들었지만 시간에 쫓겨 기념 교회만 촬영하고 바로 다음 장소를 찾았다.

그런데 한국에 돌아와서도 그 아이들이 잊히지 않고 계속 머릿속에서 맴돌았다. 그래서 그 후 다시 성지 순례팀을 인도할 때는 가이사랴(카이사레아Caesarea)와 므깃도에서 시간을 줄여 나사렛에서 아이들을 위해 100달러 정도의 옷과 먹을 것을 준비하고 나인 성을 찾았다. 일정에 없는 방문이었지만 나인 성 아이들에게 물품을 나누어 주고 떠나면서 귀한 교훈을 하나 마음속에 새겼다. 구제의 기회를 놓치면 이자가 많이 붙는다는 것을! 1달러면 될 것을 1년 만에 100달러를 주고서야 그 구제의 빚을 갚았다.

예수님이 나인 성에서 죽은 자를 살렸다는 소문은 순식간에 유대와 온 지역으로 퍼져나갔다. 이 소식을 들은 세례자 요한의 제자들은

나인 마을에 있는 기념 교회

오늘날 나인 마을의 모습으로 지금은 아랍 마을이다.

요한에게 알렸고 요한은 제자 두 명을 예수님께 보내 그가 장차 오실 메시아인지 아니면 다른 사람을 기다려야 하는지 알아보도록 했다.

　　요한의 제자들이 찾아갔을 때 예수님은 질병과 고통 가운데 있는 자와 악귀 들린 자를 고치고 있었다. 요한의 제자들이 스승 요한의 물음을 전하자 예수님은 직접적인 대답 대신 이렇게 말씀하셨다.

> 너희가 가서 보고 들은 것을 요한에게 알리되 맹인이 보며 못 걷는 사람이 걸으며 나병환자가 깨끗함을 받으며 귀먹은 사람이 들으며 죽은 자가 살아나며 가난한 자에게 복음이 전파된다 하라 누가복음 7:22

죽은 자를 살리는 예수님 외에 누가 메시아이며, 누가 구세주인가? 의사의 치료를 포기하고, 다른 사람의 도움을 받지 못하고, 인생을 포기한 수많은 사람이 예수님을 만남으로써 새 희망을 가졌다.

예수님은 죽음 가운데서도 사망 권세를 깨뜨리고 친히 부활함으로 죽음 같은 절망 가운데 있는 우리에게 생명과 희망을 주었다. 그분은 세례자 요한이 기다리던 메시아요, 우리가 지금 기다리고 있는 재림 예수이다. 그렇기에 예수님은 온 인류의 유일한 희망이다. 세상의 마지막 희망이 사라질 때 예수님은 우리의 유일한 희망이 된다.

제자들이 나아와 깨워 이르되 주여 주여 우리가 죽겠나이다 한대 예수께서 잠을
깨사 바람과 물결을 꾸짖으시니 이에 그쳐 잔잔하여지더라 누가복음 8:24

갈릴리 바다를
닮은 인생

_갈릴리 바다, 거라사

서쪽의 갈릴리 바다

> **"**
> 갈릴리 2차 사역 중에 예수님은 제자들과 함께 배를 타고 갈릴리 반대
> 편으로 가게 되었다. 배가 행선할 때 예수님은 피곤한 몸으로 잠이 들었
> 고 이때 광풍이 불어 배에 물이 차 위험에 처하게 되었다. 제자들은 예
> 수님을 깨웠고 예수님이 바람과 물결을 꾸짖자 바다는 다시 잔잔해졌다.
> 거라사에 도착한 예수님은 군대 귀신 들린 자를 고친 후 다시 가버나움
> 으로 돌아왔다 마태복음 8:23~33, 마가복음 4:35~5:20, 누가복음 8:22~40.
> **"**

하루는 예수님이 배편을 이용해 제자들과 함께 갈릴리 바다 동쪽에 있는 거라사(오늘날 쿠르시)로 향하게 되었다. 예수님이 가버나움에서 출발했다면 거라사까지 바다 직선길로는 9.8킬로미터 거리에 있으나 육지 길로는 15.2킬로미터 거리이다. 만일 긴네렛에서 출발했다면 육지 길은 7킬로미터 더 먼 22.2킬로미터가 된다. 그래서 당시에는 갈릴리 서쪽에서 동쪽으로 갈 경우 육지보다는 배편을 이용했다.

예수님도 배편으로 오늘날 골란 고원 쪽에 있는 거라사로 향했다. 무리를 떠나 제자들만 데리고 간 것을 보면 고깃배를 이용했을 것이다.

1986년 가뭄 때 예수님 당시의 고깃배*가 발견되어 기노사르 키부츠 박물관에 전시되어 있다. 이 고깃배는 8.2×2.3미터의 크기로 사람만 탄다면 10~15명 정도 탈 수 있다. 이런 배가 갈릴리 바다의 돌풍을 만나게 되면 뒤집힐 정도로 위험할 수밖에 없다.

갈릴리 바다는 좁은 계곡으로 둘러싸여 있는데 동쪽은 골란 고원이 급경사를 이루고, 북쪽은 언덕으로 되어 있으며, 서쪽 역시 티베리아스까지 비교적 높은 고지대로 형성되어 있다. 그리고 북서쪽은 도브(비둘기) 골짜기가 있어 골짜기에서 불어오는 비교적 따뜻한 바람이 바다로 들어와 동쪽의 높은

● 예수님 당시의 고깃배 : 1986년 1월 갈릴리 해변가에서 고대의 배 한 척이 발견되었다. 이 배는 갈릴리에 2년간이나 가뭄이 계속되면서 키부츠kibbutz(집단농장)의 한 농부가 발견한 것이다. 기본 구조는 못을 사용했으나 나머지 부분은 못을 사용하지 않고 짜맞추는 형식으로 지어졌다. 주로 고기잡이나 주민을 위한 교통수단으로 이용된 것으로 추정된다. 건축기법과 탄소실험 분석에 따르면 이 배는 BC 1년으로부터 AD 1년 사이에 사용된 것으로 보인다.

예수님 당시 갈릴리 바다의 고깃배 _ 기노사르 키부츠 박물관

산맥에 부딪히고 북쪽은 눈 덮인 헤르몬 산의 찬 공기가 훌레 골짜기를 타고 갈릴리 바다로 유입되는데 이 두 바람이 함께 불면 갑작스럽게 돌풍이 일어나기도 한다.

가버나움을 떠나 반대편 거라사로 행선하던 배는 얼마 가지 못해 돌풍을 만나게 되었다. 이때 예수님은 심히 피곤해 물이 배 안으로 들어와 가득 차게 될 때까지도 고물을 베개 삼아 자고 있었다. 제자들은 애를 썼으나 계속해서 물이 배 안으로 들어오자 예수님을 깨워 말했다.

"주여, 주여, 우리가 죽게 되었나이다."

제자들이 얼마나 급했으면 예수님을 두 번씩이나 불렀을까?《성경》에는 급할 때 이름을 두 번씩 반복해서 부른 사건이 있다. 아브라함이 이삭을 바치려고 할 때 하나님이 "아브라함아 아브라함아"라고 두 번 불렀고(창세기 22:11), 사울이 다메섹으로 믿는 사람들을 잡으러 갈 때도 부활한 예수님이 "사울아 사울아"라고 두 번 불렀다(사도행전 9:4).

제자들의 외침에 예수님이 일어나 바람과 물결을 꾸짖자 곧 바다가 잔잔해졌다. 그러고 나서 제자들에게 "너희 믿음이 어디 있느냐" 하며 책망했다.

거친 풍랑으로 죽을 것 같은 지경에 이르자 제자들은 예수님이 배에 함께 있었는데도 곧 배가 뒤집혀 죽게 되었다고 두려워했다. 그들은 이전에 예수님이 물을 포도주로 만들고, 귀신을 쫓아내며, 나인 성 과부의 죽은 아들을 살리는 능력을 보았는데도 예수님을 믿지 못하고 두려워 떨고 있었다. 그래서 잠에서 깨어난 예수님이 풍랑

군대 귀신 들린 자를 고친 거라사의 기념탑 _ 이스라엘 쿠르시 국립공원

을 잔잔케 한 후에 제자들을 책망한 말씀이 "너희 믿음이 어디 있느냐"였다.

예수님이 탄 배에도 풍랑이 일어나듯 우리가 살아가는 세상의 풍파는 믿음 있는 자에게도 일어난다. 중요한 것은 믿음은 풍랑이 일어날 때 필요하다는 사실이다. 풍랑이 일어나는 가운데서도 예수님이 나와 함께한다는 믿음을 가질 때 결코 풍랑을 두려워하지 않는다.

좀 더 예수님 당시의 갈릴리 바다를 체험하기 위해 고깃배를 탔다. 본래 어선은 일반인은 탈 수 없으나 책임자에게 취재 의도를 설명하자 기꺼이 허락해 주었다. 비록 낡기는 하지만 여섯 명이 탈 수 있는 작은 고깃배이다 보니 예수님과 제자들이 타고 거라사로 향했던 배와 비슷한 경험을 할 수 있었다.

인생은 갈릴리 바다와 같다. 서쪽 도브 골짜기에서 불어오는 바람처럼 따뜻한 바람이 불 때도 있고, 북쪽 훌레 골짜기에서 불어오는 바람처럼 찬 바람이 불 때도 있으며, 따뜻하고 찬바람이 동시에 불 때도 있다. 그러나 중요한 것은 어떤 상황이든지 풍랑을 잔잔케 하는 예수님이 함께한다는 것이다.

이후 예수님과 제자들은 무사히 갈릴리 바다 건너편 거라사*에 도착했다. 거라사는 갈릴리 바다 동쪽 골란 고원 앞 해변에 있는 엔게브 키부츠에서 동북쪽으로 약 5킬로미터 지

* 거라사 : 〈누가복음〉 8장 26절에는 거라사인의 땅, 〈마가복음〉 5장 1절에는 거라사인의 지방이라고 말하고 있으나 같은 내용의 〈마태복음〉 8장 28절에는 가다라 지방으로 되어 있고, 게르게사인의 땅으로 쓰인 곳도 있다. 이 같은 혼용은 4세기 이후에 나온 사본에서도 나타난다. 따라서 〈성경〉에서 거라사인의 땅 또는 거라사인의 지방으로 언급된 곳은 하나의 넓은 지역으로 이해하는 것이 맞다. 그중에서 예수님이 군대 귀신 들린 자를 고친 거라사(오늘날 쿠르시)와 오늘날 제라시로 불리는 거라사는 거라사 지역의 각각 다른 위치에 있는 성이다. 또 가다라는 거라사를 포함한 좀 더 넓은 지역인 듯하다.

점에 있다. 오늘날 쿠르시로 불리며 이스라엘 국립공원으로 지정되어 있다.

예수님은 이곳에서 군대 귀신 들린 자를 만나 돼지 떼에게로 귀신을 들어가게 해 그를 치유했다. 군대 귀신 들린 한 사람을 위해 2,000여 마리의 돼지를 희생시킨 것이다. 그렇게 영혼을 사랑하는 예수님의 마음에 비하면 이제껏 성지 순례를 하면서 숱한 위험과 어려움을 감수한 내 열정은 아주 미비하다는 생각이 든다. 이는 그곳에 있는 사람들조차 예수님이 또 다른 재산 손해를 입힐까 봐 자기 지방에서 떠나기를 간구한 사실에서 분명히 나타난다.

거라사, 그곳은 예수님이 한 영혼을 얼마나 아끼는지를 보여 주는 곳이었다.

북쪽에서 본 갈릴리 바다

2장

십자가 그 길을 따라

예수께서 떡 다섯 개와 물고기 두 마리를 가지사 하늘을 우러러 축사하시고 떡을
떼어 제자들에게 주어 사람들에게 나누어 주게 하시고 또 물고기 두 마리도 모든
사람에게 나누시매 마가복음 6:41

세상 떡과
하늘의 떡
_ 벳새다 들판

오병이어 기념 교회 _ 갈릴리 타브가

> 갈릴리 3차 사역 중 날이 저문 어느 날 예수님은 벳새다 들판에서 보리
> 떡 다섯 개와 물고기 두 마리를 가지고 장정만 5,000명을 먹이는 기적
> 을 베풀었다. 이에 무리가 예수님을 왕으로 삼으려 하자, 예수님은 무리
> 를 돌려보내고 제자들을 먼저 갈릴리 건너편 벳새다로 가게 했다. 이튿
> 날 떡으로 배불리 먹었던 무리는 배를 타고 가버나움으로 가서 예수님
> 을 만났다. 예수님은 떡 때문에 자기를 찾은 줄 아시고 생명의 떡에 대
> 한 말씀을 하셨다 마태복음 14:15~33, 마가복음 6:35~52, 누가복음 9:12~17, 요한
> 복음 6:5~59.

예수님의 갈릴리 3차 사역 중에 있었던 오병이어의 기적은 사복음서에 모두 나온다. 각 복음서마다 기록이 약간씩 차이가 있는데 정리하면 다음과 같다.

날이 저물어 저녁이 되자 제자들이 예수님께 나아와 말했다.

"이 곳은 빈 들이요 해도 이미 저물었으니 무리를 보내 마을에 들어가 먹을 것을 사 먹게 하십시오."

그러자 예수님이 빌립에게 물었다.

"우리가 어디서 떡(빵)을 사서 이 사람들을 먹이겠느냐?"

이것은 예수님이 친히 어떻게 할지 알고 빌립을 시험하고자 물은 것이었다.

빌립은 "각 사람에게 조금씩 주어도 이백 데나리온의 떡이 부족합니다"라고 대답했고 다른 제자들은 "우리가 가서 이백 데나리온의 떡을 사다 먹이도록 할까요?"라고 되물었다.

이에 예수님은 "너희들이 사러 갈 필요가 없다. 너희가 먹을 것을 주도록 하라"고 하며 "너희에게 떡이 몇 개나 있는지 가서 알아보아라"고 말씀하셨다.

제자 중 하나인 시몬 베드로의 형제 안드레가 말했다.

"여기 한 아이가 가지고 있는 보리떡 다섯 개와 물고기 두 마리가 있습니다. 그러나 그것이 이 많은 사람에게 무슨 소용이 있겠습니까?"

예수님은 "그것을 나에게로 가져와라" 말씀하시고 제자들에게 무리를 50명씩 떼를 지어 잔디 위에 앉도록 했다. 그러고는 떡 다섯 개와 물고기 두 마리를 가지고 하늘을 우러러 보고 축사한 후 떡을 떼어 제자들에게 주고 제자들은 무리에게 나누어 주었다.

그들이 배불리 먹은 후에 예수님이 제자들에게 말씀하셨다.

"먹고 남은 조각을 거두고 버리는 것이 없도록 하라."

이에 모두 배불리 먹고 남은 떡조각과 물고기를 열두 바구니에 차게 거두었다. 먹은 사람은 여자와 어린이 외에 남자만 5,000명이나 되었다. 떡과 고기를 먹은 사람들이 예수님이 행한 기적을 보고 말했다.

"이는 참으로 세상에 오실 그 선지자가 틀림없다."

보리떡 다섯 개와 물고기 두 마리로 여자와 어린이 외에 성인 남자만 5,000명을 먹인 이 사건을 오병이어의 기적이라 부른다. 남자만 5,000명이니 여자와 어린이를 합하면 15,000명 이상이 먹은 것이다.

오병이어의 기적을 베푼 벳새다 들판

이 일이 일어난 장소와 관련해 〈마태복음〉은 잔디가 있는 빈 들, 〈마가복음〉은 잔디가 많은 빈 들로, 〈누가복음〉은 빈 들, 〈요한복음〉은 갈릴리 바다 건너편 산 위의 잔디가 많은 곳으로 기록하고 있다.

보통 갈릴리 바다 건너편이라 하면 요르단 강이 갈릴리 바다로 흘러 들어오는 지역을 중심으로 동쪽을 가리킨다. 그런데 그중에서 5,000명 이상 앉아 먹을 수 있는 지역은 요르단 강이 갈릴리 바다로 유입되는 곳을 포함해 약 2킬로미터 반경 내에 있는 지역이다.

오늘날 이 지역은 이스라엘 지도에 텔 벳새다로 표시되어 있다. 실제로 지금도 돌과 숲, 푸른 풀밭으로 되어 있으며 소를 방목하고 있는데 이곳이 바로 예수님이 오병이어의 기적을 베푼 곳이다.

여기서 북쪽으로 2킬로미터 떨어진 곳에는 《성경》에 나오는 벳새다 마을이 있다. 현재는 이스라엘 텔 벳새다 국립공원으로 지정되어 있다. 빌립과 베드로, 안드레의 고향인 이곳은 어부의 집터가 발굴되어 있는데 돌에 '어부의 집'이라는 표지판을 세워 놓아 쉽게 찾을 수 있다.

오병이어의 기적과 관련 있는 또 다른 곳은 벳새다 들판에서 서쪽으로 11킬로미터 지점의 타브가라는 지역에 있는 오병이어 교회*이다. 400년경 건축된 것으로 보이는 이 교회는 1930년대 초 독일 고고학자가 발굴한 것으로, 바닥은 전부 모자이크로 장식되어 있다. 즉, 예수님이 오병이어의 기적을 베푼 벳새다 들판과 벳새다 마을 그리고 오병이어의 기적을 기념해 세운 오병이어 교회는 각각 다른 장소에 있었다.

* 오병이어 교회 : 기적 교회 또는 빵과 물고기의 기적 교회(The Church of the Multiplication of the Loaves and the Fishes)라고도 한다.

예수님 당시 보리떡barley loaf은 가난한 유대인이 주식으로 먹던 빵이었다. 장거리 여행을 하는 사람은 보리떡과 물고기를 식사 대용으로 준비해 다녔다. 그런데 팔레스타인에서는 떡이라는 개념이 없다. 따라서 한글 《성경》에 떡으로 번역된 것은 빵으로 이해하는 것이 옳다.

어쨌든 예수님은 무리가 나아오는 것을 보고 빌립을 시험test하고자 물었다.

"우리가 어디서 떡을 사서 이 사람들을 먹이겠느냐?"

이에 빌립은 "각 사람에게 조금씩만 나누어 준다 해도 200데나리온의 떡(빵)이 부족합니다"라고 대답했다. 빌립은 이전에 예수님이 기적을 베풀고 풍랑까지도 잔잔케 했던 능력을 기억하지 못하고 있었다.

그때 안드레가 말했다.

"여기 한 아이가 있어 보리떡 다섯 개와 물고기 두 마리를 가지고 있나이다. 그러나 그것이 이 많은 사람에게 얼마나 되겠사옵나이까?"

안드레 역시 빌립보다 조금 낫긴 했지만 그것으로는 수많은 사람

오병이어 교회 바닥에 장식된 오병이어 모자이크 _ 갈릴리 타브가

에게 아무 소용이 없다는 생각이었다.

이에 예수님은 어린이가 가져온 떡을 떼어 축사한 후 제자들에게 떡과 물고기를 나누어 주도록 했다. 이것은 제자들의 믿음을 요구하는 것이기도 했다. 떡과 물고기를 한꺼번에 쌓아 놓고 무리에게 가져다 주는 것은 어렵지 않다. 그런데 자기 손에 들린 적은 것을 가지고 나누어 준다는 것은 믿음 없이는 순종하기 어려운 일이다. 그들은 이렇게 질문할 수도 있었을 것이다.

오늘날 중동 지역의 빵(떡)

오늘날 갈릴리 바다에서 주로
잡히는 물고기

"아니 이 적은 것을 가지고 어떻게 저 많은 무리에게 나누어 줄 수 있습니까?"

그러나 제자들이 예수님의 말씀에 따라 떡과 물고기를 나누어 주었을 때 자기들이 가지고 있던 바구니에는 여전히 같은 양의 떡과 물고기가 남아 있었다.

주님의 기적에 동참할 수 있는 사람은 바로 이런 자이다. 내 생각이나 이성으로 이해가 되지 않아도 주님이 말씀하시면 그대로 순종하는 것이다. 그때 주님이 행하는 기적에 동참하는 자가 되는 것이다.

마침내 보리떡 다섯 개와 물고기 두 마리로 여자와 어린이 외에도 성인 남자 5,000명이 배불리 먹었다. 그리고 나서 남은 부스러기를 거두자 온전한 것 외에 보리떡 조각만도 열두 바구니나 되었다.

당시 사람들은 여행할 때 지금의 배낭과 같은 바구니와 주머니를 가지고 다녔다. 제자들 역시 예수님을 따라다니며 바구니를 가지고 다녔을 것이다. 이 바구니는 광주리와 달리 그리 크지 않은 것으로 주로 버들가지로 만들었다.

공생애를 시작하기 전 "돌을 떡으로 만들어 먹으라"는 마귀의 시험을 받을 때도 기적을 베풀지 않았던 예수님이 무리를 위해 오병이어의 기적을 베풀었다. 떡으로 배부르게 먹은 무리는 예수님을 선지자로 보았고 예수님을 억지로 붙잡아 자기들의 왕으로 삼으려 했다. 이에 예수님이 그들을 돌려보냈지만, 그들은 다음날 다시 예수님을 찾아왔다.

그들이 예수님을 찾은 것은 이적의 진정한 의미를 깨달아서가 아니라 그 이적으로 육신의 필요를 채웠기 때문이다. 그래서 또다시 육신의 필요를 충족하기 위해 예수님을 찾은 것이다. 그러나 예수님이 이적을 통해 무리를 먹인 것은 육신적인 필요뿐만 아니라 궁극적으로 영생하도록 있는 양식, 곧 구원을 위한 것이었다.

구약의 이스라엘 백성은 이집트에서 나와 광야에서 40년 동안 하늘에서 내리는 만나를 먹으면서도 세상에서 나는 고센 땅의 음식을 구했다. 하늘의 떡을 먹으면서도 세상의 떡을 구한 것이다. 그리고 오병이어의 기적으로 예수님이 주신 기적의 떡을 먹은 무리는 예수님을 세상의 왕으로 삼고 세상의 떡을 계속해서 구하려 했다.

그래서 예수님은 "너희가 나를 찾은 것은 표적을 본 까닭이 아니요 떡을 먹고 배부른 까닭이로다"라고 말씀하셨다. 예수님은 자신이 생명의 떡이 됨을 무리에게 가르쳤다.

나는 생명의 떡이니 내게 오는 자는 결코 주리지 아니할 터이요 나를 믿는 자는 영원히 목마르지 아니하리라 요한복음 6:35

오늘날 하나님을 믿고 따른다고 하는 사람 중에서도 얼마나 많은 이가 하나님이 주시는 생명의 떡인 말씀을 받아먹으면서도 세상의 떡에 더 많은 관심을 갖고 살아가는 것일까? 생명의 떡이 되는 주님보다 세상의 떡인 재물과 명예, 안락을 더 우선순위에 두고 살아가고 있지는 않은가?

사람이 떡으로만 살 것이 아니요 하나님의 입으로부터 나오는 모든 말씀으로 살 것이라 마태복음 4:4

이 말씀은 세상의 떡도 먹어야겠지만 그것보다는 하나님의 말씀이 우선이라는 뜻이다.

그런즉 너희는 먼저 그의 나라와 그의 의를 구하라 그리하면 이 모든 것을 너희에게 더하시리라 마태복음 6:33

우선순위를 하늘의 떡인 하나님 말씀에 둘 때 세상의 떡도 주심을 잊지 말자.

시몬 베드로가 대답하여 이르되 주는 그리스도시요 살아 계신 하나님의 아들이
시니이다 마태복음 16:16

죽음을
각오한
고백
_ 빌립보 가이사랴

베드로가 신앙 고백을 한 빌립보 가이사랴 _ 이스라엘

" 갈릴리 마지막 3차 사역 중 예수님은 빌립보 가이사랴 지방으로 갔다.
그때 예수님은 사람들이 자신을 어떻게 생각하는지 제자들에게 물었다.
그리고 제자들에게도 같은 질문을 던졌다. 이에 베드로는 그리스도요
하나님의 아들임을 고백했다. 예수님은 자신이 고난받아 죽을 것과 부
활할 것을 첫 번째로 알리고 제자의 자세에 대해 말씀하셨다 마태복음
16:13~27, 마가복음 8:27~37, 누가복음 9:18~25. "

갈릴리에서 마지막 3차 사역 중에 빌립보 가이사랴로 간 예수님은 제자들에게 사람들이 자신을 어떻게 생각하는지 물었다. 제자들은 사람들이 예수님에 대해 세례자 요한, 엘리야나 예레미야와 같은 선지자 중의 한 사람으로 생각하고 있다고 대답했다. 그러나 그것은 예수님이 원하는 대답이 아니었다. 이에 예수님은 제자들의 생각도 물었다.

제자들은 이제까지 예수님과 함께하면서 많은 기적을 직접 보았고, 예수님의 가르침에 대해서도 많은 말씀을 들었다. 그런 제자들이 자신을 어떻게 생각하고 있는지 예수님은 궁금했다. 그래서 "너희는 나를 누구라고 생각하느냐"라고 질문한 것이다.

이에 성격이 급하고 나서기 좋아하는 베드로가 대답했다.

주는 그리스도시요 살아 계신 하나님의 아들이시니이다 마태복음 16:16

베드로의 대답을 들은 예수님은 만족하며 그에게 말씀하셨다.

바요나 시몬아 네가 복이 있도다 이를 네게 알게 한 이는 혈육이 아니요 하늘에 계신 내 아버지시니라 마태복음 16:17

그렇다. 나사렛에서 태어나 30년을 사람으로 성장한 예수를 그리스도로, 하나님의 아들로 고백한다는 것은 사람의 이성으로는 할 수 없는 일이다. 우리 역시 마찬가지다. 예수를 나의 구세주로 믿는

판 신상을 놓았던 곳 _ 빌립보 가이사랴

것은 성령이 아니고서는 불가능한 일이다. 어떻게 "무릇 살아서 나를 믿는 자는 영원히 죽지 아니하리니"(요한복음 11:26)라는 말씀을 믿을 수 있겠는가? 오직 성령으로만 가능한 것이다. 그래서 구원에 이르는 믿음은 선물이다.

베드로의 위대한 신앙 고백이 있었던 빌립보 가이사랴를 처음 방문했을 때의 감격은 지금도 잊을 수가 없다. 빌립보 가이사랴는 이스라엘 북단에 있는 텔Tell 단에서 동쪽으로 약 4킬로미터, 갈릴리 바다에서는 북쪽으로 약 40킬로미터 지점의 헤르몬 산 남쪽 기슭 해발 340미터에 위치한 곳이다.

《개역한글성경》에는 가이사랴 빌립보라고 나오고 있으나 《개역개정성경》에는 빌립보 가이사랴로 고쳐 기록하고 있다. 빌립보는 '빌립의 소유'라는 뜻이다. 헤롯은 이곳에 돌산을 깎아 흰 대리석으로 신전을 세워 로마 황제 아우구스투스에게 바쳤다. 예수님 당시 이곳은 헤롯 대왕의 아들 빌립이 통치하던 지역의 수도로 쓰였는데 가이사와 자기 이름을 합해 빌립보 가이사랴라고 했다.

이후 헬라인은 그들이 섬기는 판Pan 신°의 명칭을 따라 4세기 이후부터 파니아스Panias, Paneas라고 불렀다. 판 신전은 파니온Panion으로 지칭했다. 또 로마 시대 말기와 비잔틴 시대에는 가이사랴 파네아스로 불렸다. 오늘날에는 바니아스Banias로 부른다.

지금도 판 바위 절벽 아래에는 판 신전 터가 남아 있고 절벽에도 판 신상을 놓았던 움푹 파인 자리를 볼 수 있다. 그리고 그 앞에는 헤롯이 이 지역을 자신의 통치 지역으로 준 아구스도 황제에게 바치기 위해 흰 대리석으로 지은 신전이 있다. 즉, 베드로가 신앙 고백을 한 빌립보 가이사랴는 예수님 이전부터 이방 신전이 있던 곳이요 이후에도 로마 황제의 신전이 있었던 곳이다.

따라서 그런 상황에서 예수님을 하나님의 아들로 고백한다는 것은 산헤드린Sanhedrin°° 공의회의 결정에 따라 죽임을 당하는 사항이었다. 죽을 각오가 아니면 할 수 없는 고백이었던 것이다. 그래서 예수님은 제자들에게 아직 때가 이르지 않았으니 자신이 그리스도인 것을 아무에게도 말하지 말라고 당부했다. 더구나 그 고백 장소가 이방 신전이 있던 곳이라는 사실은 매우 의미 있는 일이다.

● 판 신 : 헬라 사람에게는 산림과 야수의 신으로 알려졌는데 실제로 판 신전이 있는 빌립보 가이사랴에는 풍부한 물과 산림이 우거져 있다.

●● 산헤드린 : 그리스도 이전부터 시작해 그리스도 때까지도 존재했던 유대인의 최고 법정이다. 그러나 여러 하위 법정에서도 이 이름이 사용되었다. 산헤드린의 기원은 불분명하나 랍비 전통에서는 이집트를 떠나올 당시 모세를 도왔던 70인의 장로에게서 왔다고 한다. 구성원은 시기에 따라 다르나 대체로 사두개인, 바리새인, 서기관과 제사장 귀족이 대부분 차지했다.

나는 청소년 시절에 기독교인이 식당이나 많은 불신자 앞에서 식사기도 하는 것을 부끄럽게 생각했다. 그래서 적당히 고개를 숙이는 척하고 식사를 했다. 《성경》을 들고 거리를 다니는 것도 창피한 생각에 가방에 넣거나 보이지 않게 가지고 다녔다. 때로는 학교에서 도시락을 먹을 때 기도를 하면 친구들이 도시락을 숨기는 장난을 치기도 했다.

빌립보 가이사랴에서 죽음을 각오한 신앙 고백을 했던 베드로를 생각하니 그 옛날 교회 다니는 것이 부끄러워 제대로 기도하지 못한 모습이 생각났다. 이제 목사가 되었으니 목사답게 살아야겠다.

무엇이 이 시대에 목사답게 사는 것인가? 오늘날 너무나 많은 기독교인이 세상 사람들에게 손가락질을 받고 있다. 이유는 간단하다. 세상 사람들은 기독교인에게 세상과 다른 삶을 기대하는데 믿는 자들이 세상 사람과 똑같이 욕심을 갖고 살기 때문이다. 예수님은 섬기기 위해, 자기 목숨을 대속물로 내어놓기 위해 이 세상에 왔다. 우리는 죽을 각오로 살지 못할망정 세상에서 비난받을 일은 더 이상 하지 말아야 한다.

성지 순례를 인도하면서 이곳에서 부르는 찬양이 있다.

예수로 나의 구주 삼고 성령과 피로써 거듭나니
이 세상에서 내 영혼이 하늘의 영광 누리도다
이것이 나의 간증이요 이것이 나의 찬송일세
나 사는 동안 끊임없이 구주를 찬송하리로다

그렇다. 베드로가 죽음을 각오하고 신앙 고백을 했던 빌립보 가

헤르몬 산에서 눈이 녹아 흘러내린 물로 이뤄진 사알 폭포, 빌립보 가이사랴 동쪽 근교에 있다.

이사랴에서 예수님만이 나의 구주임을 고백하며 평생 동안 그 고백
대로 실천하는 삶을 살기로, 세상 욕심 버리고 희생과 겸손, 베풂의
삶으로 예수님이 나의 구주임을 간증하며 살겠다고 다짐해 본다.

　　깊은 뜻이 담겨 있는 듯 빌립보 가이사랴에는 헤르몬 산의 눈 녹
은 물이 지하로 스며들어 솟아나오는 샘이 있다. 물이 귀한 이스라엘
에서 믿지 못할 정도로 많은 양의 물이 이곳 지하에서 솟아나와 요르
단 강물을 이뤄 갈릴리 바다로 흘러들어 간다. 즉, 빌립보 가이사랴
는 요르단 강물이 시작되는 근원지이다. 젖줄과도 같은 요르단 강물
이 시작되는 곳이 예수를 구세주로 고백한 위대한 장소인 것은 매우
의미 있는 일이다.

　　그래서 성지 순례 시 이곳에서 흘러나오는 요르단 강물을 떠서

세례를 주는 것도 의미 있는 일이다. 나 역시 기독교 학교인 영신여자고등학교에서 근무하고 있을 때 이곳 물과 갈릴리 바다 남쪽으로 흐르는 요르단 강물을 합해서 학생들에게 세례를 준 적이 있다.

베드로에게 신앙 고백을 들은 예수님은 이때부터 자신이 예루살렘으로 올라가 당시 종교 지도자인 장로와 대제사장과 서기관에게 많은 고난을 받아 마침내 죽임당하고 3일 만에 살아나야 할 것을 제자들에게 말씀하셨다. 이는 제자들에게 너무나 놀랄 일이었다. 많은 기적을 베풀고 놀라운 말씀을 전하고 풍랑까지도 잠재우고 죽은 자를 살리는 능력 있는 분이 어떻게 종교 지도자들에게 고난받아 죽임을 당한단 말인가? 도저히 믿기지 않는 말에 베드로는 예수님을 붙들고 항변하듯 말했다.

"이 일이 결단코 주께 일어나지 않을 것입니다."

그러나 예수님은 강한 어투로 베드로에게 말했다.

"사탄아 내 뒤로 물러가라. 너는 나를 넘어지게 하는 자로다. 네가 하나님의 일을 생각하지 아니하고 도리어 사람의 일을 생각하는도다."

하나님의 일은 무엇이며, 사람의 일은 무엇인가? 하나님의 일은 고난과 죽임이 있어도 마침내 살리는 것이요, 사람의 일은 평탄하고 평안해도 마침내 죽음에 이르는 것이다.

빌립보 가이사랴에서 주는 또 다른 교훈은 예수님을 따르는 길은 결코 평탄하고 넓은 길이 아니라 좁고 자기 희생과 자기 십자가를 져야만 따를 수 있는 길이라는 점이다. 그래서 예수님은 누구든지 자신을 따라오려면 자기를 부인하고 자기 십자가를 지고 따라야 한다고 말씀하셨다.

엿새 후에 예수께서 베드로와 야고보와 그 형제 요한을 데리시고 따로 높은 산에
올라가셨더니 그들 앞에서 변형되사 그 얼굴이 해같이 빛나며 옷이 빛과 같이
희어졌더라 마태복음 17:1~2

여기가
좋사오니
_헤르몬 산과 다볼 산

나인 마을에서 본 변화산으로 알려진 다볼 산

" 베드로에게 신앙 고백을 듣고 자신이 받을 고난과 죽음과 부활을 말씀
하신 지 엿새 만에 예수님은 베드로와 야고보, 요한 세 제자와 함께 높
은 산에 올라가 변형되었다. 이에 베드로는 그곳에 초막을 짓고 머물자
고 했다. 그러나 예수님은 부활 전까지 이 일을 알리지 말 것을 부탁하
고 산에서 내려와 귀신 들려 간질을 앓고 있던 한 아들을 고쳤다. 그리
고 자신이 고난받아 죽임당하고 부활할 것을 두 번째로 말씀하셨다 마태
복음 17:1~23, 마가복음 9:2~32, 누가복음 9:28~45. "

예수님은 자신의 수난에 대해 첫 번째 말씀하시고 엿새 후에 열두 제자 중 베드로와 야고보와 그 형제 요한 세 제자만 데리고 높은 산에 올라갔다. 그리고 제자들이 보는 앞에서 얼굴이 해 같이 빛나며 옷이 빛과 같이 희어지면서 모습이 변형되었다.

예수님이 변형된 산이 정확히 어떤 산인지 《성경》에 직접적으로 언급되지 않아 학자들은 두 산을 후보지로 생각한다. 하나는 이스르엘 평야 언저리에 있는 다볼 산이고 다른 하나는 북쪽의 헤르몬 산이다.

다볼 산Mt. Tabor*은 갈릴리 바다 남서쪽 약 16킬로미터 지점인 이스르엘 골짜기 가운데 위치한 해발 588미터의 중절모자 모양을 한 약간 가파른 산이다. 그러나 〈시편〉 89편에서 찬양할 만큼 균형이 조화를 이루는 아름답고 인상적인 산이다.

다볼 산은 산의 둘레가 좁고 주변 평지보다 450미터 정도 높기 때문에 길이 매우 험해 지금은 택시 같은 소형차와 소형 버스만 올라갈 수 있다. 일반 성지 순례팀이 방문하는 경우에는 산 밑에 대형 버스를 주차한 후 우리나라 봉고차와 비슷한 15인승 미니버스를 타고 정상까지 간다.

우리는 승용차를 이용해 다볼 산으로 올라갔다. 정상 앞에 이르자 십자군 시대의 교회를 헐고 요새를 건축할 때 만든 바람문The Gate of the Wind

● 다볼 산Mt. Tabor : 해발 588미터의 산으로 잇사갈 지파의 경계선이 되었으며, 드보라가 야빈과 싸울 때 바락이 시스라를 격파한 곳이고, 호세아 선지자 때는 유대인이 이 산에서 잘못된 제사를 드렸다. 예레미야 선지자는 이 산을 느브갓네살 왕의 병력을 상징하는 산으로 말하고 있다(예레미아 46:18). 신약에서는 다볼 산이란 이름으로 나오지는 않지만 예수님이 변화한 산이라고 주장되기도 한다(마태복음 17:1~8).

118

다볼 산 정상에 세워진 변화산 교회, 희랍 정교회 소속이다.

이라는 돌문이 나타났다. 지금의 것은 1897년에 보수한 것이다.

또 이곳에는 두 개의 기념 교회가 있는데 그중 한 교회는 십자군 시대의 교회 터 위에 1911년에 세운 희랍 정교회 소속 엘리야 교회이다. 그리고 그 구역 안에 멜기세덱이 다메섹 왼편의 호바에 가서 조카 롯을 구해 돌아오는 도중 아브라함을 영접한 곳으로 전해지는 멜기세덱의 동굴The Cave of Melchisedek이 있다(창세기 14:13~20).

다른 한 교회는 비잔틴 시대와 십자군 시대의 교회 터 위에 1924년 가톨릭에서 세운 교회이다. 교회 입구로 들어서면 양옆에 모세와 엘리야를 위한 기도소가 따로 있다.

베드로는 이곳에서 변모한 예수님이 엘리야와 모세와 함께 있는 것을 보고 이렇게 말했다.

주여 우리가 여기 있는 것이 좋사오니 만일 주께서 원하시면 내가 여기서 초막 셋을 짓되 하나는 주님을 위하여, 하나는 모세를 위하여, 하나는 엘리야를 위하여 하리이다 마태복음 17:4

베드로는 지금 있는 곳이 너무 좋기 때문에 "여기 있는 것이 좋사오니"라고 했지만 그것은 예수님이 원하는 것이 아니었다. 베드로는 변모한 예수님과 함께 있는 그 자리가 너무 좋았던 것이다.

우리 역시 교회에서 주님과 함께 언제까지나 찬송하며 말씀 듣는 것이 얼마나 좋은가? 세상의 치열한 생존경쟁 속에서 서로 다투며 피곤하게 사는 것보다 얼마나 좋은가? 그러나 지금은 그런 천국을 향해 가는 과정에 있기에 우리 역시 예수님처럼 다시 산 아래로 내려가야 한다. 바로 그 산 아래에는 귀신 들려 간질로 고통당하는 아들이 있으며, 고통과 신음 속에서 살아가는 많은 사람이 있다. 우리는 교회에서 힘을 얻어 다시 세상으로 나아가야 하는 자들이다.

바울은 이렇게 고백하고 있다.

내가 그 둘 사이에 끼었으니 차라리 세상을 떠나서 그리스도와 함께 있는 것이 훨씬 더 좋은 일이라 그렇게 하고 싶으나 내가 육신으로 있는 것이 너희를 위하여 더 유익하리라 빌립보서 1:23~24

날씨가 좋은 날이면 다볼 산 정상에서 북서쪽으로 나사렛의 고지대가 보이고, 서쪽으로는 멀리 떨어진 갈멜 산의 봉우리가 보이며, 동쪽으로는 요르단 강, 남쪽 기슭에는 이스르엘 골짜기가 보인다. 처음 이곳을 찾았을 때는 겨울 우기인지라 이스르엘 평야는 볼 수 없었

무지개가 뜬 다브랏 마을로 예수님이 귀신 들린 소년을 고친 곳이다.

다. 그러나 내려오는 길에 때마침 무지개가 떠서 다볼 산 정상에서 보지 못한 아쉬움을 채워 주었다. 특히 예수님이 변화한 산에서 보는 무지개는 더욱 귀한 선물 같아 그때 찍은 사진을 소중하게 간직하고 있다.

산 아래로 거의 다 내려오면 언덕에 위치한 다브리야Dabburiya라는 아랍인 마을이 나오는데 이곳이 〈여호수아〉 19장 12절에 나오는 다브랏* 마을로 예수님이 변화산에서 내려온 후 귀신 들린 소년을 고쳐 준 곳이다. 바로 세상 고통의 현장인 셈이다.

이곳에서는 바위를 쪼개 만든 무덤과 물탱크, 바닥이 모자이크로 장식된 요새와 교회 유물이 발굴되었다. 지금은 발굴 후에 남아 있는 비잔틴 시대의 교회 터를 볼 수 있다.

● 다브랏 : 다볼 산 서편 기슭에 위치한 오늘날 아랍 마을인 다브리야에 있는 유적지이다. 잇사갈 지파에게 할당된 후 레위 지파에게 주어진 성읍이다. 스불론 지파와 경계선에 있기도 한 이곳에서는 요새와 교회 유물이 발굴되기도 했다.

다볼 산 중턱의 다브랏 유적지

　변화산 아래의 다브랏에서처럼 세상에는 질병의 고통 속에 신음하는 사람이 많다. 특히 귀신 들려 간질로 고통받는 그 아들처럼 악한 영에 사로잡혀 신음하는 자가 얼마나 많은가! 예수님이 간질로 고통받는 아들을 고친 그 현장에 서고 보니 육신의 연약함 가운데 있었던 나를 이제껏 인도해 주신 하나님의 뜻이 얼마나 귀한지 또 깨닫게 되었다. 내가 약했기에 주님만 의지했고, 주님만 의지했기에 세상 것 때문에 실망하거나 좌절하지 않게 되었다.

　바울에게도 육체의 가시가 있었기에 끝까지 하나님의 능력의 사도로 쓰임받지 않았는가! 왜 육신적으로 그토록 약한 나에게 건강한 사람도 하기 힘든 성지를 답사하게 하고 성지 현장에서 헤아릴 수 없는 은혜를 주셨는가? 그것은 세상 일 때문에 절망하고 좌절하고 특히 질병으로 고통 중에 있는 자에게 성지에서 받은 은혜를 나누어 주는 자가 되게 하기 위함이 아니겠는가!

우리는 변화산으로 추정되는 또 다른 장소인 헤르몬 산을 찾아갔다. 팔레스타인 북쪽으로 높이 솟아 있는 헤르몬 산은 해발 2,815미터로 우리나라의 백두산(2,744미터)보다 높다. 오래전부터 '거룩한 산'이란 뜻으로 불렸는데 히브리어로는 '높은 봉우리'라는 뜻이 있다. 이곳 아랍인은 계속 눈으로 덮여 있다고 해서 '설산Snow Mountain'이란 뜻의 '제벨 에시 셰이크Jebel esh-Sheikh'라고 부른다.

안티레바논Anti-Lebanon 산맥의 남쪽 돌출부를 이루는 장엄한 모습의 이 산은 1년 중 여름을 제외하고 3~5개월 동안 눈으로 덮여 있다. 동편은 급경사를 이루고 서편은 완경사를 이룬다. 헤르몬 산에서 60킬로미터 정도 떨어진 갈릴리 호수에 서면 맑게 갠 날에는 호수의 남빛 수면 위로 산꼭대기마다 흰 눈을 입은 채 거꾸로 비치는 헤르몬 산의 아름다운 모습을 볼 수 있다. 세 봉우리로 이루어진 헤르몬 산은 안티레바논 산맥 남쪽의 제벨 에시 셰이크가 2,852미터로 가장 높으며, 다른 두 봉우리는 하스베에와 파니아스로 조금 낮다.

산 정상을 덮은 눈은 고대에는 부유층의 음료를 차게 하는 데 이용되었고 눈이 녹아 흘러내린 물은 갈릴리 호수로 흘러들어 요르단 강의 귀중한 수원이 된다. 지금은 1967년 6일 전쟁 후 이스라엘 군대가 시리아로부터 이곳을 점령해 이스라엘, 시리아, 레바논의 국경을 접하고 있다.

빌립보 가이사랴에서 자동차를 타고 21킬로미터를 가면 헤르몬 산 정상까지 운행하는 리프트 시설이 있다. 주차장에 차를 세워 놓고 가면 평지 같으면 15분 거리지만 길이 험하고 경사가 심해 30분 정도는 걸린다.

다볼 산과 함께 헤르몬 산이 예수님이 변화한 산으로 언급되는 것은 이 산 아래에 있는 빌립보 가이사랴까지 예수님이 왔기 때문이다. 예수님의 변형 사건에 대한 《성경》 내용이 기록 순서에 의한 것이라면 빌립보 가이사랴에서 베드로의 신앙 고백을 들은 예수님이 엿새 후에 높은 산에 올라갔다는 근거에 따라 헤르몬 산이 예수님이 변화한 산으로 볼 수 있다.

그러나 그 산이 다볼 산이든 헤르몬 산이든 예수님의 변형 사건은 이 세상을 살아가는 많은 크리스천에게 귀한 교훈을 준다. 즉, 예수님을 따르는 제자라면 '여기가 좋사오니' 하며 편안함에 안주하는 것이 아니라 '산 아래로 내려가자'라는 주님의 말씀을 따라 세상에서 아직도 예수를 알지 못하는 사람들의 어려움과 고통을 함께 나누며 그들에게 주님의 복음을 전해야 한다.

요르단 계곡에서 본 헤르몬 산

화 있을진저 고라신아 화 있을진저 벳새다야 너희에게 행한 모든 권능을 두로와
시돈에서 행하였더라면 그들이 벌써 베옷을 입고 재에 앉아 회개하였으리라

마태복음 11:21

예수님께 저주받은 텔 벳새다

기적보다
더 큰 불신

_고라신과 벳새다

> 예수님은 권능을 많이 행했음에도 회개하지 않은 고라신과 벳새다, 가
> 버나움을 향해 화가 있을 것을 말씀하셨다. 그 세 마을은 두로와 시돈
> 보다 더 악했으며 소돔보다도 더 큰 죄악을 행했다. 이에 예수님은 세
> 마을을 향해 심판 날 소돔에게 내렸던 재앙보다 더 클 것을 말씀하셨다
>
> 마태복음 11:20~24, 누가복음 10:13~15.

《성경》을 읽다 보면 하나님의 큰 능력을 체험하고도 다시 원망하고 불평하는 백성의 모습과 예수님의 큰 기적을 체험하고도 믿지 못하는 무리를 보게 된다. 홍해가 갈라지고 매일같이 하늘에서 만나가 내리는데 어떻게 하나님을 원망할 수 있는가? 어떻게 불치의 병을 고치고 죽은 자를 살리는 모습을 보고도 믿지 못하는 사람이 있는가?

예수님은 갈릴리 바다 주위에 있는 세 마을인 고라신과 벳새다, 가버나움에서 가장 많은 능력을 행했다. 그럼에도 이 마을은 회개하지 않았다. 이들은 두로와 시돈보다 더 악했으며, 소돔보다도 더 큰 죄악을 행했다. 이에 예수님은 세 마을을 향해 이렇게 심판을 선언했다.

화 있을진저 고라신아 화 있을진저 벳새다야 너희에게 행한 모든 권능을 두로와 시돈에서 행하였더라면 그들이 벌써 베옷을 입고 재에 앉아 회개하였으리라 내가 너희에게 이르노니 심판 날에 두로와 시돈이 너희보다 견디기 쉬우리라 가버나움아 네가 하늘에까지 높아지겠느냐 음부에까지 낮아지리라 네게 행한 모든 권능을 소돔에서 행하였더라면 그 성이 오늘까지 있었으리라 내가 너희에게 이르노니 심판 날에 소돔 땅이 너보다 견디기 쉬우리라 하시니라 마태복음 11:21~24

세 마을 중 가버나움은 성지 순례 때 빠지지 않고 들르는 곳이어서 개인적으로 답사하는 이번에는 고라신과 벳새다를 둘러보았다.

고라신Korazim, Chorazim은 가버나움에서 정북 방향으로 약 4킬로미터 지점인 산 위에 있다. 하솔을 향해 갈릴리 북부로 올라가다 알마거Almagor 방향에서 갈라지는 길을 따라 회전해 들어가 4킬로미터쯤 가면 남쪽에 고라신 유적이 남아 있다.

고라신은 예수님 당시나 그 후에도 몇 차례 마을이 건설되었고, 19세기에는 키르벳 카라제 Khirbet Karaszeh라는 아랍 마을이 있었다. 《성경》에는 단 한 번밖에 언급되지 않지만 예수님이 종종 찾았던 고장이다. 한때 번영했으나 예수님께 저주받은 후 폐허가 되어 지금까지도 주위에 집 한 채 없이 남아 있다.

고라신은 현재 이스라엘 국립공원으로 지정되어 있다. 개인적으로 이스라엘을 답사하는 경우에는 이스라엘 전 지역에 있는 국립공원 입장권을 구입하는 것이 훨씬 경제적이다.

입장권을 구입해 고라신 유적지로 들어가자 가장 먼저 왼쪽으로 폐허가 된 주거지가 보이고

히람이 세운 두로의 유적지(위) 성채에서 본 시돈 항구(중간) 유황불로 멸망당한 소돔(아래)

고라신의 회당 터

그 앞에 회당이 상당 부분 남아 있었다. 이 회당은 가버나움에 있는 유대인 회당과 같은 연대인 2~3세기경에 건축된 검은색 현무암 회당이다. 회당에서는 모세의 의자로 불리는 현무암 재질의 묵직한 의자가 발견되었는데 진품은 이스라엘 박물관에 전시되어 있고 이곳에는 그 모형을 만들어 놓았다.

특히 이곳은 화산 지역으로 산 전체가 검은색 현무암으로 되어 있고, 건물 유적 역시 모두 검은색 현무암으로 지었다. 고라신 주위에 사람이 처음 살기 시작한 것이 BC 6,000년에서 4,000년경으로 알려져 있는데, 그 증거로 고라신 근방에 당시 무덤으로 사용되었던 고인돌dolmen이 약 300개 발견되었다. 유적지 내에는 감람유를 짜던 곳도 발굴되어 있다.

지금까지도 폐허로 남은 고라신 유적지를 보니 예수님이 한 말씀이 더욱 실감이 났다. 예수님이 베푼 많은 기적을 보고도 믿지 못한 마을 사람들, 두로와 시돈보다 더 악하고 소돔보다도 더 큰 죄악을 행하고도 회개하지 않았던 고라신을 보며 믿음을 주신 주님의 은혜가 얼마나 큰지 새삼 깨닫게 되었다.

고라신을 벗어나 동쪽으로 나 있는 강길을 따라 북쪽으로 9킬로미터 정도 가면 벳새다가 나온다. 벳새다 역시 국립공원이어서 찾는 데는 어려움이 없다.

가버나움 동쪽 약 4킬로미터 지점으로 갈릴리 바다 북쪽 해안에 위치한 텔 벳새다는 고라신, 가버나움과는 각각 3각 위치에 놓여 있다. 텔 벳새다는 헤롯의 아들 분봉왕인 빌립이 헬라 도시를 건설한 후 로마 황제 아우구스투스의 딸을 기념해 벳새다 줄리아스Bethsaida-Julias라고 개명했다. 이곳은 빌립이 건립한 두 번째 도시로 후에 그는 이곳에 묻혔다. 이스라엘 지도에는 텔 베이트 세이다Tell Beit Tseida로 표기되어 있다. 일반적으로 학자들은 《성경》의 벳새다는 빌립이 건설한 벳새다 줄리아스로 본다. 로마의 네로 황제는 후에 이곳을 아그립바 2세에게 주었다.

벳새다는 예수님이 자주 다니면서 복음을 전하고 권능을 행했으나 그들의 심령이 완악해 순종치 않음으로 예수님께 견책을 받았다. 특히 오병이어의 기적을 벳새다 들판에서 행하고, 눈 먼 자의 눈에 침을 발라 안수해 고친 곳이기도 하다.

벳새다 역시 아직까지는 주위에 마을이나 주택이 들어서 있지 않았다. 그러나 고라신과는 달리 같은 국립공원이지만 숲이 많고 큰 나무가 숲을 이루고 있으며 유적지 역시 숲속에 자리하고 있었다.

작은 언덕으로 된 유적지를 따라 올라가다 보면 어부의 집터라는 안내글이 새겨진 돌을 볼 수 있다. 지금은 충적토와 바닷물이 감소해 갈릴리 바다가 2.5킬로미터 정도 떨어져 있으나 예수님 당시에는 더 가까웠을 것이다. 어부의 집터 앞에서 표지판을 바라보며 왜 예수님은 열두 제자 중 네 명이나 되는 어부 출신을 제자로 삼았을까 생각했다. 회개하지 않아 두로*와 시돈**이 받은 심판보다 더 큰 심판을 받을 것이라는 예고를 들었던 이곳 벳새다에서만 베드로, 안드레, 빌립과 같은 세 명의 제자가 나왔으니 말이다.

이를 보면 예수님의 능력과 기적을 체험했다고 해서 누구나 다 예수님을 믿는 것은 아니다. 오늘 이 사회는 기적보다 더 큰 죄악으로 빠져들고 있지 않은가? 과학의 발달과 매일 홍수같이 쏟아지는 수많은 정보, 육신적인 쾌락과 부패, 풍요로운 삶의 환경은 예수님의 능력을 가릴 만큼 사람들을 불신의 자리로 몰아넣고 있다.

이제는 일본의 지진으로 인한 방사능 누출사고와 계속해서 발생하는 지진, 해일, 홍수의 불가항력적인 재앙을 통해 다시 한 번 자연 앞에 인간의 나약함을 바라보는 지혜가 필요하다. 그리고 폭풍까지도 복종하는 만물의 주인인 하나님 앞에 겸손히 나아가야 한다.

* 두로 : 팔레스타인 본토와 그 맞은편에 있는 섬을 합해 두 성읍을 두로라 했으나 오늘날에는 반도에 위치한 수르만을 두로라 한다. 두로는 BC 3000년경에 세워진 고대 베니게(페니키아)의 주요 해안 성읍이다. 솔로몬 왕 때는 레바논의 백향목과 재목을 예루살렘으로 운반하기 위한 항구로 사용되었다. 그리고 예수님은 이곳에 사는 가나안 여인의 믿음을 보고 귀신 들린 딸을 고쳐주었다. 시돈과 더불어 페니키아의 주요 무역도시 중 하나인 두로는 이스라엘이 한 번도 점령해 보지 못했다. 아합 왕 때는 두로왕 엣바알의 딸 이세벨이 왕비가 되어 이스라엘을 종교적 부패에 빠뜨렸다.

** 시돈 : 두로 북쪽 약 40킬로미터 지점, 오늘날 레바논 수도인 베이루트 남쪽 약 48킬로미터 지점의 지중해안 항구 도시이다. 지금은 세이다라고 부르는 이 성읍 북쪽은 갑岬과 내륙으로 이어지는 낮은 암석지대로 싸여 있으며 남쪽은 큰 만이 있다. 《성경》에서 언제나 두로와 같이 소개되기 때문에 베니게의 쌍둥이 항구라고 부를 만하다.

네 생각에는 이 세 사람 중에 누가 강도 만난 자의 이웃이 되겠느냐 이르되
자비를 베푼 자니이다 예수께서 이르시되 가서 너도 이와 같이 하라 하시니라
누가복음 10:36~37

내 이웃은
누구인가
_사마리아인의 여관

선한 사마리아인의 여관 _ 여리고 길가

" 예수님은 자신을 시험하기 위해 찾아와 어떻게 하면 영생을 얻을 수 있
느냐고 묻는 한 율법사에게 율법대로 행하라고 말씀하셨다. 이에 율법
사는 자신을 옳게 보이려고 "내 이웃이 누구입니까?"라고 다시 질문했
다. 그러자 예수님은 강도 만난 자를 잘 보살펴 준 한 선한 사마리아인
의 비유를 들어 참된 이웃에 대해 말씀하셨다 누가복음 10:25~37. "

한 율법사가 예수님을 찾아와 무엇을 해야 영생을 얻을 수 있느냐고 물었다. 그가 이렇게 질문한 것은 예수님을 시험하기 위함이었다. 그때 예수님은 "율법에는 무엇이라고 기록되었느냐?"라고 되물었다.

이에 율법사가 대답했다.

"네 마음을 다하며 목숨을 다하며 힘을 다하며 뜻을 다하여 주 너의 하나님을 사랑하고 또한 네 이웃을 네 자신같이 사랑하라 하였나이다."

이에 예수님이 "네 대답이 옳도다. 이를 행하라. 그러면 살리라"고 말씀하셨다.

그러자 이번에는 율법사가 자기를 옳게 보이려고 다시 질문했다.

"그러면 내 이웃이 누구입니까?"

이에 예수님은 한 선한 사마리아인이 강도 만난 자를 보살펴 준 비유를 들어 설명해 주었다.

"어떤 사람이 예루살렘에서 여리고로 내려가다가 강도를 만나매 강도들이 그 옷을 벗기고 때려 거의 죽은 것을 버리고 갔더라. 마침 한 제사장이 그 길로 내려가다가 그를 보고 피하여 지나가고 또 이와 같이 한 레위인도 그곳에 이르러 그를 보고 피하여 지나가되 어떤 사마리아 사람은 여행하는 중 거기 이르러 그를 보고 불쌍히 여겨 가까이 가서 기름과 포도주를 그 상처에 붓고 싸매고 자기 짐승에 태워 주막으로 데리고 가서 돌보아 주니라. 그 이튿날 그가 주막 주인에게 데나리온 둘을 내어 주며 이르되 이 사람을 돌보아 주라 비용이 더 들면 내가 돌아올 때에 갚으리라 하였으니 네 생각에는 이 세 사람 중에 누가 강도 만난 자의 이웃이 되겠느냐?"

율법사가 "자비를 베푼 사람입니다"라고 대답하자 예수님이 말씀하셨다.

"너도 이같이 하라."

이 비유의 배경이 되는 옛길을 답사하기 위해 예루살렘에서 여리고로 가는 1번 도로를 따라 출발했다.

예루살렘에서 여리고로 가는 길은 네 개가 있다. 첫 번째는 가장 남쪽에 있는 도로로 헤롯의 장례 길로도 이용한 길이다. 이 길은 오늘

예루살렘에서 여리고 남쪽으로 가는 길 _ 부케아

날 부케아 지역을 지나는데 지금은 탱크 훈련장으로 사용하고 있다.

두 번째는 마알레 아둠밈을 지나는 1번 도로로 여리고 남쪽으로 가는 길이다.

세 번째는 현대에 난 1번 도로를 따라가다가 미즈페 제리고에서 북쪽으로 난 와디 켈트 계곡을 따라 여리고 중심부로 들어가는 성서 시대 길이다.

마지막 길은 예루살렘에서 북쪽의 벧엘과 아이를 거쳐 449번 도로를 따라 남동쪽에 있는 성서 시대의 나아란을 지나 여리고로 내려가는 길이다. 이 길은 여호수아가 아이 성을 칠 때 이용한 길이기도 하다.

그러나 어떤 길이든 예수님이 비유에서 말한 것처럼 예루살렘에서 여리고로 가는 길은 내리막길이다. 예루살렘은 해발 800미터이고, 약 40킬로미터 떨어진 사해 옆 여리고는 요르단 계곡 쪽 외곽이 해저 250미터, 중심지는 해저 258미터나 된다. 따라서 예루살렘에서 여리고로 가는 옛길은 내리막길인 급경사에다 좁은 협곡을 이루었다.

신약 시대의 옛길은 예루살렘 외곽의 체크 포인트가 있는 1번 도로에서 여리고로 내려가다 14킬로미터 지점에서 왼쪽으로 가면 와디 켈트를 따라 남쪽으로 난 옛길을 만나게 된다. 이 길 체크 포인트에서 10킬로미터 지점에 선한 사마리아인의 여관이 있는데, 오스만 제국이 이스라엘을 점령했을 때 순례자를 위해 세운 것이다.

여관 왼쪽에는 산화철 때문에 땅 표면이 붉게 물들어 '붉은 오르막길'이라 불리는 마알레 아둠밈 비탈이 있다. 유대 전설에 의하면 예루살렘으로 가던 순례자들이 이곳에서 강도에게 피습당해 그때 흘

예루살렘에서 신약 여리고로 가는 옛길, 중앙이 신약의 여리고

린 피가 지면을 붉게 물들인 것이라고 한다. 한참 동안은 보수 공사
로 방문이 허락되지 않았으나 지금은 지정된 시간에 방문할 수 있다.

화려하지 않은 선한 사마리아인의 여관에서 참된 이웃이 누구인
지 예수님의 비유를 되새겨 보았다. 참된 이웃은 지리적으로 단순히
옆에 사는 사람이 아니다. 그저 나에게 도움이 되는 사람도 아니다.
예수님의 말씀처럼 참된 이웃은 나의 도움을 필요로 하는 자이다. 그
런 사람에게 자비를 베푼다면 그는 참된 이웃을 갖게 되는 것이다.

여관에서 동쪽으로 6킬로미터 떨어진 곳에 와디 켈트가 있는데
이 길은 포장한 지 오래되어 도로 사정이 좋지 않고 길도 좁고 험해
순례팀을 태운 대형 버스 기사들은 가기 싫어하는 곳이다. 그래서 비

포장길로 1.3킬로미터 들어가 와디 켈트에 있는 성 조지 수도원이 보이는 전망 포인트를 둘러보고 온다.

전망 포인트에서 험한 계곡을 따라 여리고로 내려가는 옛길을 천천히 가면서 다시 한 번 선한 사마리아인의 모습을 떠올렸다. 당시 종교 지도자인 제사장과 레위인은 자신이 봉변당할까 봐 강도 만난 자를 못 본 체하며 지나갔지만 유대인들로부터 멸시받던 사마리아인은 바쁜 가운데서도 그를 돌보아 주었다. 뿐만 아니라 치료비가 더 들면 돌아올 때 주겠다고 약속까지 하면서 주막 주인에게 부탁했다.

나보다 더 약한 사람을 돕는 것, 나의 도움이 필요한 사람을 찾아 그를 도와줄 때 그는 나의 이웃이 되는 것이다. 그런 이웃을 더 많이 가져야겠다는 바람으로 옛길을 따라 신약 시대의 여리고를 향해 내려갔다.

이 말씀을 하시고 큰 소리로 나사로야 나오라 부르시니 죽은 자가 수족을 베로

동인 채로 나오는데 그 얼굴은 수건에 싸였더라 예수께서 이르시되 풀어 놓아

다니게 하라 하시니라 요한복음 11:43~44

나사로야 나오너라

_베다니

나사로 교회가 있는 오늘날 베다니

" 베다니에 사는 나사로가 병이 들자 그의 누이들은 요르단 강가에 있는 예수님께 사람을 보내고 예수님은 그곳에서 이틀을 머문 후 베다니로 출발했다. 그러나 오는 도중 나사로는 죽었고 나사로가 죽은 지 나흘 만에 나사로 무덤에 이른 예수님은 하늘을 우러러 말씀하시고 죽은 나사로를 나오라 부르셨다. 이에 나사로가 수족을 베로 동인 채로 살아서 나오자 이 일로 많은 유대인이 예수님을 믿었다. 이날부터 대제사장과 바리새인은 공회를 소집하고 예수님을 죽일 모의를 했다 요한복음 11:1~57. "

예수님께는 부담 없이 편히 쉴 수 있는 곳이 하나 있었다. 바로 나사로와 그의 누이동생 마리아와 마르다가 사는 베다니였다.

《성경》에 나오는 베다니는 두 곳이 있다. 하나는 요르단 강 동쪽의 예수님이 세례를 받은 베다니 지역이고, 다른 하나는 감람 산 동쪽 기슭에 있는 베다니 마을이다.

베다니 마을은 오늘날 엘 에이자리야El Eizariya로 예루살렘 성 밖 동쪽에 있는 감람 산 줄기 동남쪽 산기슭에 위치하고 있다. 이곳은 여리고에서 예루살렘으로 넘어올 때 반드시 거쳐야 하는 지역으로 베다니를 거쳐 벳바게를 지나 예루살렘으로 들어온다. 예루살렘 성전에서부터는 6킬로미터 떨어진 거리이다.

예수님은 여리고와 예루살렘을 오갈 때 이곳 베다니 마을에 있는 나사로 집에 들르곤 했다. 그러던 어느 날 나사로가 병이 들었다. 이때 예수님은 세례자 요한이 세례를 베풀던 베다니 지역 요르단 강가에 있었다. 이에 나사로의 누이동생들이 예수님께 사람을 보내 나사로가 병이 들었다는 소식을 전했다. 여기서 소식을 전하러 간 자들이 나사로의 이름을 언급하는 대신에 "사랑하시는 자가 병들었나이다"라고 표현한 것을 보면 예수님이 나사로와 그 누이들을 얼마나 사랑했는지 알 수 있다. 소식을 들은 예수님은 "이 병은 죽을 병이 아니라 하나님의 영광을 위한 병이다"라고 단정해서 말씀하셨다.

여리고 앞 요르단 강가에서 유대 지역 베다니까지는 현대 도로를 기준으로 36킬로미터 거리이며 남쪽 길을 기준으로 하면 그보다

나사로와 그의 누이들이 살던 베다니 마을

10킬로미터 정도는 더 멀다. 그러니까 나사로가 있는 베다니까지는 하룻길이었다. 그런데 예수님은 소식을 듣고도 바로 떠나지 않고 이틀을 더 머문 후에 출발했다. 만일 곧바로 갔으면 하루나 늦어도 이틀이면 도착하기 때문에 나사로가 죽기 2~3일 전에 만날 수 있었을 것이다. 이는 예수님이 나사로의 소식을 듣고도 의도적으로 이틀을 더 머물렀음을 보여 준다.

베다니로 가는 도중에 예수님은 나사로가 죽은 것을 알고 "나사로가 잠들었다"고 제자들에게 말씀하셨다. 그러나 제자들은 그 말뜻을 알지 못하고 "주여 잠들었으면 낫겠나이다"라고 말했다. 이에 예수님은 "나사로가 죽었다"고 다시 말씀하셨다.

그리고 베다니 마을 입구에 이르렀을 때 마르다가 마중을 나와 예수님을 맞이하며 말했다.

"주께서 여기 계셨더라면 내 오라버니가 죽지 아니하였겠나이다."

그러나 예수님은 스스로를 부활이요 생명임을 말씀하셨다. 그리고 나사로의 죽음에 애통해하는 사람들을 보고 눈물을 흘렸다.

나사로의 무덤으로 간 예수님은 입구에 있는 돌을 옮겨 놓으라고 한 후 죽어 나흘이나 되어 냄새 나는 나사로를 향해 큰소리로 외쳤다.

"나사로야 나오너라."

그러자 죽은 나사로가 수족을 베로 동인 채로 나왔고 이를 본 많은 유대인이 예수님을 믿었다.

예수님이 죽은 나사로를 살린 베다니를 찾았다. 이곳을 처음 방문했을 때는 감람 산에서 여리고로 넘어가는 옛길을 따라 갈 수 있었다. 그러나 지금은 감람 산과 아랍인 마을인 베다니 사이를 장벽으로 막아 놓았기 때문에 감람 산에서 지척에 두고도 여리고로 내려가는 1번 도로를 타고 가다가 417번과 만나는 도로에서 에이자리야 마을로 올라가야 한다.

마을 입구에 들어서면 거리부터 가난한 아랍 마을의 모습이 그대로 나타난다. 베다니는 히브리어로 '베일 히니'라 부르는데 집이란 뜻의 '베일'과 도량형기의 하나인 '힌'으로 이루어진 이 단어는 우리말로 '뒷집'이란 뜻이다. 그런데 히브리어로는 '우울의 집'이요, 아랍어로는 '가난의 집'이란 의미가 있다. 헬라어는 베다니아Bethania로 '아나니아의 집' 혹은 '가난한 자의 집'을 가리킨다.

지명의 뜻처럼 나사로의 집도 가난한 가정이었을 것이다. 마을 중심지에서 옛길로 가는 길을 약간 벗어나 언덕 위로 올라가면 나사로의 무덤과 성 나사로 교회Church of St. Lazarus가 있고 오른쪽으로는 마르다와 마리아의 집터와 그들이 예수님께 물을 떠다 대접했다는

마르다와 마리아가 예수님께 물을 대접했다는 우물

우물도 남아 있다.

4세기 말 비잔틴 때 이곳에 교회를 세웠는데 십자군 통치 시대에
는 예루살렘의 골고다 언덕 교회Holy Sepulchre Church에서 관할했다.
16세기 초에는 희랍 수도원이 세워졌다. 이곳에 세워진 나사로 교회
안에는 나사로가 무덤에서 걸어나오는 장면, 예수님이 마리아와 마
르다 자매와 대화하는 장면이 찬란한 색상의 모자이크 벽화로 그려
져 있고, 벽과 바닥은 고급 무늬의 대리석이 깔려 있다. 정면에 자리
한 제단은 크고 화려한 청보석으로 만들어져 있다.

나사로의 무덤은 바위를 파서 20여 명 정도를 매장할 수 있도록
만든 것이다. 그리고 바깥 입구는 《성경》에 나온 대로 큰 돌로 막아
놓았다. 길가에는 나사로의 무덤이라는 표지판이 세워져 있다. 계단
을 따라 무덤 안으로 들어가 보니 입구가 보이고 그 아래에 무덤이
있었다.

나사로의 무덤을 보며 가장 크게 와닿는 것은 죽어 냄새 나는 시체도 예수님의 말씀이 선포될 때 살아난다는 사실이다. 예수님의 말씀은 생명이다. 누구든지 《성경》 말씀이 사람의 말이 아니고 예수님의 말씀으로 들리기만 하면 살아나는 역사가 일어나는 것이다. 절망에 빠진 자가 하늘의 소망을 갖게 되고, 질병 중에 있는 자에게는 치유의 역사가 일어나며, 마음에 불안이 가득한 자는 참된 평안을 누리고 실패한 자가 다시 일어날 것이다.

　　나사로가 살아나자 그것을 본 많은 유대인은 예수님을 믿게 되었다. 이에 대제사장과 바리새인들이 공회를 소집해 예수님을 죽일 모의를 시작했다. 그것은 예수님의 기적으로 많은 사람이 예수님을 따르게 될 뿐만 아니라 예수님이 자기들의 위선을 책망하고 허물을 공개적으로 드러냈기 때문이다.

나사로 무덤 교회 지하에 있는 나사로의 두 번째 무덤 _ 키프로스 라나카

이후 나사로에 대한 이야기는 《성경》에 기록된 것이 없다. 그러나 전해지는 이야기에 의하면 오늘날 키프로스인 구브로에 가서 예수님을 전하다가 죽었다고 한다.

나사로의 두 번째 무덤이 있는 구브로의 라나카라는 곳을 찾기로 했다. 그리스 아테네에서 항공편을 이용해 남키프로스 라나카 공항에 도착했다. 공항에서 렌터카를 빌리려는 순간 운전석이 오른쪽에 있어 문제가 생겼다. 그렇다고 기사를 대동하기에는 운행거리가 멀어 비용이 너무 많이 들기 때문에 그냥 기사 없이 답사하기로 했다. 쉽지 않은 운전이었지만 다행히 우리가 묵는 호텔이 나사로의 무덤에서 가까운 해안가였다.

이튿날 아침 호텔 바로 옆에 있는 나사로 기념 교회를 찾았다. 나사로의 두 번째 무덤이 있는 곳에 세워진 교회로 내부는 온통 성인聖人들의 그림으로 가득 차 있었다. 나사로의 무덤은 교회 강단 쪽 지하에 있었다. 계단을 내려가자 석관이 보이고, 석관에는 '친구 나사로'라는 글씨가 새겨져 있었다.

이스라엘 베다니에 살던 나사로는 왜 다시 살아난 후 지중해 바다에 있는 구브로 섬까지 왔을까? 무척 궁금했지만 안타깝게도 그 이유에 대해서는 정보를 찾지 못했다. 다만 자신이 다시 살아난 일로 많은 유대인이 예수님을 믿게 되었고, 그 일로 예수님을 죽이려는 모의까지 생기자 그곳을 피해 여기에 와서 살게 된 것이 아닐까 추측해볼 뿐이다. 실제로 다시 살아난 나사로가 예수님을 증거하다 죽어 이곳에 묻혔다는 이야기가 전해진다.

삭개오가 서서 주께 여짜오되 주여 보시옵소서 내 소유의 절반을 가난한 자들
에게 주겠사오며 만일 누구의 것을 속여 빼앗은 일이 있으면 네 갑절이나 갚겠
나이다 누가복음 19:8

지금까지가
아니라
이제부터

_여리고

신약의 여리고에서 본 구약의 여리고, 초록색 부분이 구약의 여리

"
예수님이 여리고로 들어갈 때 한 맹인이 그 소식을 듣고 부르짖어 고침
을 받았다. 이어 여리고 중심지에서 삭개오는 예수님을 보기 위해 돌무화
과나무 위로 올라갔고 그 일로 예수님은 그에게 다가가 그의 집에 머물
렀다. 사람들은 예수님이 삭개오 집에 들어간 것을 보고 수군거렸으나 삭
개오는 회개했고 예수님은 그에게 구원을 선포했다 누가복음 18:35~19:10.
"

예수님은 요르단 건너편에 있는 베레아 지역을 방문한 후에는 보통 여리고를 지나 베다니에 머문 후 예루살렘으로 오곤 했다. 이번에도 여리고를 지나가게 되었는데 그 소식을 들은 한 맹인이 길가에 앉아 구걸하다가 예수님이 지나간다는 말을 듣고 크게 외쳤다.

"다윗의 자손 예수여! 나를 불쌍히 여기소서."

그러자 주위 사람들이 시끄럽다며 그를 꾸짖었다.

그러나 맹인은 아랑곳하지 않고 더욱 큰소리로 외쳤다.

"다윗의 자손 예수여! 나를 불쌍히 여기소서."

그때 예수님이 그 소리를 듣고 물었다.

"네게 무엇을 하여 주기를 원하느냐?"

맹인이 원하는 것은 너무나 분명했다. 그럼에도 예수님이 그렇게 물은 것은 그에게서 믿음을 확인하기 위함이었다. 그러고는 "네 믿음이 너를 구원하였느니라" 하며 그를 치유했다.

예수님의 치유 사역은 당사자에게 치유 받을 만한 믿음이 있는지를 보고 고쳐 주는 것이 대부분이었다. 여리고의 맹인은 예수님이 능히 자신의 눈을 고쳐 줄 것을 믿었다. 그는 맹인이지만 예수님이 어떤 분인지 이미 소문을 들어 알고 있었고, 그것을 소문으로 그치지 않고 믿음으로 받아들였다. 그렇기에 조용히 하라는 사람들의 꾸짖음에도 개의치 않고 계속해서 예수님을 향해 부르짖어 마침내 고침받았다.

이 사건은 여리고 입구에서 일어났다. 여리고는 예루살렘에서 동쪽으로 35킬로미터 지점으로 사해 북쪽 끝에서 9킬로미터 거리이며, 요르단 강 서쪽 유대 산악 지대로 오르는 8킬로미터 지점인 길목에 있다. 그러나 여리고는 1만 년 가까운 역사를 지닌 도시여서 도시위치도 세대를 따라 각각 다른 장소가 세 곳이나 있다.

구약 시대 여리고는 폐허된 상태로 남아 있는데 오늘날 텔 에스술탄Tell es-Sultan이라고 부른다. 이는 팔레스타인 최대의 샘이 있는에인 에 술탄Ein e-Sultan 수원 가까이에 있다고 해서 붙은 이름이다. 이곳은 신시가지 북서쪽 변두리에 침식한 알 모양의 언덕으로 되어있다.

반면 신약 시대의 여리고는 와디 켈트Wadi Qelt 끝 지역으로 오늘날 여리고 시로부터 남쪽으로 1.6킬로미터 지점에 있는 툴룰 아부 엘알라이크Tulul Abu el-Alayiq이다. 이곳에는 헤롯의 고고학적 흔적만남아 있으나 예수님 당시에는 장대한 도시였음을 보여 준다.

마지막으로 현대 여리고는 작은 언덕으로 둘러싸인 소도시로 큰건물은 별로 없고 종려나무 숲 사이에 건물이 있다. 따라서 맹인이고침받은 곳은 신약 시대의 여리고로 오늘날 요르단 계곡에서 여리

구약의 여리고(텔 에스 술탄)

고로 올라오는 지역일 것이다. 정확한 지점은 알 수 없지만 사건 전개상 대략 신약 시대 여리고 앞에 있는 체크 포인트와 호텔이 있는 지점으로 생각된다.

여리고에서 나는 풍부한 과일

성지 순례 시에는 삭개오 나무와 구약 시대 여리고만 보고 신약 시대 여리고는 답사하지 않는다. 비포장도로인 데다 대형 버스가 들어갈 수도 없다. 그러나 구약 시대 여리고로 들어가다 보면 왼쪽으로 신약 시대 여리고를 확인할 수 있다. 승용차를 이용하면 헤롯의 고고학적 흔적이 남아 있는 위치까지 갈 수 있다. 이곳에서 보면 북쪽으로 구약의 여리고와 예수님이 예루살렘으로 올라가던 와디 켈트도 볼 수 있다.

신약의 여리고는 검문소를 지나 왼쪽으로 와디 켈트가 끝나는 지점으로 조금만 올라가면 바로 헤롯의 유적이 있는 중심지가 나온다. 와디 켈트 건너편에서 신약 시대 여리고를 바라보며 이곳에서 일어났던 맹인의 치료 사건을 회상해 보았다.

그는 한 번도 예수님을 보지 못했으나 소문을 듣고 자신의 눈을 뜨게 해줄 수 있는 분으로 믿었다. 보지 않고 믿는 믿음에 대해 훗날 예수님은 도마에게 이런 말씀을 하셨다.

너는 나를 본 고로 믿느냐 보지 못하고 믿는 자들은 복되도다 요한복음 20:29

2000년 전 일어난 사건이 시대를 뛰어넘어 오늘 우리 삶 속에서 그대로 믿어지는 것은 오직 성령의 역사이다.

맹인을 고친 후 예수님은 신약 시대 여리고의 중심지로 들어왔다. 당시 여리고는 다른 지역과 마찬가지로 로마 통치하에 있었다. 삭개오는 로마 정부에서 세금 징수 책임자로 일하고 있었다.

오늘날에도 여리고는 물이 풍부한 덕에 수많은 종려나무가 자라고 많은 과일이 생산된다. 예수님 당시에도 여리고는 예루살렘으로 가는 교통의 요지이면서 부요한 도시였다. 따라서 많은 세금을 거둘 수 있었으며 삭개오는 다른 지역 세리보다 더 많은 부를 축척할 수 있었다.

그런 그가 같은 민족에게 세금을 강요하여 부자가 되었으면서도 예수님을 만나고자 했다. 그러나 마음뿐 그는 많은 사람 앞에 공개적으로 나설 수 없었다. 더구나 키도 작아 무리 속에서 예수님을 볼 수도 없었다. 그래서 여리고를 지나가는 예수님을 보기 위해 무리 앞으로 달려가 돌무화과나무*로 올라갔다.

예수님은 그런 삭개오의 마음을 이미 알고 많은 사람을 헤치고 돌무화과나무 앞으로 가서 말했다.

"삭개오야 속히 내려오라. 내가

● 돌무화과나무 : 〈개역한글성경〉에 뽕나무Mulberry Trees로 번역됐으며 히브리어로는 '바카balsam, Baka trees', '쉬크마', '브카임' 등이 있으나 〈사무엘하〉 5장 23~24절, 〈역대상〉 14장 14~15절에 나오는 브카임은 뽕나무와는 관계가 없으며 오히려 발삼나무balsam trees라는 설이 있다. 그리고 〈누가복음〉 19장 4절의 뽕나무는 헬라어 '쉬코모레아'로 이것 역시 무화과나무를 의미하는 것으로 생각된다. 그리고 〈누가복음〉 17장 6절에 나온 헬라어는 신약 성경에서만 언급되며 〈70인역〉의 히브리어 '쉬크마'를 번역한 것으로 뽕나무로 간주된다. 그러나 누가는 17장 6절과 19장 4절의 나무를 구별한 것 같지 않으며, 이 두 나무 모두 무화과나무를 의미한다고 해도 무방할 것 같다. 그리고 〈아모스〉 7장 14절의 히브리어 볼레스는 우리나라의 뽕나무와 비슷한 것을 가리킨다.
무화과나무는 뽕나무과에 속한다. 뽕나무는 흰색과 검은색 뽕나무가 있다. 암꽃에 맺는 열매도 검은 열매와 흰 열매 두 종류가 있으며 식용으로 먹는 것은 검은 뽕나무에서 열린다.

'삭개오 나무' 라고 불리는 돌무화과나무 _ 여리고

오늘 네 집에 유하여야 하겠다.”

　예수님은 일정에도 없는 삭개오 집을 방문했다. 그러자 사람들은 예수님이 죄인의 집에 들어갔다고 수군거리기 시작했다. 예수님을 보는 것만으로도 족했던 삭개오는 사람들로부터 손가락질 받는 자기 집에 예수님이 오자 이제까지 저질렀던 죄에 대해 회개하며 말했다.

주여 보시옵소서 내 소유의 절반을 가난한 자들에게 주겠사오며 만일 누구의 것을 속여 빼앗은 일이 있으면 네 갑절이나 갚겠나이다 누가복음 19:8

이것이 진정한 회개의 모습이다. 회개란 회悔(뉘우침)만 하는 것이 아니라 개改(고치는 행함)가 있어야 한다. 마음으로만 후회하고 뉘우치는 것은 진정한 회개가 아니다. 삭개오처럼 실제로 뉘우침에 따른 행동이 이어지는 것이 참다운 회개의 모습이다.

이런 그에게 예수님은 "오늘 구원이 이 집에 이르렀으니 이 사람도 아브라함의 자손이다"라고 구원을 선포했다.

여리고에는 '삭개오 나무'라고 불리는 늙고 큰 돌무화과나무가 있다. 삭개오가 올라간 나무를《개역한글성경》에는 뽕나무로 번역했으나《개역개정성경》에는 돌무화과나무로 바르게 번역했다.

구약 시대 여리고로 가는 길에 있는 삭개오 나무는 겉모습만 봐도 아주 오래된 나무임을 알 수 있다. 그러나 이 나무가 삭개오가 올라간 나무든 그렇지 않든 삭개오 나무라 불리는 이곳에서 잠시라도 예수님을 만나고자 했던 삭개오의 마음을 생각해 본다. 비록 이제껏 세금 징수를 통해 동족을 배반했다는 말을 듣고 살았어도 예수님을 영접한 후로는 남에게 도움을 주는 자로 살게 된 그다. 오늘 우리도 예수님을 믿기 전인 '지금까지'가 아니라 예수님을 믿은 후인 '이제부터'라는 마음으로 새로운 삶을 살아야 한다.

예수님은 자신을 부인한 베드로에게 나타나 지금까지는 네가 네 마음대로 원하는 곳으로 다녔지만 이제부터는 다른 사람이 원하는 곳으로 데려갈 것이며 네가 원하지 않는 곳을 갈 것이라고 말씀하셨다.

네가 젊어서는 스스로 띠 띠고 원하는 곳으로 다녔거니와 늙어서는 네 팔을 벌리리니 남이 네게 띠 띠우고 원하지 아니하는 곳으로 데려가리라 요한복음 21:18

그들이 예루살렘 가까이 가서 감람 산 벳바게에 이르렀을 때에 예수께서 두 제자
를 보내시며 이르시되 너희는 맞은편 마을로 가라 그리하면 곧 매인 나귀와 나귀
새끼가 함께 있는 것을 보리니 풀어 내게로 끌고 오라 마태복음 21:1~2

승리자 앞에 또 다른 길이

_벳바게와 감람 산

종려주일에 종려나무 가지를 들고 벳바게를 출발하는 순례객

" 주일날 예수님은 감람 산 벳바게에 이르러 제자 둘을 맞은편 마을로 보
내 나귀 새끼를 끌고 오도록 했다. 그리고 예수님이 나귀 새끼를 타고
예루살렘으로 들어갈 때 많은 사람이 겉옷과 종려나무 가지를 예수님이
가는 길 앞에 깔고 "호산나" 하며 열렬히 환영했다.
이튿날 다시 예루살렘으로 들어간 예수님은 도중에 열매 없는 무화과
나무를 보고는 저주한 뒤 성으로 들어가 두 번째로 성전을 정결케 했다
마태복음 21:1~19, 마가복음 11:1~17, 누가복음 19:29~46, 요한복음 12:12~17. "

이 땅에서 보내는 마지막 주일에 예수님은 베다니 근처 감람 산 동쪽에 위치한 벳바게에 이르자 제자 두 명을 보내며 말씀하셨다.

"너희는 맞은편 마을로 가서 매어 있는 나귀 새끼를 데리고 오너라. 그리고 주인이 말하면 주가 쓰시겠다고 하라."

이에 제자들이 가서 나귀 새끼를 끌고 오자 예수님은 나귀 새끼를 타고 예루살렘으로 향했다.

예수님이 나귀 새끼를 끌고 오라고 한 벳바게는 감람 산 동쪽 산 등성에 있는 예루살렘의 한 변두리 마을로 여리고에서 예루살렘으로 들어올 때 거치게 되는 곳이다. 벳바게는 신약에서 베다니 앞에 언급되기 때문에 많은 학자는 벳바게를 베다니 동쪽에 있는 것으로 생각한다. 그러나 〈마태복음〉은 예수님이 제자들을 맞은편 마을로 보내 나귀를 끌고 오라고 한 감람 산 근처의 마을로 기록하고 있다.

현재까지 벳바게는 아랍 마을인 베다니로 넘어가는 감람 산 동쪽의 아부 디스Abu Dis로 본다. 이곳은 베다니 남서쪽, 감람 산 동남쪽 경사지에 위치하고 있다. 성지 순례 때는 예수 승천 기념 돔을 보고 바로 옆에 있는 주기도문 교회를 방문하는데 벳바게는 주기도문 교회 앞에서 왼쪽으로 난 포장도로를 따라 걸어 내려가면 10분 정도면 도착한다.

벳바게 명칭은 《탈무드》에서 예루살렘 근처에 있는 곳으로 자주 등장한다. 3세기에 활동한 신학자 오리게네스는 나귀를 끌고 오라고 했던 예수님의 예루살렘 입성을 기념해 벳바게를 '승리의 집', '만남

벳바게 교회가 보이는 벳바게 지역

의 집', '나귀 타기의 집'이라 불렀고 , '산골짜기의 집'으로도 묘사
했다.

이곳은 4세기와 십자군 시대에 두 차례에 걸쳐 교회가 세워졌는
데 특히 십자군 시대의 유적인 네모난 모양의 큰 돌이 교회 내부에
남아 있다. 이 돌 네 면에는 라틴어와 그림이 그려져 있는데, 북쪽은
나귀 새끼를 탄 그림, 동쪽은 군중이 종려나무 가지를 흔들며 환영하
는 그림, 남쪽은 나사로가 부활하는 그림이 있고, 서쪽에는 라틴어로
벳바게라는 이름이 적혀 있다. 이 돌은 예수님이 나귀를 탈 때 디뎠
던 것으로 전해진다.

현재 교회는 1883년 가톨릭(프란체스코회)에서 구입해 4세기경에
세워진 옛 교회 터 위에 다시 지은 것이다. 교회 내부는 나귀 새끼를
타고 예루살렘으로 들어가는 예수님의 모습과 관련된 성화로 가득
차 있다. 특히 이곳은 예수님이 제자들을 보내 나귀 새끼를 끌고 오

〈나귀를 탄 예수〉 _ 프랑스 파리 노트르
담 교회 부조

라 하면서 주인이 물으면 "주가 쓰시겠다 하
라"고 말씀하신 곳이다.

오늘날 고난 주간이 되면 제사
장을 나귀에 태우고 종려나무 가
지를 흔들며 그 당시의 모습을 재
현한다. 종려주일이 아니더라도 감
람 산에서 순례객을 위해 나귀를 태워
주는 사람이 있어 예수님의 예루살
렘 입성 길을 나귀를 타고 가는 체
험을 할 수 있다.

그런데 왜 예수님은 나귀 새끼를 타고 예루살렘으로 들어갔을
까? 이는 예언을 성취하기 위함이었다. 곧 선지자를 통해 하신 말씀
을 이루기 위함이었다.

시온 딸에게 이르기를 네 왕이 네게 임하나니 그는 겸손하여 나귀, 곧
멍에 메는 짐승의 새끼를 탔도다 하라 마태복음 21:5

나귀 새끼를 타고 벳바게를 출발한 예수님은 감람 산 서쪽 경사
지를 거쳐 예루살렘으로 들어갔다. 오늘날 이 길은 감람 산 전망대에
서 눈물 교회를 거쳐 겟세마네 교회로 내려가는 길 북쪽으로 나 있
다. 조금이라도 가깝게 그 길을 걸어 보고 싶다면 주기도문 교회에서
전망대 쪽으로 가지 말고 그보다 북쪽으로 난 길로 가는 것도 좋다.

예수님이 마지막으로 예루살렘으로 들어갈 때 사람들은 종려나

말라 버린 무화과나무 _ 이스라엘 벧엘   잘 익은 무화과 열매

무 가지와 자기의 겉옷을 예수님이 가는 길 앞에 놓으며 환호했다. 종려나무 가지는 승리와 번영을 상징하니 예수님은 승리자의 모습으로 예루살렘에 입성한 것이다. 이제 그들은 예수님이 세상의 왕이 되어 자기들을 로마의 압제에서 해방시켜 줄 것이라는 큰 기대에 넘쳐 있었다.

무리는 "호산나 다윗의 자손이여 찬송하리로다 주의 이름으로 오시는 이여 가장 높은 곳에서 호산나" 하며 크게 외쳤다. 그런데 예수님이 예루살렘에 들어가자 온 성이 발칵 뒤집혔다. 사람들은 "이 사람이 누구냐"고 물었고, 예수님을 따르던 무리는 "갈릴리 나사렛에서 온 선지자 예수"라고 말했다.

이튿날 베다니에서 다시 성으로 향하던 예수님은 시장한 터에 길가에 떨어져 있는 무화과나무를 보았다. 혹시 열매가 있나 해서 가까이 다가가 보았으나 아직 무화과가 열릴 때가 아니라서 잎사귀밖에 없었다. 이에 예수님이 나무를 저주하자 곧 무화과나무가 말라 버렸다.

왜 예수님은 무화과 열매가 열릴 시기가 아닌데 열매가 있나 보러 나무 쪽으로 갔을까?

무화과나무Fig Tree는 히브리어 '트에나'와 헬라어 '쉬케'로 열매의 성숙 단계에 따라 각기 다른 용어가 사용된다. '비쿠라'는 보통 6월에 익은 열매를 가리키고 히브리어 '파가'와 헬라어 '올린토스'는 겨울 나뭇가지에 매달리기 전에 열리는 이른 봄의 청과를 가리킨다. 그리고 '드벨라'와 헬라어 '팔라테'는 약용으로 사용하기 위해 무화과 열매를 반죽해 눌러 놓은 덩어리를 뜻한다.

벳바게는 '무화과들의 집', '설익은 무화과들의 장소'라는 뜻이 있다. 예수님이 벳바게를 떠나 예루살렘으로 들어갈 때는 무화과 열매가 열릴 때가 아니었다. 그럼에도 예수님이 열매가 없는 무화과나무를 저주한 것은 행함이 없는 신앙에 대해 가르침을 주기 위함이었다. 곧 행함 없는 믿음은 죽은 믿음임을 보여 준 것이다.

지금은 황금문이 막혀 있지만 예수님은 감람 산에서 내려와 기드론 골짜기를 거쳐 황금문이 있는 곳을 통해 오늘날 통곡의 벽 옆에 있

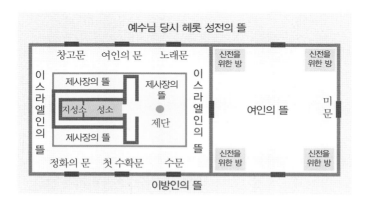

예수님 당시 헤롯 성전의 뜰

성전을 정결하게 한 장소로 알려진 곳, 통곡의 벽과 분문 사이

는 성전으로 들어갔다. 그리고 성전에서 물건 파는 사람들을 보고는 그들을 내쫓고 환전상의 상을 엎으며 두 번째로 성전을 정결케 했다.

보통 성지 순례는 십자가의 길을 지나 성묘 교회를 답사한 후 통곡의 벽으로 온다. 어떤 사람은 온통 장삿속으로 변한 십자가의 길을 지나면서 어떻게 예수님이 걸어간 이 길이 우리나라 전통시장 골목처럼 되었는지 전혀 은혜가 되지 않는다고 말하기도 한다. 그러나 이곳은 아랍인 지역으로 이들은 예수님에 대해 관심이 없다. 다만 순례객을 상대로 장사에만 관심이 있을 뿐이다.

분문으로 내려가다 잠시 멈춰서서 예수님이 성전을 정결케 한 장소를 보며 오늘날 한국 교회의 모습을 생각해 보았다. 우리나라는 6.25 전쟁 이후 60년 만에 세계 역사상 보기 드물게 짧은 기간에 세계 10위권 무역 규모의 부유한 나라가 되었다. 또한 미국 다음으로 많은 선교사를 파송할 만큼 교회가 성장했다. 이는 믿음의 선조들이 흘린 순교의 피가 이 땅을 적셨기 때문이라고 생각한다.

그러나 교회의 성장만큼이나 세상 사람들로부터 비난받고 있는 것 또한 오늘날 한국 교회의 모습이다. 평신도는 물론 종교 지도자까지도 도덕적으로 비난받고 있으며, 세상의 물질과 명예 욕심 때문에 하나님의 영광을 얼마나 가리고 있는가. 자리가 무엇이기에 세상 법정까지 가면서 그 자리를 차지하려고 하는가.

겸손과 섬김과 희생은 예수님이 보여 준 모습인데 이 땅의 교회는 온통 세상의 물질주의가 흘러들어 있는 모습이다. 예수님이 성전을 정결케 한 장소를 바라보며 다시 한 번 한국 교회가 순교의 피를 생각하며 섬김과 희생과 나눔을 실천하는 교회가 되기를 기도한다.

이에 예수께서 제자들과 함께 겟세마네라 하는 곳에 이르러 제자들에게 이르시되

내가 저기 가서 기도할 동안에 너희는 여기 앉아 있으라 하시고 마태복음 26:36

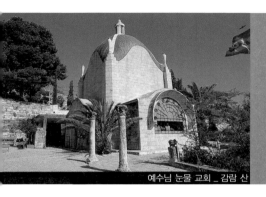

땀이 핏방울이
되기까지

_겟세마네 동산

예수님 눈물 교회 _ 감람 산

> 예수님은 이 땅에서 보내는 마지막 한 주간의 사역 중 감람 산에서 멸
> 망당할 예루살렘을 바라보고 울며 기도했다. 또 감람 산 겟세마네 동산
> 에서는 십자가를 앞에 두고 땀이 땅에 떨어지는 핏방울 같이 되어 흐르
> 도록 고뇌의 기도를 했다 마태복음 23:37~39, 26:36~46, 마가복음 14:32~42,
> 누가복음 19:34~44, 요한복음 18:1.

예수님이 이 땅에서 사역하며 마지막 한 주를 보낸 곳은 베다니, 벳바게, 감람 산 그리고 예루살렘이었다. 그중 감람 산에서 사역한 일을 살펴보고자 한다.

감람 산Mt. Olive은 예루살렘 동부 구릉에 있는 산으로 팔레스타인 중남부를 꿰뚫고 남북으로 뻗어 있는 주요 산맥의 일부이다. 산 전체가 올리브 숲으로 퍼져 있어 올리브 산이라고도 부른다. 약 4킬로미터 길이의 산등성을 이루는 이 산은 메마른 구릉 위에 세 개의 산봉우리가 있는데 가장 높은 봉우리는 905미터나 되며 스코푸스(전망) 산이라고 한다. 그리고 이 산과 예루살렘 옛 성 사이에는 와디 조지Wadi George라 불리는 기드론 골짜기가 가로놓여 있어 감람 산에서 보면 예루살렘 성이 한눈에 들어온다.

산 전체가 올리브 숲으로 덮여 있는 감람 산

예수님은 감람 산 길을 따라 예루살렘으로 향하던 중 한 산중턱에서 예루살렘 성을 보고 이렇게 탄식했다.

너도 오늘 평화에 관한 일을 알았더라면 좋을 뻔하였거니와 지금 네 눈에 숨겨졌도다 날이 이를지라 네 원수들이 토둔을 쌓고 너를 둘러 사면으로 가두고 또 너와 및 그 가운데 있는 네 자식들을 땅에 메어치며 돌하나도 돌 위에 남기지 아니하리니 이는 네가 보살핌 받는 날을 알지 못함을 인함이니라 누가복음 19:42~44

또 다른 곳에서도 예루살렘의 멸망에 대해 탄식했다.

예루살렘아 예루살렘아 선지자들을 죽이고 네게 파송된 자들을 돌로 치는 자여 암탉이 제 새끼를 날개 아래에 모음 같이 내가 너희의 자녀를 모으려 한 일이 몇 번이냐 그러나 너희가 원하지 아니하였도다 누가복음 13:34

오늘날 감람 산 중턱에는 예수님이 예루살렘을 바라보며 탄식한 자리에 예수님 눈물 교회가 세워져 있다. 라틴어로 도미니우스 프레빗Dominus Flevit인데 '주님이 우셨다'라는 뜻이다.

5세기경 이곳에 수도원이 처음 세워진 이래 1881년 프란체스코 수도원이 자리했다. 지금의 교회는 옛 교회 잔해 위에 1955년 이탈리아 건축가 안토니오 바를루치Antonio Barluzzi가 설계해 완성한 교회로 지붕은 예수님이 눈물을 흘린 것을 상징해 눈물 모양을 하고 있다.

교회 안으로 들어가면 창문으로 예루살렘의 황금돔 사원이 보인

눈물 교회에서 예루살렘을 바라본 모습

다. 성전이 있어야 할 자리에 회교 사원이 있으니 참으로 안타까운 일이다. 아마 지금 예수님이 이곳에서 황금돔 사원을 바라보았다면 또다시 눈물을 흘렸을 것이다.

강단 밑에는 암탉이 자기 새끼를 품는 모습의 모자이크가 있다. 마치 한 명의 죄인이 회개하고 돌아오는 것을 그토록 기뻐한 주님이 예루살렘을 품으려고 했던 것처럼. 그러나 그것을 거부당하고 멸망에 놓인 예루살렘을 바라보는 주님의 눈에는 눈물이 흘러내렸다.

그 눈물이 어린 예수님 눈물 교회를 나와 기드론 골짜기로 200미터쯤 내려가니 왼쪽으로 겟세마네 교회가 보였다. 이 교회의 별칭은 고뇌(번민) 교회이다. 예수님은 잡히기 전날 밤 겟세마네 동산에서 제자들과 함께 마지막으로 시간을 보냈다. 겟세마네 동산은 감람 산의 일부로 기드론 골짜기와 만나는 지점에 있다.

현재 이곳에 세워진 교회는 1920년 비잔틴과 십자군 시대 교회

겟세마네 동산에서 고뇌의 기도를 올린 곳에 세워진 겟세마네 교회 _ 감람 산

의 잔해 위에 12개 국가의 성금으로 안토니오 바를루치가 12개 돔 모양의 지붕으로 설계 건축한 것이다. 그래서 만국 교회Church of all Nations라고도 부른다.

교회 전면 용마루에 십자가를 쳐다보고 있는 한 쌍의 사슴은 다윗을 상징한다. 내부에 강단이 있는 자리는 예수님이 마지막 기도를 했던 곳이다. 마치 그 모습을 상징하듯 예수님이 기도하던 바위를 중심으로 벽과 천장에는 겟세마네 동산에서 있었던 사건이 모자이크로 묘사되어 있다. 정면의 그림은 바위에 엎드려 땀이 핏방울이 되어 흐르도록 기도하는 예수님의 모습이다.

예수님은 이곳에서 모든 것을 다한 간절한 기도를 드렸다.

내 아버지여 만일 할 만하시거든 이 잔을 내게서 지나가게 하옵소서 그러나 나의 원대로 마시옵고 아버지의 원대로 하옵소서 마태복음 26:39

〈예수의 겟세마네 동산에서 고뇌 기도〉 _ 겟세마네 교회 밖 부조

예수님은 이제까지 한 번도 '만일'이라는 말을 사용해 기도한 적이 없었다. 예수님의 기도 속에는 '만일'이라는 말이 없었다. 이는 육신으로 오신 예수님이 십자가의 고통이 얼마나 큰지, 또 아버지로부터 버림받았다는 것이 얼마나 큰 고통인지 알기 때문에 할 수만 있으면 십자가의 죽음 외에 다른 방법으로 인류를 구원해 달라는 기도를 올린 것이다.

우리는 예수님이니까 십자가를 질 수 있다고 쉽게 생각한다. 그러나 예수님이 인간의 몸을 입고 왔다는 것은 육체가 당하는 모든 고통을 인간과 마찬가지로 겪었음을 말한다. 그런 예수님의 고뇌의 기도를 느끼게 하기 위해 교회 내부는 조명을 약하게 해 어둡게 설계되었다. 강단 앞의 예수님이 기도한 자리는 가시 모양의 철제로 둘려 있고 교회 밖에도 예수님이 기도하는 모습의 부조가 있다.

감람 산은 예수님이 눈물을 흘리며 기도한 곳이며, 땀방울이 핏방울이 되어 흐르도록 기도한 곳이다. 한마디로 감람 산은 기도의 동산이다.

그런 예수님의 기도를 생각하며 예수님이 기도한 강단 앞자리로 가서 기도를 했다.

예수님의 눈물 어린 기도가 있었기에 제가 주님을 만날 수 있었습니다.

예수님의 십자가의 죽음이 있었기에 제가 구원의 길을 갈 수 있습니다.

예수님의 부활이 있었기에 이제까지 어떤 고난도 이길 수 있었습니다.

이제부터 나의 기도에도 '만일'이라는 말이 없게 하소서.

오직 주님의 뜻대로만 기도하고 충성하게 하소서.

〈겟세마네 동산에서 고뇌 기도〉 이요한 작

이에 군대와 천부장과 유대인의 아랫사람들이 예수를 잡아 결박하여 먼저 안나스에 게로 끌고 가니 안나스는 그 해의 대제사장인 가야바의 장인이라 요한복음 18:12~13

주께서 밟은 길 따라
_가야바로 가는 길

겟세마네에서 가야바로 가는 로마 때의 길로 예수님이 잡혀간 길이다.

" 겟세마네 동산에서 잡힌 예수님은 안나스에게 끌려가 심문을 당한 후 다시 가야바에게 끌려갔다. 그리고 빌라도에게 넘겨졌지만 예수님을 사형할 만한 증거를 찾지 못한 빌라도는 다시 예수님을 갈릴리를 관할 하던 헤롯에게 넘겼다. 그러나 헤롯 역시 예수님이 아무런 대답도 없고 죽일 죄가 없다는 것을 알고는 빌라도에게 되돌려 보냈다마태복음 26:47~27:18, 마가복음 14:43~15:5, 누가복음 22:47~23:12, 요한복음 18:2~38. "

무교절 첫날, 곧 목요일에 예수님은 베다니에서 예루살렘으로 올라와 유월절을 준비한 후 최후의 만찬을 가졌다. 만찬 후에는 감람 산 겟세마네 동산으로 올라가 밤새도록 기도했다. 이 기도는 인류의 모든 죄악의 짐을 담당하기 위한 처절한 기도였다. 그것은 생명을 두고 싸우는 전투였다.

이튿날 금요일, 아직 날이 새기도 전에 예수님의 제자인 가룟 유다는 돈에 눈이 멀어 예수님을 은 삼십에 팔고는 군대와 대제사장과 바리새인의 수하에 있는 사람들을 데리고 예수님을 잡으러 겟세마네 동산으로 오고 있었다. 가룟 유다는 가끔 예수님이 기도하는 곳을 알고 있었다. 아직 동이 트기 전인지라 가룟 유다 일당은 횃불과 무기를 가지고 있었고, 가룟 유다가 신호를 정해 말했다.

"내가 입 맞추는 자가 바로 그 사람이니 그를 잡아 단단히 끌고 가라."

그리고 가룟 유다는 예수님께 다가와 "랍비여 안녕하십니까" 하며 입을 맞추었다.

그러나 예수님은 자신이 당할 일을 미리 아시고 사람들에게 "너희가 누구를 찾느냐"고 물었다. 그들이 "나사렛 예수라"고 하자 예수님은 "바로 나다"라고 대답했다.

그 순간 사람들은 뒷걸음질하며 땅에 엎드러졌다. 예수님은 다시 자신을 나사렛 예수라 밝히며 제자들은 보내 줄 것을 부탁했다. 그때 베드로는 가지고 있던 칼로 대제사장의 종인 말고를 쳐 그의 오른편 귀를 베어 버렸다. 그러자 예수님은 "그것까지도 참으라. 칼을

〈겟세마네 동산에서 체포되어 끌려가는 예수〉 _ 시온 산

가진 자는 모두 칼로 망하느니라"고 말하고 자신이 힘이 없어 잡혀가는 것이 아님을 베드로에게 각인시켰다.

> 너는 내가 내 아버지께 구하여 지금 열두 군단 더 되는 천사를 보내시게 할 수 없는 줄로 아느냐 내가 만일 그렇게 하면 이런 일이 있으리라 한 성경이 어떻게 이루어지겠느냐 마태복음 26:53~54

예수님은 힘이 없어 잡혀가는 것이 아니었다. 죽은 자도 살리는 예수님이다. 그분의 말씀처럼 12군단도 더 되는 천사를 동원할 능력이 있는 분이다. 당시 로마 군단 조직에 빗대면 한 군단은 보병 6,000명과 말 700필의 규모를 가리킨다. 그러니까 7만 2,000명과 8,400마리의 말도 더 되는 천군을 동원할 수 있음에도 예수님은 인류 구원을 위한 《성경》 말씀을 이루기 위해 잡혀갔다.

겟세마네 동산에서 잡힌 예수님은 당시 대제사장인 가야바에게 끌려갔다. 그곳에는 서기관과 장로들이 함께 모여 있었다. 그들은 왜 아직 날이 밝기도 전에 예수님을 잡았을까? 이는 예수님을 따르는 사람들의 반란이 두려웠기 때문이다. 실제로 그들은 예수님을 죽이려 거짓 증거를 찾는 데 혈안이 되어 있었다.

오늘날 예수님이 잡혀간 로마 때 길이 시온 산에 일부 남아 있다. 시온 산은 예루살렘 성 남서쪽 끝에 있는 힌놈 골짜기 위 지역이다. 지금은 시온 문 앞에 가야바 집터와 마가 다락방 그리고 베드로 통곡 교회가 있다. 예수님이 잡힌 겟세마네 동산에서 가야바 집까지는 가파른 산언덕을 따라 1.5킬로미터 정도 거리이다.

성지 순례 때 예수님이 끌려간 그 길을 걸은 것은 평생 잊을 수 없을 것 같다. 예루살렘에 있는 예수님 당시나 성서 시대의 유적은 대부분 지하에 묻혀 있다. 단지 왕정 시대의 성벽과 도시 거리, 베데스다 연못, 통곡의 벽 등 일부분만 남아 있을 뿐이다. 베드로 통곡 교회 옆에 30미터 정도 돌계단으로 남아 있는 그 길을 걸으며 한없이 눈물을 흘렸다. 계단 위쪽 벽에는 예수님이 포박당해 끌려가는 모습의 부조가 남아 있어 더 마음이 아려 왔다.

예수님은 먼저 안나스에게 끌려가 심문을 받았는데 안나스는 그해 대제사장인 가야바의 장인이었다. 예수님이 끌려갈 때 베드로와 또 다른 제자 한 명이 따라갔다. 베드로는 문 밖에서 기다리고 있었고 다른 제자는 제사장과 아는 관계로 안으로 들어간 후 문을 지키는 여자에게 말해 베드로를 데리고 문 안으로 들어갔다. 그런데 대제사장 집을 지키던 여종이 베드로를 알아보고 예수님의 제자가 아닌지를 묻자 베드로는 부인했다.

안나스는 심문 후 예수님을 대제사장 가야바에게로 보냈다. 가야바의 관정은 시온 산 앞에 있다. 대제사장들과 공회는 가야바 관정 앞에 선 예수님을 거짓 증거로 죽이려고 했다. 그러나 거짓 증언이 서로 맞지 않아 아무런 증거도 얻지 못했다. 이에 대제사장이 예수님에게 물었다.

"네가 하나님의 아들 그리스도인지 우리에게 말하라."

이에 예수님은 "지금 네가 말한 대로다"라고 대답했다.

이 말을 들은 대제사장은 자기 옷을 찢고 크게 분노하며 "신성모독을 한 예수를 어떻게 하면 좋겠느냐"고 물었다. 이에 무리는 "그는 사형에 해당한다"라고 대답했다.

이때 베드로는 바깥뜰에서 불을 쬐고 있다가 한 여종의 물음에 예수님을 부인했다. 그리고 조금 후에는 귀가 잘린 사람의 친척이 와서 "너도 예수와 함께 있던 자가 아니냐? 네 말씨가 틀림없다"고 말하자 베드로는 예수님을 저주하면서까지 세 번째 부인했다.

바로 그때 닭이 울었고 예수님이 돌아서서 자신을 쳐다보는 순간 베드로는 이전에 예수님이 "오늘 닭 울기 전에 네가 나를 세 번 부인하리라"는 말씀이 생각나 밖으로 나가 심히 통곡했다. 베드로가 통곡했던 이곳은 가야바 관정에서 250미터 거리에 있다. 그러니까 베드로는 예수님을 부인하고 5분도 되지 않는 이곳으로 와서 통곡한 것이다.

오늘날 베드로가 통곡한 곳에는 베드로 통곡 교회The Church of St. Peter in Gallicantu*가 세워져 있다. 다른 사람

● 베드로 통곡 교회 : 시온 산 남쪽 언덕에 있는 힌놈 골짜기와 기드론 골짜기가 만나는 곳을 동남쪽으로 내려다보는 위치에 있다. 특히 피밭이라는 뜻의 아겔다마를 내려다볼 수 있는 곳이다. 333년 기록에 보면 이곳을 가야바의 집터로 믿기 시작했으며, 457년에는 교회가 건립되었고, 1010년 하킴 왕에 의해 파괴된 것을 십자군 시대인 1102년에 재건했다. 그후 1320년경에 다시 파괴된 것을 1888년에 발굴해 1931년에 현재의 교회를 세웠다. 교회 지하실에는 예수님이 갇혔던 것으로 전해지는 굴과 고초를 당한 장소가 있다.

은 몰라도 자신만큼은 절대로 예수님을 떠나지 않겠다고 다짐했던 베드로이지만 그의 다짐은 가야바 관정에서 여지없이 무너져 버렸다. 예수님을 세 번이나 부인하는 자신의 나약함 앞에 베드로는 그렇게 통곡했다.

빌립보 가이사랴에서 "주는 그리스도요 하나님의 아들"이라고 고백한 베드로가 아니었는가. 그것은 죽음을 각오한 고백이었고 그때도 예수님은 그렇게 고백한 것이 베드로 자신이 아니라 하늘에 계신 하나님이었다고 말했다.

그렇다. 인간은 죽음 앞에 너무나 나약한 존재이다. 베드로가 통곡한 자리에서 우리의 연약함을 담당한 예수님을 기억하며 평생토록 그분을 따르는 삶을 살아야겠다고 다시금 마음을 다져 본다.

한편 은 삼십에 예수님을 판 가룟 유다는 양심의 가책을 받고 그 돈을 대제사장과 장로들에게 도로 갖다 주었으나 그들이 받지 않자

돈을 성소에 던져 넣고 나가 목매어 자살했다. 대제사장들은 이것은 핏값이니 성전에 두는 것이 옳지 않다고 여겨 토기장이 밭을 구입해 나그네 묘지로 삼고 그곳을 '피값'이란 뜻의 아겔다마라 불렀다.

아겔다마Akeldama는 힌놈 골짜기와 기드론 골짜기가 만나는 곳에서 힌놈 골짜기 끝 지점 서쪽에 위치한 언덕이다. 피밭이란 뜻의 이름은 가룟 유다가 이곳에서 배가 터져 창자가 흘러나와 죽었기 때문에 붙은 것이다. 현재 이곳 수도원 건물의 지하실을 '사도들의 동굴'이라 하는데 이는 예수님이 유다 무리에 잡혔을 때 제자들이 이 동굴에 숨어 있었다고 전해지기 때문이다.

이곳은 베드로가 통곡한 곳에서 보면 힌놈 골짜기 건너편으로 바로 보인다. 베드로가 통곡한 자리에서 가룟 유다가 자살한 곳을 바라보니 참 묘한 감정이었다. 한 사람은 예수님을 저주까지 하고도 수제

'피밭'이란 뜻의 아겔다마

자가 된 반면 또 다른 사람은 예수님을 팔고 목매어 자살했으니 모든 것이 오직 주님만이 아는 일이리라.

가야바 관정에서 심문을 받은 예수님은 날이 밝아 오는 새벽에 당시 유대인 총독이었던 빌라도에게 넘겨졌다. 그러나 유월절 잔치를 더럽히지 않기 위해 빌라도 관정으로는 들어가지 않고 밖에 있었다.

그들이 예수님을 빌라도에게 넘긴 것은 당시 사형 권한이 세금 징수와 함께 로마 정부의 권한에 속해 있었기 때문이다. 그러나 빌라도는 예수님을 심문한 후 사형을 집행할 만한 근거를 찾지 못해 유대인에게 다시 넘기려고 했다. 그러자 무리는 더욱 강하게 말했다.

"그가 온 유대에서 가르치고 갈릴리에서부터 시작해 이곳까지 와서 무리를 선동했습니다."

이에 빌라도는 예수님이 갈릴리 사람인 것을 알고 마침 예루살렘에 온 갈릴리를 관할하는 헤롯에게 보냈다. 그러나 헤롯 역시 예수님이 사형당할 만한 죄가 없다고 보았고 또 예수님이 아무런 대답을 하지 않자 번쩍거리는 옷을 입혀 다시 빌라도에게 보냈다. 헤롯과 빌라도는 서로 경쟁관계에 있는 원수였으나 당일에는 예수님의 일로 친구가 되었다.

예수님이 붙들린 겟세마네 동산에서 스스로에게 질문을 던져 본다. 예수님 앞에 나는 어떤 자인가? 예수님의 제자인 목회자로서 어떤 길을 가고 있나?

죽음의 짐,
생명의 길
_십자가의 길

예수님이 십자가를 지고 걸어갔던 로마 때의 길

" 빌라도는 예수님을 석방하려고 노력했으나 자신의 정치적 생명을 염려
해 결국 예수님께 십자가형을 선고했다. 예수님이 십자가를 지고 골고
다 언덕으로 향하는 동안 예루살렘 여인들과 많은 사람이 예수님을 따
랐다. 마침내 예수님은 십자가에 달려 돌아가셨고, 아리마대 요셉은 자
기 무덤에 예수님을 안장했다 마태복음 27:33~61, 마가복음 15:22~47, 누가복음
23:32~56, 요한복음 19:18~42. "

예수님은 헤롯에게서 빌라도에게 다시 넘겨졌다. 이때 빌라도의 아내는 사람을 보내 예수는 옳은 사람이니 그에게 아무런 상관도 하지 말 것을 이야기했다. 이에 빌라도는 다시 예수에게는 죽일 만한 죄가 없음을 무리에게 말한 후 총독의 권한에 따라 유월절에 죄수 한 명을 석방하기 위해 누구를 석방하면 좋겠느냐고 물었다. 빌라도가 이렇게 말한 것은 예수님을 풀어 주기 위해서였다. 그러나 무리는 바라바를 풀어 주고 예수를 죽이라고 외쳤다.

오늘날 예루살렘에는 비아 돌로로사Via Dolorosa* 라는 길이 있다. 이는 '슬픔의 길'이란 뜻의 라틴어로 예수님이 십자가를 지고 골고다 언덕을 향해 걸어간 예수님의 마지막 길인 예루살렘 도로를 일컫는다. 이 길은 본디오 빌라도에게 재판을 받은 법정에서부터 현재 거룩한 무덤 교회(예수 무덤 교회)가 있는 골고다 언덕까지로 18세기경 14지점으로 확정되었다. 이 길은 복음서에 근거한 역사적인 길이라기보다 순례자들의 신앙적인 길로 14세기 프란체스코 수도사들에 의해 이름이 붙었다.

십자가의 길 제1지점인 빌라도 법정이 있는 곳은 사자문으로 들어서서 100미터쯤 가면 왼쪽에 있다. 지금은 아랍 초등학교인 엘 오마리

> ● 십자가의 길(비아 돌로로사) : 예수님이 재판을 받은 곳에서부터 예수님의 무덤까지 길로 순례자를 위해 이름을 붙인 길이다. 14지점으로 되어 있는데 《성경》에 모두 나오는 지점은 아니다. 예수님이 빌라도에게 재판받은 곳, 사형 선고를 받고 채찍에 맞은 곳, 십자가를 진 예수님이 첫 번째로 넘어진 곳, 십자가를 진 예수님이 마리아를 만난 곳, 구레네 시몬이 예수님 대신 십자가를 진 곳, 베로니카가 손수건으로 예수님의 이마를 닦은 곳, 십자가를 진 예수님이 두 번째로 넘어진 곳, 여인들에게 자신을 위해 울라고 한 곳, 십자가를 진 예수님이 세 번째로 넘어진 곳, 예수님이 옷 벗김을 당한 곳, 예수님을 십자가에 못 박은 곳, 예수님이 운명한 곳, 마리아가 죽은 예수님을 받은 곳, 예수님을 장사지낸 곳(예수님의 무덤) 등이다.

빌라도의 법정이 있던 곳 _ 십자가의 길 제1지점

예 학교가 세워져 있는데 이곳에는 빌라도가 자기는 무죄하다는 표
시로 손을 씻었다고 전해지는 돌그릇이 있다. 매주 금요일이면 오마
리예 학교 앞마당은 프란체스칸의 슬픔의 긴 행렬 예식으로 사람들
이 붐빈다.

　이곳 빌라도 법정에서 예수님을 죽이려고 거짓 증언을 일삼았던
무리를 생각해 보았다. 그들이 예수님을 고소한 내용은 이러했다.

　그는 행악자이다.

　그는 백성을 미혹했다.

　그는 가이사에게 세금 바치는 것을 거부했다.

　그는 스스로 자신을 왕이라고 했다.

　그는 갈릴리 사람으로 예루살렘까지 와서 백성을 선동했다.

　이에 빌라도가 예수님을 심문했으나 사형에 처할 만한 증거를 찾아내지 못했다. 무리는 자신들의 종교 문제를 세상 법정인 빌라도 총독에게 고소한 것이다. 특히 자신들의 요구가 관철되지 않자 "이 사람을 놓아주면 가이사(로마 황제)의 충신이 아닙니다. 무릇 자기를 왕이라 하는 자는 가이사를 반역하는 것입니다"라며 빌라도에게 정치적인 위협을 주기도 했다.

　　오늘날 한국 교회의 부끄러운 모습 중 하나가 바로 교회 문제를 세상 법정에서 해결하려고 하는 것이다. 이는 예수님을 빌라도 총독에게 고소하는 무리와 다를 것이 없다. 한국 교회가 이 큰 죄악을 범해서는 안 된다. 개인 역시 다른 문제는 몰라도 신앙 문제로 세상 법정에 고소해서는 안 된다. 결국 로마 황제 밑에서 유대의 총독 직무를 담당하고 있던 빌라도는 예수님이 사형당할 죄가 없는 것을 알면서도 자신의 정치적 생명 때문에 십자가에 못 박도록 선고했다.

　　빌라도가 예수님을 심문한 후 십자가형을 선고한 십자가 제2지점은 십자가 제1지점에서 길 하나 건너편에 있다. 현재 이곳에는 예수 선고 교회와 채찍질 교회가 서로 마주 보고 세워져 있다.

십자가의 길 제2지점에 있는 예수 선고 교회

〈빌라도 명각〉 가이사랴, 진품은
이스라엘 박물관

선고 교회Church of Condemnation는 1903년에서 1904년에 재건된 비잔틴식 건물로 빌라도가 예수님께 십자가형 선고를 내린 곳에 세워졌다. 채찍질 교회와 같은 정원 안에 있는 10미터 정방형의 이 교회는 제단 정면에 예수님이 십자가를 지고 건물 계단을 내려오는 모습이 조각되어 있다. 또 내부 바닥에 있는 돌에는 로마 군병이 왕의 놀이를 했던 자국이 남아 있다.

사도신경을 고백할 때마다 빌라도*는 예수님을 놓아주려고 했는데 왜 "본디오 빌라도에게 고난을 받으사"라고 하는지 궁금했다. 그것은 총독이라는 자신의 직분과 권한 때문에 죄 없는 사람을 십자가에 죽도록 선고한 죄악이었다. 곧 예수님께 사형 선고를 내릴 만한 죄가 없음을 알고 있었음에도 군중의 폭동에 두려움을 느껴 사형을 선고하고 예수님을 군중에게 내어 주었다. 그의 재판은 하나님보다 사람을 더 두려워한 재판이었다.

빌라도가 예수님께 사형을 선고한 자리에서 그 재판을 생각하며 인류 구원을 위한 하나님의 섭리를 깨달았다. 빌라도는 사람을 두려워하는 재판으로 예수님께 사형 선고를 했으나 하나님은 그를 통해 인류 구원을 이루어 갔던 것이다.

• 빌라도 : 《성경》에는 언급되어 있으나 역사적인 기록이 없어 실존 인물인지에 대해 의문이 많았다. 그러나 가이사랴에서 출토된 빌라도라는 이름이 새겨진 석조각이 발견됨으로써 빌라도가 예수님 당시 실존했던 인물임이 증명되었다. 그는 26~36년 사이 유대와 사마리아, 이두매를 다스린 5대째 로마 총독으로 예수님이 사형당할 죄가 없음에도 대적자들의 위협에 못 이겨 십자가형에 처하도록 허락한 인물이다.

선고 교회 맞은편에 있는 채찍질 교회

훗날 예수님은 자기를 십자가에 못 박은 자들을 심판하기 위해 이 세상에 다시 올 것이다. 그때는 공의로운 재판으로 세상을 심판할 것이다. 믿는 자는 천국으로 들어갈 것이며, 여전히 불신해 예수님을 다시 십자가에 못 박는 자는 영원한 불못에 들어가게 될 것이다.

선고 교회 맞은편에 있는 채찍질 교회The Flagellation Chapel는 1839년에 세워졌고 1929년 십자군 시대 건물 모양으로 개조되었다. 교회 제단 위 천장에는 예수님이 썼던 가시관이 모자이크로 장식되어 있다. 제단 주위의 3면은 색유리로 덮여 있는데, 남쪽 유리창은 강도 바라바가 예수님 대신 놓임을 받고 기뻐하는 장면이 있으며, 앞쪽은 예수님이 채찍질당하는 모습이 그려져 있다. 그리고 북쪽 유리창은 빌라도가 손을 씻는 모습이 있다.

이 두 교회 사이에는 예수님이 묶였다고 전해지는 기둥 자리가 있다. 십자가형을 선고받은 예수님은 이곳에서 채찍에 맞고 가시면류관을 썼으며 침 뱉음과 조롱을 당했다. 마치 그것을 보여 주듯 현재 이곳 기둥에는 예수님이 쓴 것과 같은 종류의 가시가 자라고 있다. 그 가시나무는 우리가 생각하는 탱자나무처럼 가시가 큰 것이 아니라 굵은 가지에 잔가시가 많은 가시나무이다. 그러니까 고통은 심하지만 쉽게 죽지 않는 그런 가시다.

제3지점은 예수님이 십자가형을 선고받은 제2지점에서 서쪽으로 약간 경사진 길을 내려오다 왼쪽으로 꺾어지는 지점에 있다. 이곳은 《성경》에는 나오지 않으나 전해지는 이야기에 의하면 예수님이 십자가를 지고 가다 첫 번째로 쓰러진 곳이라고 한다. 현재 이곳에는 1948년 폴란드 교회에서 세운 교회 입구 위에 예수님이 넘어지는 모습이 새겨져 있으며 내부에는 십자가를 지고 가는 모습이 있다.

제3지점 바로 옆, 제4지점에 세워진 기념 교회 정문 위에는 십자가를 진 예수님과 어머니 마리아가 만나는 모습이 새겨져 있다. 교회 안으로 들어가면 예수님과 마리아 모두 얼굴에 후광을 그려넣고 있다.

아들이 십자가를 지고 가다 쓰러져 머리에 쓴 가시관에서 흘러나오는 피를 보는 어머니의 심정은 어떠했을까? 그런 어머니의 마음을 아는 듯 예수님은 그토록 고통스러운 십자가상에서 "여자여 보소서 아들입니다"라고 말했다. 당시 '여자여'라는 말은 헬라어 '귀나이'로 여인을 부르는 공식적인 표현으로 쓰였을 뿐 아니라 귀부인을 지칭하는 극존칭으로도 사용되었다.

제5지점은 예수님이 어머니를 만난 제4지점에서 10미터쯤 남쪽에 있는 곳으로 길이 서쪽으로 꺾이면서 골고다를 향해 언덕길이 시

가시나무

십자가의 길 제3지점의 기념 교회

십자가의 길 제3지점(좌)과 제4지점(우)

작되는 곳이다. 이곳은 리비아 출신의 시몬Simon of Cyrene이 예수님의 십자가를 대신 진 곳이다. 현재 이곳에는 1895년에 세워진 가톨릭 프란체스코회 소속의 기도소가 있다.

이 작은 기도소에 들어가면 예수님의 십자가를 진 시몬의 모습이 부조되어 있다. 열다섯 명 남짓 앉을 수 있는 의자에서 예수님을 위해 십자가를 대신 진 시몬을 생각해 보았다. 당시에는 십자가를 지고 가던 사람이 십자가를 질 수 없을 정도가 되면 로마 군병이 주위에 있는 사람을 지정해 대신 지게 했다.

시몬은 예수님 옆 가까이에서 따라가다가 십자가를 대신 지게 됐다. 그는 십자가형을 구경하다가 운이 없게 걸린 것이다. 그러나 그것은 억지로 진 십자가였지만 예수님을 위한 가장 귀한 봉사였다. 훗

십자가의 길 제5지점

182

날 그는 평생 예수님을 증거하며 살았다고 전해진다. 또한 초대 교회에 잘 알려진 알렉산더와 루포의 아버지가 되었으며(마가복음 15:21), 그 아내는 바울을 헌신적으로 도왔고, 바울은 그녀를 어머니라고 불렀다고 전해진다.

십자가의 길 제6지점은 전통에 의하면 베로니카라는 여인이 십자가를 지고 가는 예수님의 얼굴에 흘러내린 피와 먼지, 사람들이 던진 오물을 닦아 주었다는 곳이다. 이 여인은 12년을 혈루증

십자가의 길 제6지점 입구

을 앓다가 예수님의 옷자락을 만져 고침받은 여인으로 전해진다.

1895년에 세워진 희랍 정교회 소속의 수녀원은 1953년 베로니카 여인의 집터 위에 재건된 것이다. 바닥에는 성 코스마스와 다미안 수도원으로 보이는 고대 유적이 남아 있다. 그러나 이곳은 개방하지 않기 때문에 내부는 들어가지 못하고 문 앞에서만 보고 지나간다.

십자가의 길 제7지점은 예수님이 두 번째 넘어진 곳이다. 당시 십자가는 120킬로그램 정도의 무게가 나가는 것으로 전해진다. 많은 심문과 머리에서 흘러나오는 피로 허약해진 예수님이 그 무거운 십자가를 진다는 것은 거의 불가능한 일이었다. 그래서 예수님은 두 번이나 넘어졌고 시몬이 대신 지기도 했다.

십자가의 길 제7지점 기념 교회

　예수님이 두 번째 넘어진 십자가의 길 제7지점에는 작은 기도소
가 있는데 제5지점보다는 조금 크다. 우리도 주님을 위해 일하다 보
면 쉬고 싶을 때도 있고, 마음에 상처를 받아 넘어질 때도 있다. 이곳
은 평상시에도 개방하고 있기 때문에 급한 일정이라도 잠시 들어가
서 묵상 시간을 갖는 것이 좋다.

　십자가의 길 제7지점으로부터 약간 서쪽에 자리한 십자가의 길
제8지점은 예수님이 예루살렘 여인들을 만나 "나를 위해 울지 말고
너와 너희 자녀들을 위해 울라"고 말씀하신 곳이다. 이곳에는 라틴
십자가에 희랍어 NIKA('예수는 승리하셨다'란 뜻)가 기록된 돌판이 있는
데, 제8지점 희랍 정교회 소속 수도원 자리에 이 돌판이 있다. 그러
나 담으로 가로막혀 있어 벽에 제8지점이라는 표시만 해놓았다.

　이곳에서는 예수님이 예루살렘 여인들에게 한 말씀을 생각하면 좋다. 예수님은 왜 울었으며, 예루살렘 여인들은 무엇 때문에 울었는가? 또 우리는 살면서 무엇 때문에 우는가? 대부분 자신과 가족을 위해서, 아니면 나와 이해관계가 있는 사람을 위해서 울지 않았는가? 이제부터는 좀 더 다른 사람을 위해서 울자. 그들과 함께 기뻐하고 함께 슬퍼하는 자가 되자.

십자가의 길 제8지점에
있는 니카라는 글씨

제9지점은 십자가를 진 예수님이 세 번째로 넘어진 곳이다. 이곳은 예수님 무덤 교회의 지붕이 보이는 곳에 있다. 제8지점에서 나와 오른쪽으로 가다가 시장길을 벗어나 오른쪽 계단으로 올라가 두 번 커브를 틀면 나온다.

십자가의 길 제10지점에서 14지점까지 마지막 다섯 개 지점은 예수님이 골고다 언덕에 오른 후의 사건이 일어난 곳으로 현재 성묘 교회 또는 거룩한 무덤 교회Church of the Holy Sepulchre● 안에 있다.

예수님의 옷을 벗긴 제10지점과 십자가에 못 박은 제11지점은 성묘 교회를 들어서자마자 오른쪽 계단을 통해 올라간 곳으로 바로 골고다(갈보리) 언덕이다. 이곳은 희랍 정교회와 라틴 교회 두 곳의 소유로 되어 있다. 지금은 웅장한 건물로 옛 골고다의 언덕과 같은 모습은 찾을 수 없지만

● 거룩한 무덤 교회(예수 무덤 교회) : 로마 황제 하드리아누스가 135년경 비너스 신전을 세운 그 자리에 313년 기독교를 공인한 로마의 콘스탄티누스 황제의 명으로 336년에 건축되었다. 그러나 614년 페르시아 군대의 침공 때 교회가 파괴되었다가 재건되었다. 그후 이슬람교도에 의해 다시 파괴된 것을 십자군 운동과 더불어 1149년에 거룩한 무덤 교회가 현재의 모습으로 복구했다. 일부 비잔틴 시대의 것을 제외하고는 대부분 십자군 시대에 재건된 모습으로 잘 보존되어 있다. 현재 구교의 6개 교단(희랍 정교회, 로마 가톨릭 교회, 시리아 교회, 콥틱 교회, 아르메니아 교회, 이디오피아 교회)이 교회 내에 각각 소유권을 가지고 있다.

십자가의 길 제10~14지점이 있는 거룩한 무덤 교회(성묘 교회, 검은색 지붕)

예수님을 십자가에 못 박는 모습의 벽화가 있어 당시를 생각해 볼 수 있다.

십자가형은 나체형이며 공개 처형이다. 그렇기에 십자가형은 수치스러운 사형이다. 예수님은 십자가에 달리고 통으로 짠 옷마저 로마 군병이 제비를 뽑아 서로 가지려고 했다. 예수님은 가장 낮은 자리로 와서 옷 한 벌 남기지 않고 우리에게 모든 것을 다 주고 죽었다.

군인들이 예수를 십자가에 못 박고 그의 옷을 취하여 네 깃에 나눠 각각 한 깃씩 얻고 속옷도 취하니 이 속옷은 호지 아니하고 위에서부터 통으로 짠 것이라 군인들이 서로 말하되 이것을 찢지 말고 누가 얻나 제비 뽑자 하니 이는 성경에 그들이 내 옷을 나누고 내 옷을 제비 뽑나이다 한 것을 응하게 하려 함이러라 군인들은 이런 일을 하고 요한복음 19:23~24

예수님이 입었던 겉옷은 로마 군인 네 명이 네 조각으로 찢어 나누어 가졌고 속옷은 통으로 짠 것이어서 찢지 않고 제비를 뽑아 한 사람이 가졌다.

수많은 사람으로 붐비는 바로 그 장소에서 어떤 사람은 무릎을 꿇고 기도하기도 한다. 온갖 조롱을 당하고 마침내 벗은 모습으로 십자가에 달려 죽은 예수님. 왜, 누구 때문에 그런 수치를 당하면서 죽었는가? 바로 나 때문이 아닌가! 죄와 죽음뿐만 아니라 우리의 수치를 담당하기 위해 친히 수치를 당한 예수님. 우리 역시 다른 사람의 허물을 덮어 주고 수치를 가려 주는 용서의 삶을 사는 것이 주께 빚진 자로서 삶이 아닌가!

십자가의 길 제12지점은 예수님을 매단 십자가가 세워진 곳으로 예수님은 이곳에서 돌아가셨다. 이곳은 희랍 정교회에서 관리하고 있기 때문에 천장이 등잔으로 가득 차 있고 정면에는 예수님이 십자가에 달린 모습이 금속으로 조각되어 있다.

당시 이곳은 골고다 언덕 정상이었다. 그때 모습을 알 수는 없지만 수많은 사람이 이 골고다 언덕에서 처형당하는 예수님을 바라보았을 것이다. 그중에는 예수님의 어머니 마리아와 이모, 글로바의 아내 마리아, 막달라 마리아를 비롯한 많은 여인이 있었다. 그러나 예수님의 열두 제자 중에는 사도 요한만 십자가 곁에 있었고 나머지 제자들은 무서워 흩어진 지 오래였다.

제자들조차도 무서워 피했던 바로 그 자리에 서고 보니 마치 예수님이 이렇게 말하는 것 같았다.

"거기 너 있었는가? 나 그 십자가에 달릴 때."

예수님 당시 골고다 언덕이었던 십자가의 길 제12지점 _ 성묘 교회

　우리는 십자가 곁에 있던 여인들과 요한처럼 고통과 신음 중에 있는 자와 함께 그 고통을 나누었는가? 고독과 외로움 속에 있는 자와 함께 사랑을 나누었는가? 아니면 다른 사람보다 나를 먼저 생각하며 살지는 않았는가? 주님이 지금 이 자리에서 "거기 너 있었는가" 질문한다면 어떤 대답을 할 수 있을까? 주님과 함께하는 삶은 이웃과 함께하는 삶임을 잊지 말아야 한다.

　십자가의 길 제13지점은 십자가에서 죽은 예수님을 성모 마리아가 받아 염을 한 곳으로 성묘 교회에 들어가자마자 바로 정면에 있다. 대리석으로 된 이곳에서 많은 순례객은 입맞춤을 하며 손을 대고 기도한다. 인간으로 왔기에 장례 또한 인간의 장례처럼 염을 한 것이다. 그러나 예수님의 장례는 3일 만에 부활함으로 의미 없는 일이 되었다.

〈예수의 무덤〉_ 성묘 교회

마지막 십자가의 길 제14지점은 예수님이 장사된 곳이다. 이곳
은 성묘 교회 중앙에 있다. 그러니까 성묘 교회는 예수님의 무덤이
있는 곳을 가운데 두고 설계되었다. 본래는 아리마대 요셉이 자신이
죽으면 들어가려고 했던 무덤이다. 부자였던 그는 자신의 무덤을 몇
개 가지고 있었다. 그중 가장 좋은 것을 예수님의 무덤으로 내어 드
린 것이다.

과연 날 위해 십자가에서 죽으신 그 예수님께 난 무엇을 드릴 수
있을까? '이 몸밖에 드릴 것 없어 이 몸 바칩니다'라고 대답할 수밖
에 없다. 지금은 빈 무덤이 된 예수의 무덤이 있는 성묘 교회를 나오
면서 마음속에는 '오직'이라는 단어가 더욱 크게 새겨졌다. 오직 주
만을 위해.

그가 여기 계시지 않고 그가 말씀하시던 대로 살아나셨느니라 와서 그가
누우셨던 곳을 보라 마태복음 28:6

하늘에
소망을 두고
_ 엠마오

베드로에게 새로운 사명을 준 곳에 세워진 베드로 수위권 교회

> 금요일에 십자가에 못 박혀 죽은 예수님은 아리마대 요셉에 의해 무덤
> 에 장사되었다. 그리고 장사된 지 사흘째 되는 날 주일 새벽에 부활했
> 다. 예수님은 가장 먼저 막달라 마리아에게 나타난 후 예루살렘으로 가
> 는 두 여인과 제자들에게 모습을 보였다 마태복음 28:1~20, 마가복음
> 16:1~18, 누가복음 24:1~49, 요한복음 20:1~21:24.

십자가에서 죽은 지 사흘 만인 주일 새벽에 예수님은 사망권세를 깨뜨리고 부활했다. 예수님의 부활은 죽기 전에 이미 예고되어 있었다.

이런 사실은 대제사장과 바리새인들도 알고 있었다. 그래서 그들은 예수님이 죽은 후 3일까지 무덤을 철저하게 지키도록 빌라도에게 부탁했다. 이에 빌라도는 자기 병사 외에 대제사장들의 경비병도 함께 무덤을 지키도록 했다. 그리고 무덤을 막았던 입구의 돌에 인봉까지 했다.

그러나 모든 방책은 아무 소용이 없었다. 살아 계신 예수님은 더 이상 무덤에 갇혀 있을 수 없었다. 사탄은 사람들을 충동시켜 예수님을 죽게 했으나 그것은 단 3일뿐이었다. 그것도 예수님이 스스로 목숨을 버린 것이다. 아무리 무덤 입구의 돌을 인봉하고 군사와 경비병이 지키고 있어도 생명이신 예수님을 언제까지나 무덤에 가두어 놓을 수는 없었다.

마침내 예수님이 말씀하신 대로 죽은 지 3일째 되던 주일 새벽에 큰 지진이 일어나며 천사가 내려와 무덤을 막고 있던 돌을 굴려 내리고 예수님은 죽은 자 가운데서 부활했다. 무덤을 지키던 자들은 너무 두려워 죽은 사람처럼 몸을 떨며 혼비백산했다.

부활한 예수님은 첫 번째로 막달라 마리아에게 자신을 나타내 보였다. 그리고 예루살렘으로 가는 길에서 두 여인에게 나타났다. 또한 예루살렘에서 엠마오로 가는 길에서 글로바와 다른 한 사람에게도 모습을 보였다.

엠마오Emmaus*는 유대 지역의 한 성읍으로 〈누가복음〉 24장 13절의 기록에 따르면 예루살렘에서 12킬로미터 떨어진 곳이지만 정확한 위치에 대해서는 여러 주장이 있다.

엠마오로 추정되는 곳 중 가장 설득력 있는 라트룬 마을의 암와스(엠마오)를 찾아가 보았다. 단체 성지 순례 때는 1번 국도를 따라 가이사랴로 갈 때 라트룬 IC에서 빠져나오면 바로 암와스가 나온다. 버스 정류장에 잠시 차를 세우고 입구에서 비잔틴 시대의 교회 터를 배경으로 사진을 찍고 가면 10분 정도면 충분하다. 그러나 좀 더 자세히 보기 원하면 수도원을 들르는 것도 좋다.

부활한 예수님이 예루살렘에서 엠마오로 가던 두 제자에게 나타났을 때 그들은 예수님을 알아보지 못하고 엠마오까지 동행했다. 왜 그들은 부활한 예수님을 알아보지 못했을까? 십자가에서 죽기 전의 모습과 부활한 예수님의 모습이 달라서일까?

그렇지 않다. 그것은 절망 때문이었다. 모든 것을 버리고 예수님을 따랐던 그들이었기에 예수님이 돌아가시자 모든 희망이 사라진 것이다. 이제는 모든 것이 끝났다는 절망은 그들 앞에 어둠을 드리우게 했다. 바로 옆에 예수님이 동행하고 있음에도 절망은 그 예수님을 보지 못하도록 어둡게 만들었다. 그들은 다시 살아날 것이라는 예수님의 말씀도 기억하지 못했다.

• 엠마오로 주장되는 곳은 여러 곳이 있다.
첫째, 칼로니에Qaloniyeh 혹은 고대의 콜로니아Colonia이다.
둘째, 예루살렘을 기점으로 북서쪽 15킬로미터 지점의 쿠베이바Qubeiba 혹은 쿠베이베Qubeibe이다.
셋째, 오늘날 아부고시Abu Ghosh이다.
넷째, 예루살렘으로부터 약 32킬로미터 떨어진 암와스Amwas이다.
이 네 곳 중 교회사적으로 추정하는 《성경》의 엠마오는 암와스이다. 그러나 식사 후 두 제자가 다시 예루살렘으로 돌아가기에는 《성경》이 명시하는 거리보다 너무 멀다는 문제가 있다. 따라서 현대 성경학자들의 일치된 견해는 아직까지 없다.

예루살렘에서 엠마오로 달리는 차 속에서 절망에 빠진 두 제자를 생각해 보았다. 세상 근심 때문에 영적인 눈이 어두워져 주님의 말씀이 우리 삶에 아무런 원동력이 되지 않을 때는 없었는가? 얼마나 많은 사람이 세상의 절망 때문에 부활의 예수님이 주는 영원한 희망을 보지 못하고 살고 있는가?

　　절망은 모든 희망을 삼켜 버린다. 그러나 희망은 절망을 먹고 산다. 그래서 절망이 클수록 희망은 더욱 커지는 것이다. 우리는 절망을 앞에 둔 자가 아니라 희망을 앞에 두고, 하늘에 소망을 두고 살아가야 하는 자이다.

비잔틴 시대 교회 터_엠마오

〈엠마오에서의 식사〉 _ 이요한 작

엠마오에서 두 제자에게 나타난 예수님은 갈릴리에서 세 번째로 베드로와 제자들에게 모습을 보였다. 예수님이 십자가에서 돌아가신 후 베드로는 모든 것을 잃은 사람처럼 고향으로 돌아가 다시 고기를 잡고 있었다. 그러나 그물을 던지는 그의 손에는 예수님을 만나기 전 생업을 위해 그물을 던졌던 것과 달리 힘이 없었다. 생존도구인 그물까지 버리며 예수님을 따랐던 그이기에 이제 더 이상 왜 그물을 던지는지 삶의 목적이 없었다.

그날 밤 베드로는 밤새도록 그물을 던졌으나 고기를 한 마리도 잡지 못했다. 이는 절망 중에서는 아무것도 얻을 수 없음을 보여 준다. 절망 중에서 내리는 그물로는 희망의 고기를 잡을 수 없다. 그런데 이때 예수님은 절망 중에서 그물을 내리고 있는 제자들을 위해 바위를 아궁이 삼아 생선과 떡을 굽고 있었다.

오늘날 이곳에는 '예수의 식탁'이라 불리는 이 바위를 강단 앞에 두고 세워진 베드로 수위권 교회가 있다. 나는 갈릴리에 있는 이 교회에서 다른 어떤 성지보다도 큰 은혜를 받았다. 예수님이 단 한 번 제자들을 위해 손수 식사를 준비한 곳이지 않은가. 인간적이고 사랑이 넘치는 부활의 예수님을 느낄 수 있는 그런 곳이다. 절망 중에서 힘없이 그물을 던지는 제자들을 위해 아침 식사를 준비하는 위로와 사랑의 예수님, 그분이 바로 우리가 믿는 예수님이다.

날이 밝아 오자 베드로는 고기 잡는 것을 포기하고 바닷가로 갔다. 그런데 그곳에는 부활한 예수님이 서 있었다. 그러나 엠마오로 가던 제자들처럼 절망 가운데 그물을 던졌던 제자들은 자기들 앞에 있는 분이 예수님인 줄 알지 못했다.

그때 예수님은 제자들을 향해 자신을 밝히지 않고 "친구들아"라고 불렀다. 그리고 "너희가 고기를 잡았느냐"라고 묻지 않고 "너희

제자들을 위해 예수님이 식탁으로 사용했던 바위 _ 베드로 수위권 교회

에게 고기가 있느냐"라고 물었다. 이 말은 아직까지 자신을 밝히지 않기 위해서였다. 그리고 예수님은 "배 오른편에 그물을 던지라"고 다시 말했고, 제자들은 그 말에 따라 그물을 던져 큰 물고기 153마리나 잡아 그물을 들 수 없을 정도가 되었다.

오늘날에도 갈릴리 바다에서는 밤에 고기가 이동하기 때문에 어부들은 전파 탐지기를 이용해 밤에 고기를 잡는다. 이른 아침 어항에 가보면 밤새 잡은 고기를 볼 수 있는데 큰 것은 사람 키 반만 한 것도 있다.

그런데 예수님은 전파 탐지기도 없이 배 오른편에 고기가 있는 줄 아시고 제자들에게 배 오른편에 그물을 던지라고 했다. 그때 한 제자가 자기들에게 말한 사람이 예수님인 줄 알고 베드로에게 "주님이시다"라고 외쳤다.

그러자 성격 급한 베드로는 벗고 있던 겉옷을 두른 후에 바다로 뛰어내렸다. 다른 제자들은 육지에서 90미터쯤 떨어져 있어 작은 배를 타고 물고기가 든 그물을 끌고 왔다.

육지에 올라와 보니 생선이 숯불 위에 놓여 있었고 떡도 보였다. 바로 예수님이 준비한 것이다. 예수님은 방금 잡은 물고기를 가지고 오라 한 후 아침 식사를 준비해 제자들에게 주었다. 죽었다가 다시 살아난 스승을 보는 것도 놀라운 일인데, 그 예수님이 자기들을 위해 친히 아침 식사를 준비한 것은 너무나 놀라운 일이었다. 그래서 제자들은 감히 당신이 누구냐고 묻는 자가 없었다.

많은 순례객은 돌로 된 이 식탁에 손을 얹고 기도한다. 예수님의 식탁 위에 놓였던 생선과 떡을 생각하며 묵상에 잠겨 본다. 절망 중에 내리는 그물에서는 한 마리도 잡지 못했지만, 예수님의 말씀에 따라 그물을 던질 때는 그물을 들 수 없을 정도로 많은 고기를 잡았다. 그리고 예수님은 미리 준비한 생선과 말씀을 따라 잡은 생선으로 아침 식사를 준비해 제자들에게 주었다. 그 예수님이 바로 내가, 우리가 믿는 예수님이다.

아침 식사가 끝난 후 예수님은 베드로에게 "요한의 아들 시몬아" 하고 부르며 질문했다.

"네가 이 사람(이것)들보다 나를 더 사랑하느냐?"

사실 이 질문에 베드로는 '예'라고 대답할 면목이 없었다. 왜냐하면 예수님을 세 번이나 부인한 것을 예수님이 더 잘 알고 있었기

오늘날 갈릴리 어부와 어선

때문이다. 그래서 그는 "주님 그렇습니다. 내가 주님을 사랑하는 줄을 주님은 알고 계십니다"라고 간접적으로 대답했다.

그러자 예수님은 연속해서 두 번 더 같은 질문을 했고, 베드로의 대답을 들을 때마다 "내 양을 먹이라"고 새로운 사명을 주며 그의 남은 생애를 어떻게 살아가야 할지 말씀하셨다.

내가 진실로 진실로 네게 이르노니 네가 젊어서는 스스로 띠 띠고 원하는 곳으로 다녔거니와 늙어서는 네 팔을 벌리리니 남이 네게 띠 띠우고 원하지 아니하는 곳으로 데려가리라 요한복음 21:18

〈"네가 나를 사랑하느냐"라고 베드로에게 묻는 예수〉 _ 베드로 수위권 교회 앞

베드로 수위권 교회(수제자 임명 교회) 밖의 갈릴리 바닷가에는 예수님이 베드로에게 "네가 나를 사랑하느냐"라고 질문하고 베드로가 대답하는 동상이 세워져 있다. 많은 순례객은 이곳에서 기념 촬영을 한다. 그리고 옆에는 성찬 예식을 할 수 있는 작은 공간도 마련되어 있어 이곳에서 일어났던 사건을 묵상하기도 좋다.

예수님과 베드로의 동상 앞에서 왜 예수님은 자신을 세 번이나 부인한 베드로에게 수제자로서 다시 사명을 주었을까 생각해 보았다. 그리고 그에 대한 해답을 오늘 베드로보다 못한 나에게 목사 직을 주신 주님에게서 찾는다. 주님은 허물투성이고, 실수가 많고 부족한 나를 버리지 않고 주님 앞에 가는 그날까지 충성되게 일할 것을 믿고 목사 직을 맡겨 주었던 것이다.

이 말씀을 마치시고 그들이 보는데 올려져 가시니 구름이 그를 가리어 보이지 않게 하더라 사도행전 1:9

본 대로 오리라
_감람 산 예수 승천 돔

감람 산 정상에 있는 예수 승천 돔

" 예수님은 장사된 지 사흘 만에 부활했다. 그리고 40일 동안 이 땅에 머물면서 제자들과 여인들에게 나타난 후 감람 산에서 많은 사람이 보는 앞에서 재림을 약속하고 승천했다. 이후 오순절 날 마가의 다락방에 모여 기도에 힘쓰던 사람들은 예수님의 말씀대로 성령을 받았다 마가복음 16:19, 누가복음 24:50~53, 사도행전 1:6~12. "

십자가의 죽음을 이기고 사흘 만에 부활한 예수님은 40일 동안 이 땅에 있으면서 제자를 비롯해 여러 사람에게 모습을 보였다. 한번은 제자들이 모여 있을 때 예수님이 나타나 이렇게 말씀하셨다.

> 예루살렘을 떠나지 말고 내게서 들은 바 아버지께서 약속하신 것을 기다리라 요한은 물로 세례를 베풀었으나 너희는 몇 날이 못 되어 성령으로 세례를 받으리라 사도행전 1:4~5

그리고 예수님은 부활한 후 40일 만에 베다니 앞 감람 산에서 500명이 지켜보는 가운데 승천했다.

현재 감람 산 정상에는 예수님의 승천을 기념해 세운 예수 승천 돔(기념 교회)이 있다. 첫 건물은 380년경 세운 지붕이 없는 8각형 모양이었으나 후에 십자군이 재수축했다. 그러다 1187년 모슬렘 교도들이 지붕에 돔dome을 덮었다. 건물 중앙에는 예수님이 승천할 때 밟은 발자국이 남겨진 것으로 전해지는 바위가 있다.

이곳은 감람 산 지역을 순례할 때 가장 먼저 들르는 곳이다. 여기서는 예수님이 승천하기 전에 남긴 고별의 말씀을 전한다.

하나는 "너희는 온 천하에 다니며 만민에게 복음을 전파하라"(마가복음 16:15)이고, 또 하나는 "내가 세상 끝날까지 너희와 항상 함께 있으리라"(마태복음 28:20), 그리고 "내가 너희를 고아와 같이 버려두지 아니하고 너희에게로 오리라"(요한복음 14:18)는 사명과 위로의 말씀이다.

마가 다락방 내부 _ 시온 산

　　예수님이 약속한 성령은 마가의 다락방에서 이루어졌다. 오순절 날이 되자 제자들은 예수님의 말씀에 따라 예루살렘을 떠나지 않고 마가 다락방에 모여 기도에 힘쓰고 있었다.

　　이 다락방에는 120여 명 정도가 모여 있었다. 그리고 예루살렘에는 오순절을 지키기 위해 세계 각국으로부터 유대인이 모여들었다. 놀랍게도 이들은 오늘날 이란의 바대인, 메대인, 엘람인 등과 메소포타미아 사람, 터키 지역의 갑바도기아, 본도, 아시아, 브루기아, 밤빌리아 사람, 그리고 이집트와 리비아 등 북부 아프리카 지역은 물론 멀리 로마와 지중해 섬 그레데인과 아라비아인에 이르기까지 당시 전 세계 사람이 포함되어 있었다.

　　어떻게 그들은 예수님의 말씀을 기억하고 오순절 날 예루살렘으로 왔을까? 이는 지리적으로 설명할 수 있다. 예수님은 갈릴리에서 그것도 가버나움을 중심으로 말씀을 가르치고 전했다. 갈릴리 가버나움은 당시 국제도로인 바닷길(비아 마리스)이 지나는 지역이기 때문에 많은 무역상이 거치는 곳이었다. 따라서 이들은 갈릴리를 지나가는 동안 예수님이 하는 말씀을 들었을 것이고 그중에서 상당수 사람이 말씀을 믿었을 것이다.

마침내 마가의 다락방에 모여 있던 사람들은 하늘로부터 급하고 강한 바람과 불의 혀처럼 갈라지는 현상 속에 성령을 받아 각국의 방언으로 말하기 시작했다.

오늘날 마가의 다락방은 예수님 당시의 건물은 아니지만 옛터에 2층으로 세워진 다락방이 있다. 시온 산의 시온문에서 120미터쯤 떨어진 이곳은 수많은 기독교인의 순례지가 되고 있다. 순례 시 성만찬이 거행된 곳이기도 한 마가의 다락방에서 성찬식을 행하면 매우 뜻깊은 성지 순례가 될 것이다.

언젠가 예수님은 이런 말씀을 한 적이 있다.

> 내가 떠나가는 것이 너희에게 유익이라 내가 떠나가지 아니하면 보혜사(성령)가 너희에게로 오시지 아니할 것이요 가면 내가 그를 너희에게로 보내리니 요한복음 16:7

성령이 임한 마가의 다락방에서 세상 끝날까지 우리와 함께하겠다고 약속한 예수님의 말씀으로 새 힘을 얻는다.

3장

오직 복음의 한길로

어디를 볼 것인가

_스데반 순교 기념 교회

스데반이 순교한 자리에 세워진 교회 _ 예루살렘 기드론 골짜기와 양문 /

> 오순절 성령 강림 사건 이후 사도들은 힘 있게 말씀을 전하고 많은 기적이 일어나면서 수많은 사람이 예수님을 믿게 되었다. 이에 예루살렘 교회는 급성장했고, 사도들은 말씀 사역에 전념하기 위해 일곱 명의 집사를 세워 구제 사역을 맡도록 했다.
>
> 그중 많은 기사와 표적을 행한 스데반은 공회에서 담대히 말씀을 전하다가 돌에 맞아 죽어 최초의 순교자가 되었다. 이때 스데반이 순교당하던 자리에 함께 있던 사울은 스데반의 순교를 마땅하게 여길 뿐 아니라 증인 역할을 했다 사도행전 2:14~7:60.

오순절에 성령이 임한 후 예루살렘에서 시작된 교회는 사도들에 의해 급속한 성장을 가져왔다. 특히 베드로의 설교는 많은 사람에게 감동을 주었고 한번에 2,000~3,000명씩 예수를 믿는 사람이 생겼으며 또 어떤 때는 남자만 5,000명이나 되었다. 그러자 공회에서는 이들을 위협하기도 했는데 그럴수록 믿는 사람은 더욱 늘어났다. 그들은 서로 떡을 떼며 아름다운 교제를 갖고 자기 재산을 팔아 사도 앞에 가져왔다. 소유에 대해 내 것과 네 것의 경계가 허물어진 것이다.

갈수록 구제하는 일이 많아지자 사도들은 말씀을 전하는 일에 힘쓰기 위해 성령과 지혜가 충만하고 사람들에게 칭찬받는 일곱 명의 집사를 선출해 구제하는 일을 하도록 했다. 그중 스데반은 은혜와 권능이 충만해 많은 기사와 표적을 행했으며, 집사로서 사도 못지않게 당시 종교 지도자들의 모임인 공회에서 담대히 말씀을 전했다.

스데반의 설교는 그들의 마음을 찔렀고 그 자리에 있던 이들은 매우 분노했다. 특히 "하늘이 열리고 인자가 하나님 우편에 서신 것을 본다"라는 말에 그들의 분노는 극에 달했다. 그들은 이를 갈며 큰 소리를 지르다 스데반을 잡아 성 밖으로 내치고는 돌로 쳤다.

이때 유대교에 아주 열정을 가진 사울이라는 청년은 스데반이 돌에 맞는 것을 마땅히 여기고 돌로 치는 사람들의 옷을 자기 앞에 놓도록 해 증인 역할을 했다. 결국 스데반은 돌에 맞아 죽어 최초의 순교자가 되었다.

오늘날 스데반이 순교한 곳에는 스데반 순교 기념 교회가 세워져

스데반의 순교 장소

있다. 이 교회는 감람 산에서 예루살렘 양문으로 가다가 기드론 골짜기를 지나자마자 길 건너 왼쪽에 있다. 교회가 처음 세워진 것은 5세기경이었으나 7세기 무렵 파괴되고 현재의 교회는 19세기 말에 재건된 것이다.

이 교회는 아직까지 개방하지 않고 있어 길가에서 겉모습만 볼 수 있다. 교회에서 조금만 올라가면 예루살렘 성문 중 하나인 양문이 있다. 사자문이라고도 하는데 스데반 집사가 순교한 방향으로 있어서 스데반 문이라고도 한다.

사도도 아니고 평신도로서 그것도 예수님을 죽인 종교 지도자들의 모임인 공회 앞에서 담대히 말씀을 전했던 스데반, 돌에 맞아 죽어가면서도 "저들의 죄를 저들에게 돌리지 마옵소서"라고 기도했던 스데반, 어떻게 그는 그런 기도를 할 수 있었을까?

〈사도행전〉 7장 56절이 그 해답을 주고 있다. 스데반은 돌에 맞아 죽어가면서도 그들을 보지 않고 하나님 우편에 일어서서 자신을 바라보고 있는 예수님을 보았던 것이다. 예수님은 스데반 집사가 돌에 맞는 모습을 가만히 앉아서 볼 수가 없었다. 우리나라 표현대로 예수님은 서서 어쩔 줄 모르며 안절부절못한 것이다.

아마 스데반이 자기를 돌로 치는 사람들을 바라보았다면 예수님을 원망하거나 '저 죽일 놈들'이라고 말했을지 모른다. 그러나 돌에 맞는 자신의 모습을 앉아 있지도 못하고 서서 보고 있는 예수님을 바라보았기에 오히려 그들을 위해 기도할 수 있었던 것이다.

스데반 순교 기념 교회를 지날 때마다 이 말씀을 잊은 적이 없다.

나를 비난하고 손가락질하고 방해하는 자들을 보지 말자. 그런 가운데서도 오히려 나를 바라보는 주님을 바라보자. 나를 에워싸는 세상의 온갖 환난과 핍박 중에서도 주님만 바라보자. 나를 넘어뜨리려는 세상의 악한 세력 가운데서도 주님만 바라보자.

사람은 무엇을 바라보느냐에 따라 태도가 달라진다. 돈을 바라보면 물질을 좇아가게 되고, 명예나 세상 권력을 바라보면 사람을 좇아가게 된다. 한동안 《긍정의 힘》이란 책이 많은 관심을 불러모았다. 아무리 세상이 믿는 이들에게 부정적인 상황을 만들어도 그 상황 위에 있는 주님을 바라보면 모든 부정적인 상황을 극복할 수 있다.

특히 예수님 때문에 환난과 고통을 받는 가운데 있다 하더라도 그런 나를 바라보는 예수님을 볼 수 있다면 우리 역시 능히 우리를 반대하고 핍박하는 이들을 위해 기도할 수 있다. 스데반이 순교한 자리에서 "악에게 지지 말고 선으로 악을 이기라"(로마서 12:21)는 말씀을 되새겨 본다.

바울이 이르되 나는 유대인이라 소읍이 아닌 길리기아 다소 시의 시민이니 청
컨대 백성에게 말하기를 허락하라 하니 사도행전 21:39

준비된 사람, '작은 자' 바울

_ 다소, 다메섹

바울의 생가 터 _ 터키 다소

> 길리기아 다소에서 출생한 사도 바울은 예루살렘으로 와 가말리엘 문하
> 에서 율법을 배웠다. 그는 스데반의 순교를 마땅히 여기고 그 현장에서
> 증인이 되었다.
> 그러나 기독교인을 잡기 위해 다메섹으로 향하던 중 부활한 예수님을
> 만난 그는 사흘 동안 눈이 멀어 보지도, 먹지도 못하다가 아나니아에게
> 안수 받고 다시 눈을 떠 보게 되었다. 이후 바울은 회심하고 다메섹에
> 서 복음을 증거해 유대인을 당혹케 했다사도행전 8:1~3, 9:1~31.

AD 5년경 길리기아 다소에서 태어난 바울은 열세 살 때까지 고향에 있다가 예루살렘으로 와서 율법을 공부했다. 바울은 태어날 때부터 로마 시민권을 갖고 있었다. 당시 로마 시민권은 돈으로 살 수도 있었고 상속되기도 했다. 따라서 유대인인 그가 날 때부터 로마 시민권을 가졌다는 말은 로마 시민권을 살 만큼 부유한 가정에서 자랐다는 의미다.

기독교에서 사도 바울을 빼놓고는 할 말이 없다고 할 정도로 그가 남긴 활동은 실로 대단하다. 그러나 바울은 단 한 번도 그것을 자신의 공로로 돌린 적이 없으며 오직 하나님의 은혜라고 고백한다.

> 그러나 내가 나 된 것은 하나님의 은혜로 된 것이니 내게 주신 그의 은혜가 헛되지 아니하여 내가 모든 사도보다 더 많이 수고하였으나 내가 한 것이 아니요 오직 나와 함께 하신 하나님의 은혜로라 고린도전서 15:10

사도 바울의 출생지 다소Tarsus*는 수리아 안디옥 서북쪽 약 230킬로미터 지점으로 소아시아 남동 해안 도시이다. 길리기아 관리 구역 내에 있는 도시이며, 당시 그 지방의 수도였다. 시내에는 카너스Cyauns 강이 흐르고, 타이라스Tayras 산이 있는 가장 비옥한 지역이다.

바울도 유대인 앞에서 친히 변호

* 다소 : 다소의 구릉 지대 북쪽 경사진 곳에서 오랜 세월 동안 묻혀 있었던 것들이 발굴되었는데 공회당, 주랑, 큰 거리, 다리, 공중목욕탕, 샘, 연주장, 체육학교가 있었던 것으로 확인되었다. 현재까지 남아 있는 것은 비잔틴과 아라비아 시대의 것으로 보이는 도수관導水管과 목욕탕이며, 로마 시대의 이중 주랑으로 된 신전 기초부분이 발굴되기도 했다.

할 때는 자신을 소읍이 아닌 길리기아 다소에서 태어났다고 말했다. '소읍이 아닌'이라는 말은 일반 도시Ordinary City가 아니라 뛰어난 도시Distinguished City라는 말이다. 당시 다소는 학문적으로도 뛰어난 도시요 무역으로는 검은 염소털로 짠 천막이 유명했다.

다소에 있는 바울의 생가 터로 알려진 곳을 찾았다. 입구에는 바울의 초상화와 함께 안내판이 세워져 있었다. 몇 해 전에는 베드로 초상화를 잘못 걸어 놓아 이곳을 방문한 사람들이 베드로 초상화를 바울로 알고 사진을 찍기도 했다. 그러나 보통 베드로는 열쇠를 들고 있는 모습이고 바울은 책을 들고 있는 모습에 대머리로 그렸다.

그의 외모에 대해서는 외경인 《바울과 테클라 행전Acts of Paul and Thecla》 3장에서 이렇게 기록하고 있다.

"오네시포루스Onesiphorus는 이고니온에서 디도가 알려 준 대로

바울 생가 우물에서 관리인과 함께 _ 터키 다소

루스드라로 연결되는 길에서 바울을 찾고 있었다. 그가 바울이 오는 것을 보니 키는 작았으며 머리는 대머리에 다리는 안짱다리였다. 풍채는 고상하고 눈썹은 붙었으며 매부리코

바울의 생가 터에 있는 바울의 초상화와 안내판 _ 터키 다소

에 은혜가 충만했다. 어떻게 보면 사람 같고 어떻게 보면 천사의 얼굴 같았다."

바울의 초상화를 보면서 사무엘이 다윗을 왕으로 기름 부을 때 하나님이 하신 말씀이 생각났다.

그(이스라엘 왕 사울)의 용모와 키를 보지 말라 내가 이미 그를 버렸노라 내가 보는 것은 사람과 같지 아니하니 사람은 외모를 보거니와 나 여호와는 중심을 보느니라 사무엘상 16:7

하나님이 쓰시는 자는 사람이 보는 기준과 다르다는 것을 바울의 초상화 앞에서 다시 한 번 되새겨 보았다.

바울의 생가 터를 나와 오른쪽 길로 들어서면 옛 모습의 건물들이 있다. 그리고 150미터 정도 더 가면 발굴된 모습의 로마 시대 유적지가 남아 있다. 이곳에서는 고대 로마 때 건축물과 아고라(고대 시

장), 도로를 볼 수 있는데 철조망을 둘러 보호하고 있었다. 세월의 흐름 속에 검은색 화산석으로 만든 도로는 지하 10미터 아래에 있고 도로 밑에는 물이 흐르는 수도관이 있다. 바울 당시의 도로이니 소년이었던 바울은 이 길을 다니며 놀았을 것이다. 다소에 남아 있는 바울의 흔적을 촬영하며 이 영상이 믿는 이들에게 복음의 새로운 인생을 사는 은혜로 다가가기를 기원해 보았다.

다소의 특산물은 직조와 천막 제조업을 들 수 있으며, 원자재로는 아마와 '길리기울'이라 불리는 천막을 만드는 데 사용되는 검은 염소털로 된 직물이 있다. 유대인은 태어나서 생업을 위해 한 가지 일은 꼭 배운다. 디아스포라 유대인인 바울은 이곳에서 천막 만드는 일을 배웠는데, 후에 이곳의 천막 제조업은 바울을 통해 유명해졌다.

다소는 길리기아 지역에 속해 있다. 천막은 검은 염소털로 짰는데, 길리기아는 검은 염소털인 '길리기울'이라는 말에서 왔다. 그만큼 다소는 천막으로 유명한 지역이었다.

바울이 말한 대로 다소는 작은 도시가 아니었다. 역사적으로도 다메섹보다 더 오래되어 신석기 시대까지 올라간다. BC 3000년경에는 요새와 같은 성읍을 이루고 있었다. 그후 앗수르, 페르시아 시대를 거쳐 헬레니즘 시대에 이르는데, 알렉산더 대왕은 페르시아 인에 의해 불타고 있는 다소를 구해 냈다(BC 333년). 그래서 한동안 헬라 세력권 아래 있었으며 로마 시대에도 길리기아 지역의 수도였다. 특히 로마 시대의 다소는 아테네, 알렉산드리아와 함께 소아시아에서 학문과 문화의 중심 도시였다.

다소에 있는 로마 때의 길

다소 관문에 있던 클레오파트라 문

바울의 생가 터와 로마 시대 유적지를 나와 시내 중심지에 있는 클레오파트라* 문으로 향했다. 이 문이 클레오파트라 문이라는 어떤 역사적인 근거는 없다. 다만 이 문을 통해 항구에서 시내로 들어오는 로마 때의 길이 나 있기 때문에 클레오파트라 역시 이곳으로 들어왔음에는 틀림이 없다. 지금도 문 아래에는 검은색의 로마 시대 길의 일부가 남아 있다.

클레오파트라 문을 지나 바울 기념 교회로 갔다. 마침 교회 안에서는 외국 순례객이 미사를 드리고 있어 끝날 때까지 기다렸다. 보통 이집트, 요르단, 이스라엘을 순례한 후 사도 바울의 여정과 관련된 터키와 그리스를 순례한다. 그중 다소는 터키 성지 순례 코스의 시작점이다. 그래서 바울 기념 교회에서는 전체 성지 순례 일정을 위해 바울의 생애에 대한 말씀을 전한다.

스데반의 죽음을 마땅히 여기고 기독교를 핍박하던 자에서 오히려 복음 전도자로 오직 예수님을 증거하는 일에 전심전력하며 달려간 바울. 그러나 예수님을 만나기 전 바울은 산헤드린 공회로부터 공문을 받고 기독교인을 잡아 오기 위해 다메섹으로 향했다. 그러다 다메섹 가까이에서 "사울아 사울아 네가 왜 나를 핍박하느냐"라는 예수님의 이 한마디가 그를 기독교인을 핍박하던 자에서 예수님을 증거하는 하나님의 사람으로 바꿔놓은 것이다. 이때가 33년경으로 바울은 28세 정도 되는 젊은 청년이었다.

● 클레오파트라 : 이집트 톨레미(프톨레마이오스) 왕조의 마지막 여왕으로 온갖 화려한 장신구를 걸치고 제2의 사랑과 미의 여신 아프로디테와 같은 모습으로 키드리스 강을 따라 다소로 와서 안토니우스와 열애했다. 그녀는 줄리어스 시저를 유혹해 자신의 보호자로 삼기도 했다. 그러나 시저가 암살당하자 안토니우스 장군에게 접근하려고 다소까지 왔는데 현재 이곳에는 이 일을 기념하는 클레오파트라 문이 남아 있다.

바울 기념 교회 _ 다소

사울은 히브리식 이름으로 '큰 자'라는 뜻이고, 바울은 로마식 이름으로 '작은 자'란 뜻이다. 그는 회심 후에 한동안 사울과 바울 두 이름으로 불렸으나 이방인의 전도를 위해 점차 로마식 이름인 바울을 사용하기 시작했다. 즉, 바울은 예수님의 제자가 된 후에 큰 자보다 작은 자로서 삶을 살게 된 것이다.

다메섹과 바울이 예수님을 만났던 곳을 찾아가기 위해 요르단 암만에서 출발했다. 오늘날 이스라엘과 시리아는 중동 지역의 다른 어떤 나라보다도 관계가 안 좋아 이스라엘 비자가 찍힌 여권을 가지고는 시리아에 들어갈 수 없다. 그래서 여권을 재발급 받아 요르단 암만을 떠나 시리아의 국경 도시인 다라Dara로 갔다.

《성경》에서 에드레이로 나오는 다라는 이스라엘이 이집트를 떠나 요르단 동편에 도착해 헤스본 왕 시혼을 물리친 후 바산 왕 옥과

카오캅 교회(바울 회심 교회) _ 시리아 다메섹 외곽

전투를 벌여 가나안 진입 전에 점령한 곳이다(민수기 21:33~35).

다라에서 입국 절차는 염려했던 것보다 그렇게 어렵지 않았다. 우리는 시리아에서 가장 큰 5번 고속도로를 따라 101킬로미터 떨어진 다메섹으로 향했다. 그리고 다메섹 가까이에서 고속도로를 빠져나와 바울이 부활한 예수님을 만나 말에서 떨어졌다는 알 키스와에 도착했다.

이곳에는 바울이 회심한 것을 기념하는 교회가 세워져 있다. 카오캅 교회로 불리는 이 교회는 소위 바울 회심 교회라고도 한다. 교회 안에는 사도들의 성화가 강단 위로 나란히 걸려 있었다. 우리는 촬영에 앞서 이 역사적인 장소에서 기도를 드렸다. 감격에 겨워 곳곳에서 눈물을 흘리는 사람이 많았다. 한 사람의 변화가 전 세계를 변화시키는 큰 역할을 했던 바로 그 자리에서 우리를 통해 많은 사람이 예수님을 만나게 되기를 진심으로 소원했다.

오늘날 시리아의 수도 다메섹Damascus(현재 이름 다마스쿠스)은 남서쪽으로 헤르몬 산을 안고 있고 동쪽으로는 안티레바논 산맥 기슭에 위치하고 있다. 해발 685미터 고지에 있는 성으로 강과 운하를 통해 물을 공급해야 하는 사막 가운데 있는 녹지대이다.

다메섹은 고대로부터 군사적으로나 상업적으로 매우 중요한 도로가 교차하는 지리적 조건 때문에 언제나 상업과 종교의 중심지 역할을 했다. 다메섹 시내는 수도답게 매우 복잡했다. 우리는 세례자 요한의 목무덤 교회가 있다는 우마이야 모스크로 갔다.

우마이야 모스크 안으로 들어가자 중앙 왼편에 돔 모양으로 된 세례자 요한의 목무덤 교회가 있었다. 원래 이 회교 사원은 시리아 기독교인의 성지인 세례자 요한의 목무덤 교회를 왈리드 1세가 이슬

세례자 요한의 목이 있었다는 우마이야 모스크 내에 있는 목무덤 교회

람의 영광을 과시하기 위해 헐고 사원으로 건설한 것이다.

본래 세례자 요한은 요르단 마케루스에서 헤롯에 의해 순교당했는데 그 처형의 증거로 그의 목을 다메섹에 주재하던 시리아 총독에게 보냈다가 이곳에 묻었다고 전해진다. 그러나 그의 무덤은 이곳 외에 알레포와 이스라엘 사마리아 입구의 요한 성당에도 있는 것으로 알려졌다. 이는 아마도 죽은 세례자 요한의 몸이 여러 개로 나뉘어 보내진 것으로 보인다.

바울은 다메섹 근처에서 예수님을 만난 후 예루살렘으로 돌아가지 않고 다메섹으로 왔다. 그리고 유다의 집에 머물며 3일 동안 보지도 못하고 먹지도 못하면서 기도했다.

이때 아나니아는 하나님의 지시로 직가라는 거리에 있는 유다 집에 가서 바울에게 안수해 다시 보게 했다. 오늘날 직가 거리Straight Street에서 100미터 정도 골목으로 들어가면 유다의 집터 지하에 아나니아 기념 교회(희랍 정교회)가 세워져 있어 순례객이 예배를 드리곤 한다. 희랍 정교회 전통에 의하면 아나니아는 스데반의 순교로 박해가 심해지자 고향 다메섹으로 돌아와 사역하다 다메섹의 첫 주교가 되었다고 한다. 현재 아나니아 기념 교회에는 바울의 생애에 관한 성화가 순서대로 벽에 걸려 있다.

다메섹으로 가는 길에 예수님을 만나고 복음 전도자가 된 바울은 이후 아라비아로 가서 3년을 보냈다.

또 나보다 먼저 사도된 자들을 만나려고 예루살렘으로 가지 아니하고 아라비아로 갔다가 다시 다메섹으로 돌아갔노라 갈라디아서 1:17

시내산이 사우디아라비아에 있다고 주장하는 사람 중에는 아라비아를 사우디아라비아에 있는 사막으로만 보는 이도 있다. 그러나 당시 아라비아는 오늘날 페르시아 만에서부터 홍해까지 이르는 넓은 사막 지대를 일컫는 일반적인 명칭이었다.

바울이 회심한 후 아라비아로 간 이유에 대해서는 《성경》에 언급되어 있지 않지만 앞으로 자신이 어떤 길로 가야 할지 깊이 생각하고 또 준비기간으로 삼기 위해서였을 것

시리아 다메섹의 직가 거리. 오른쪽으로 들어가면 아나니아 기념 교회가 있다(위). 회심 후 바울이 아나니아에게 안수받은 곳 _ 아나니아 기념 교회(아래)

이다. 한순간에 너무나 엄청난 경험을 한 바울은 훗날 스스로 고백한 것처럼 죄인 중의 괴수인 자신을 찾아온 예수님을 위해 어떤 삶을 살아야 할지 진지하게 생각하는 시간이 필요했던 것만은 틀림없다.

아라비아로 간 지 3년 만에 다메섹으로 돌아온 바울은 예수가 그리스도임을 담대히 증거했다. 이 소식은 순식간에 다메섹 전 지역으로 퍼져나갔고, 믿는 자들 중에는 자신을 잡기 위한 속임수라고 생각

다메섹 성벽 위에 지은 집 _ 시리아

하는 이도 있었다. 그러나 시간이 흐를수록 바울의 개종은 확실해져 갔다. 결국 여러 날이 지난 후 유대인은 자기들을 배반한 바울을 잡기 위해 다메섹 성문을 밤낮으로 지키기 시작했고, 이에 바울의 제자들이 밤에 그를 광주리에 담아 성벽에서 달아내려 도피시켰다.

아나니아 교회에서 예배를 드린 후 바로 앞에 있는 다메섹 성벽 동문 밖으로 나와 그 옛날 바울이 광주리를 타고 도망 나온 곳에 세워진 바울 기념 교회로 갔다. 동문에서는 걸어서 5분 거리이며 그 사이에 옛날 성벽이 일부 남아 있어 바울의 도피 모습이 그려졌다.

교회 밖에는 바울이 부활한 예수님을 만나 말에서 떨어지는 동상이 세워져 있고, 교회 안에는 바울이 광주리를 타고 피하는 모습의 벽부조가 있다. 이 교회에서 조금 떨어진 곳에는 바울이 성에서 나와 잠시 피했던 장소가 있는데 지금은 발굴된 모습으로 남아 있다.

다메섹은 사울이라는 이름에서 바울로 더 많이 불리게 된 바울의 제2의 고향과 같은 곳이다. 또한 영적으로 거듭나 기독교를 핍박하던 자에서 복음의 전도자로 새롭게 출발한 장소이기도 하다.

다메섹에서 예루살렘으로 돌아온 바울은 예수님의 제자들과 사귀기를 원했다. 예수님이 공생애 삶을 살던 3년 동안 직접 대면하지 못했기에 생전에 예수님과 함께 다녔던 베드로와 야고보로부터 많은 이야기를 듣고 싶었던 것이다. 그러나 그의 회심을 믿지 못한 제자들은 오히려 그를 두려워했다.

이때 바나바가 바울을 데리고 제자들에게 가서 그가 회심한 것과 다메섹에서 예수님을 증거한 사실을 변호해 주었다. 이에 바울이 제자들과 함께 15일 동안 예루살렘에 거하면서 주 예수의 이름으로 담대히 말했다. 이제 그는 예수 그리스도를 위해 '큰 자'에서 '작은 자'가 되어 복음의 사람으로 출발한 것이다.

안디옥 교회에 선지자들과 교사들이 있으니 곧 바나바와 니게르라 하는 시므온과 구
레네 사람 루기오와 분봉 왕 헤롯의 젖동생 마나엔과 및 사울이라 주를 섬겨 금식할
때에 성령이 이르시되 내가 불러 시키는 일을 위해 바나바와 사울을 따로 세우라 하
시니 이에 금식하며 기도하고 두 사람에게 안수하여 보내니라 사도행전 13:1~3

복음의
신을 신고
_수리아 안디옥

오늘날 수리아 안디옥 _ 터키

" 바울은 아라비아에서 3년을 보낸 후 예루살렘으로 가서 제자들과 함께
15일을 지냈다. 그리고 가이사랴를 거쳐 고향 다소에 온 그는 8년 만에
바나바를 만나 수리아 안디옥 교회로 가서 1년간 무리를 가르쳤다. 이후
수리아 안디옥 교회의 부조를 가지고 예루살렘 교회에 다녀온 바울과
바나바는 본격적인 전도 여행을 시작했다 사도행전 11:25~30, 12:25~13:3. **"**

다메섹에서 예루살렘으로 돌아온 바울은 신변의 위험을 느끼고 고향 다소로 갔다. 그가 다소에서 지낸 8년여 동안의 기록에 대해서는 알려진 것이 없다. 추측컨대 본격적인 사역을 앞두고 영적으로나 학문적으로 재차 준비하는 시간을 가졌을 것이다. 바울은 부활한 예수님을 만나기 이전의 자기가 가진 모든 것에 대해 훗날 이렇게 고백했다.

> 또한 모든 것을 해로 여김은 내 주 그리스도를 아는 지식이 가장 고상하기 때문이라 내가 그를 위하여 모든 것을 잃어버리고 배설물로 여김은 그리스도를 얻고 그 안에서 발견되려 함이니 내가 가진 의는 율법에서 난 것이 아니요 오직 그리스도를 믿음으로 말미암은 것이니 곧 믿음으로 하나님께로부터 난 의라 빌립보서 3:8~9

바울이 고향 다소에서 8년을 보냈을 즈음 바나바가 바울을 만나기 위해 다소를 방문했다. 그리고 두 사람은 함께 수리아 안디옥으로 와서 교회에서 1년간 무리를 가르치고, 이후 어려움에 처한 예루살렘 교회를 다녀왔다.

안디옥Antioch은 헬라 제국의 알렉산더 대왕이 죽은 후(BC 323년) 시리아 일대를 장악한 셀레우코스 니카토르 1세Seleucos Nicator I(?BC 358~280년)가 부친 안티오쿠스를 기념하기 위해 세운 도시이다. 이 왕조 대부분의 왕은 안티오쿠스라는 이름으로 통칭되었기 때문에 안디옥이란 도시가 무려 16개소나 생겼다.

《성경》에는 수리아(시리아) 안디옥(사도행전 13:1)과 비시디아 안디옥(사도행전 13:14) 두 곳이 중요하게 다루어지고 있다. 이중 수리아 안디옥은 지중해 동북쪽 끝, 오론테스Orontes 강구에서 32킬로미터 북쪽으로 올라간 지점의 남쪽 해안에 위치한 오늘날 안타키아 또는 하타이Hatay이다.

수리아 안디옥을 찾아가려면 터키 이스탄불에서 비행기를 이용해 다소 인근의 아다나 공항까지 이동한 다음 다소를 순례하고 육지 교통편으로 움직여야 한다. 그러나 요즈음은 이스탄불에서 안디옥(안타키아) 동쪽에 있는 하타이 공항으로 가면 수리아 안디옥을 본 후 다소로 갈 수 있어 이동 시간이 많이 줄어든다.

안디옥 시내는 네 구역으로 나뉘어 있는데 그 사이에 대리석으로 포장된 큰길이 있었다고 한다. 도시 외곽은 오히려 로마보다 장대해 '동방의 여왕', '동양의 로마'라고 불릴 정도였다. 안디옥은 로마, 알렉산드리아와 함께 로마 제국 제3의 도시로 번성했으나 빈번한 지진과 외세의 침입으로 인한 정복, 약탈 등으로 점차 쇠퇴했으며, 현재는 터키 동남부, 시리아와 국경 가까이에 있는 소도시로 남아 있다.

수리아 안디옥은 스데반의 순교로 흩어진 예루살렘 신자들이 와서 유대인과 헬라인에게 복음을 전하고 교회를 설립한 곳이다. 바나바와 함께 안디옥 교회에 온 바울은 1년 동안 이 교회에서 무리를 가르쳤다. 이후 교회는 날로 성장했고, 마침내 바울과 바나바는 최초의 이방 선교사로 함께 파송되었다.

초대 교회* 일곱 집사 중 맨 마지막에 이름을 올린 니골라도 안

수리아 안디옥에 있는 베드로 동굴 교회 _ 터키

디옥 출신이다. 그러나 그는 나중에 음행을 용납하는 이단자가 되었다(요한계시록 2:6, 15).

수리아에서 가장 먼저 방문한 곳은 산언덕에 있는 베드로 동굴 교회이다. 《성경》에 보면 베드로는 이곳에서 이방인과 식사를 하다가 막상 유대인들이 오자 이방인과 식사하지 않은 것처럼 슬며시 피하는 위선적인 행위로 바울에게 면책받은 일이 기록되어 있다(갈라디아서 2:11).

베드로 동굴 교회는 베드로가 이곳에 와서 선교했다고 해서 불리는 이름이다. 예수님의 어머니 마리아도 나이 들어 이곳에 와 살았다고 전해지며, 교회가 있는 산등성이 자연 암석에는 지금도 베드로와 성모 마리아 상이 남아 있다.

이 교회는 안디옥 시내에서 동쪽으

● 초대 교회 : 33년에서 150년 무렵의 원시 기독교 시대에 성립된 교회를 통틀어 이르는 말. 예수님이 죽은 뒤 예루살렘에 세워진 교회가 로마 제국 여러 지방에 퍼진 것으로 기독교를 세계적인 종교로 만든 바탕이 되었다. 초대 교회는 그리스도교의 원형으로 후대 교회가 타락하고 부패할 때마다 초대 교회로 돌아가자는 취지의 종교적 개혁 운동이 일어났다.

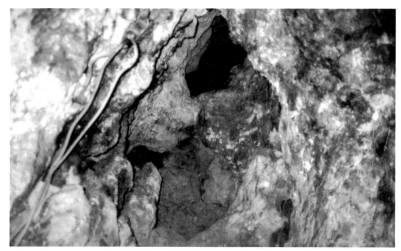

베드로 동굴 교회 내 피난 동굴

로 4킬로미터쯤 떨어진 실피우스 산Mt. Silpius으로 불리는 야산 중턱에 위치해 있다. 높이 13미터, 넓이 9.3미터, 길이 7미터의 교회는 바닥이 십자가 모양의 모자이크로 장식되어 있다. 핍박하는 자들의 공격을 피하기 위해 교회 안 지하통로(굴)는 여러 모양으로 갈라져 있는데 그 길이가 4킬로미터쯤 되며, 일단 상대의 침공 시에는 즉시 연락되어 모두 지하통로로 분산하기 때문에 체포하기가 매우 힘들었다고 한다.

교회 강단 왼쪽으로 난 동굴로 가보니 한 사람이 간신히 몸을 피할 수 있는 정도였다. 그 옛날 핍박을 피해 도망했던 기독교인을 생각하며 잠시 기도를 했다.

로마에서 기독교가 공인받기 전까지 얼마나 많은 기독교인이 순교하고 또 도망해야 했던가! 갑바도기아 동굴 교회와 데린구유의 지하도시, 로마 카타콤 등은 모두 로마의 극심한 박해로 기독교인이 숨어서 신앙생활을 했던 곳이다. 그들의 신앙생활에 비하면 오늘날 우리

228

는 너무도 좋은 환경에서 얼마나 안일하게 신앙생활을 하고 있는가!

베드로 동굴 교회를 나와 산언덕에서 안디옥 시내를 바라보니 우리나라의 교회만큼이나 곳곳에 회교 첨탑이 보였다. 바울과 바나바를 해외 선교사로 처음 파송한 이후 이방 선교의 중심지였던 이곳 안디옥에 교회가 아닌 회교 사원이 자리하고 있으니 참으로 안타까운 일이다. 바울이 지금 이 모습을 본다면 무엇이라고 외치겠는가.

하루속히 이방 선교의 중심지인 안디옥에 다시 한 번 복음의 향기가 퍼지고 회교 첨탑이 십자가로 바뀌기를 바라 본다.

생명을 위한
첫 외침

_살라미

살라미 유적지에서 _ 키프로스

> **"** 안디옥 교회에서 선교사로 파송받은 바울은 마가 요한을 수행원으로 데
> 리고 바나바와 함께 실루기아로 내려갔다. 그리고 그곳에서 배를 타고
> 구브로 섬 살라미에 도착했다. 살라미는 사도 바울이 전도의 첫발을 내
> 디딘 곳이자 바나바의 고향이기도 하다. 이곳에서 바울과 바나바는 유
> 대인의 여러 회당을 다니며 복음을 전했다 사도행전 13:4~5. **"**

안디옥 교회의 선교사로 파송을 받은 바울은 바나바와 함께 30킬로미터 떨어진 실루기아 항구로 내려가 그곳에서 배를 타고 구브로 섬 동쪽에 있는 살라미˙ 항구에 도착했다. 이때가 46년이었다. 왜 바울은 첫 번째 선교지를 구브로 섬으로 정했을까?

바로 이곳은 바나바의 고향이었다. 이때만 해도 바울에게 바나바는 대선배였다. 바나바는 바울의 회심을 믿지 못하는 제자들에게 그를 옹호해 주었으며, 다소에 있는 그를 안디옥으로 데려와 교회를 맡겨 준 사람이었다. 따라서 첫 번째 전도 여행지는 바나바가 가고 싶어하는 그의 고향 살라미로 결정한 것에 대해 아무런 조건을 달 수 없었다.

그렇게 살라미에 도착한 바울은 유대인의 여러 회당에서 복음을 전했다. 당시 구브로 섬에는 유대인 공동체인 회당이 이미 자리 잡고 있었다. 보통 유대인 성인 남자 열 명만 있으면 회당을 세우는데 살라미에 여러 회당이 있다는 것은 당시 도시 규모가 꽤 컸음을 보여 준다.

〈에스겔〉 27장 6~7절에서 엘리사 섬과 깃딤 섬의 또 다른 이름으로도 나오는 구브로 섬은 오늘날 키프로스Cyprus(영어로는 '사이프러스'라고 부름)이다. 성서 시대에 이곳은 직물과 황양목(도장나무), 상아로 유명했다.

현재 키프로스는 남북으로 나뉘

● 살라미 : 바보 항구처럼 일찍이 페니키아에 의해 세워진 곳으로 BC 400년경 에바고라스Evagoras가 구브로 지역 대부분을 지배하면서 살라미를 수도로 정했다. BC 58년 로마 지배에 들어간 후 상업 도시로 번영했다. 신약 시대에는 로마 통치에서 섬의 수도를 바보Paphos에 넘겨주어야만 했다. 116년 유대인의 반란으로 트라얀 황제에 의해 성읍이 파괴된 데 이어 다시 지진으로 파괴되었다. 648년 아라비아인에 의해 재차 파괴된 이래 지금까지 폐허로 남았지만 아직도 야외극장과 상당수의 현무암 원주 기둥이 곳곳에 흩어져 있다.

어 있다. 우리가 남키프로스 라나카 공항을 찾았을 때는 많지는 않지만 상당수 외국인이 관광객으로 들어와 입국 수속을 밟고 있었다. 나중에 알아보니 키프로스는 세계적인 관광지이기 때문에 예전에는 달러를 적게 소지하면 입국이 거절된 경우도 있었다고 한다.

라나카에서 하룻밤을 보내고 이튿날 새벽 지중해안으로 나가 저멀리 지중해를 바라보았다. 라나카는 구브로 동쪽 해안에 위치해 있어 그 옛날 바울도 이곳 해안으로 들어왔을 것이다. 바울이 실루기아를 떠나 구브로 섬에 온 것을 생각하니 멀찌감치 떠오르는 해가 더 빛나 보였다.

오늘은 국경을 넘어 북쪽에 있는 살라미를 왕복해야 하기 때문에 아침 일찍부터 서둘렀다. 국경에서 자동차 보험을 들면 렌터카를 이용해서 다녀올 수도 있다.

라나카에서 북키프로스 국경인 니코시아까지는 50킬로미터 거리이다. 살라미에 도착해서 가장 먼저 찾은 곳은 바나바의 무덤과 수도원이 있는 곳이었다. 바나바는 살라미 출신으로 바울과 함께 안디옥 교회 선교사로 파송받아 고향에 와서 전도를 했다. 그리고 말년에도 이곳에서 선교하다가 유대인의 폭동에 몰려 돌에 맞아 순교해 이곳에 묻힌 것으로 전해진다.

바나바 무덤이 있는 건물로 들어가자 지하에 바나바의 석관이 놓여 있었다. 바울을 그토록 아꼈던 바나바, 바울로 하여금 안디옥 교회를 섬길 수 있도록 했던 바나바, 바울과 함께 전도 여행을 하며 많은 고난에 동참했던 그의 정신을 마음 깊이 담고 그 자리를 나왔다.

바나바 무덤에서 100미터쯤 떨어진 곳에는 바나바 수도원(교회)

바나바 무덤 건물(위)과 바나바 석관(아래) _ 살라미

이 있다. 교회 안은 많은 《성경》 속 인물들의 성화로 채워져 있으며, 교회 앞에 있는 작은 박물관에는 이곳에서 출토된 유물이 전시되어 있다.

　바나바 수도원을 나와 지중해안가에 있는 살라미 유적지를 찾았다. 구브로 섬 동쪽 연안 파무구스타Famugusta 만에 위치한 살라미는 이 섬의 중요한 항구이다. 유적지 바로 옆 바닷가에는 많은 사람이 해수욕을 즐기고 있었다.

최초의 해외 선교사로 파송받아 그 첫발을 내디딘 이곳 살라미에 도착했을 때 바울의 심정은 어떠했을까? 아마 다메섹으로 가는 길에서 "사울아 사울아" 하며 자신을 찾아 주고 이방인의 사도로 택한 예수님의 음성을 떠올렸으리라.

나더러 또 이르시되 떠나가라 내가 너를 멀리 이방인에게로 보내리라 하셨느니라 사도행전 22:21

사도 바울이 전도의 첫발을 내디딘 살라미. 또 바울과 전도 여행을 함께했던 바나바의 무덤이 있는 곳. 바나바와 바울의 복음을 향한 열정이 서려 있는 살라미를 떠나면서 남은 생애는 성지를 통한 복음 전파에 전심을 다하리라고 다짐했다.

온 섬 가운데로 지나서 바보에 이르러 바예수라 하는 유대인 거짓 선지자인 마술
사를 만나니 그가 총독 서기오 바울과 함께 있으니 서기오 바울은 지혜 있는 사람
이라 바나바와 사울을 불러 하나님의 말씀을 듣고자 하더라 사도행전 13:6~7

오직
복음의 한길
_바보

남키프로스 바보

" 살라미를 떠난 바울은 섬을 가로질러 바보에 이르렀다. 바보에서 사십에
하나 감한 매를 맞고도 전도를 포기하지 않은 바울은 총독 서기오 바울
을 만난 자리에서 그에게 말씀을 전하고, 그 옆에서 총독을 믿지 못하게
방해한 거짓 선지자 엘루마를 책망해 한동안 눈을 멀게 했다. 그리고
온몸에 피투성이가 된 채로 다시 버가로 향하는 배에 올랐다 사도행전
13:6~12. "

바울 일행은 살라미의 여러 회당에서 말씀을 전한 후 구브로 섬 한가운데로 지나 섬 서쪽에 있는 바보Paphos(키프로스 남서부의 옛 도시, 오늘날 파포스) 항구로 갔다. 섬 동쪽의 라나카에서 바보까지 고속도로를 이용하면 130킬로미터를 두 시간여 만에 도착할 수 있다.

4세기경 로마의 세계지도인 포이팅거 지도Peutinger table에 따르면 로마 때 살라미에서 바보로 가는 길은 두 길이 있었다. 하나는 트레미투스Tremithus−다마수스Tamassus−솔리Soli로 이어지는 4일 길이고, 다른 하나는 좀 더 쉬운 길로 남쪽 해안을 따라 시티움Citium−아마투스Amathus−큐리움Curium을 통해 가는 3일 길이다.

그런데 왜 바울은 빠르고 쉬운 해안가 길로 가지 않고 섬 가운데를 지나는 길을 택했을까? 그것은 쉬운 해안길보다는 회당이 있는 곳을 선택했기 때문이다. 바울 이전에 이곳에는 이미 회당이 자리하고 있어서 가는 도중에도 말씀을 증거하려 했을 것이다.

구브로 섬 남쪽에는 비너스의 탄생지로 알려진 곳이 있다. 지금은 고속도로가 있어 해안길보다 빠르고 쉽게 살라미에서 바보로 갈 수 있지만 처음 이곳을 방문했을 때만 해도 산악길로 아직 고속국도를 건설하는 중이라 해안길보다 더 험했다.

바보는 한때 구브로 섬의 수도였던 성읍으로 섬의 남서부 연안 평원에 위치해 있다. 구바보Old Paphos와 신바보New Paphos로 구분되는데 바나바와 바울이 선교차 방문한 곳은 신바보로 지금의 파포스이다.

우리 일행이 항구에 도착했을 때는 작은 돛단배 여러 척이 항구에 정박해 있었다. 항구 바로 북쪽에는 중세 시대 성채가 항구를 방어하듯 자리하고 있었다. 바울은 매를 맞은 몸으로 이곳 항구에서 배를 타고 선교 여행을 계속했다.

우리는 성채에서 내려와 바울 채찍 교회Agia Kuiaki Church를 찾았다. 항구에서 그리 멀지 않은 곳에 위치한 이 교회는 영국 성공회에서 바울이 채찍에 맞은 것을 기념하기 위해 세운 교회이다.

교회 앞에는 300년경에 세워진 교회 터가 발굴되어 있고, 안내판에는 바울이 사십에 하나 감한 매를 맞은 곳이라는 내용이 기록되어 있었다. 교회 유적 옆에는 그리스어와 영어로 '성 바울의 기둥'이란 푯말이 새겨진 대리석 기둥이 있었다. 바로 바울이 매를 맞기 위

바울 채찍 기둥과 뒤로 바울 채찍 교회가 보인다. _ 키프로스 바보

해 묶였던 기둥이다.

〈고린도후서〉 11장 24절에는 바울이 "사십에 하나 감한 매를 다섯 번 맞았다"고 기록하고 있으나 그 매를 맞은 장소에 대해서는 언급이 없다. 그러나 바울 채찍 교회와 대리석 기둥은 그 장소 중의 한 곳임을 알려 준다.

율법에는 매를 사십 대까지 때릴 수 있도록 규정하고 있다. 그러나 바울은 로마 시민권을 가진 사람이어서 사십에 하나 감한 매를 맞았다. 우리가 이곳을 방문했을 때 한 순례객이 이런 질문을 해왔다.

"이 지역 총독까지도 믿게 된 바보에서 어떻게 바울이 매를 맞을 수 있겠습니까?"

그러나 사건의 순서를 생각하면 쉽게 이해가 된다. 살라미에 여러 회당이 있었던 것처럼 이곳 역시 유대인의 공동체가 있었을 것이다. 이들은 이미 바울이 유대교에서 떠나 기독교로 개종한 사실을 알고 있었으며 바울은 이들에게 붙잡혀 매를 맞았다. 그리고 이 사실을 알게 된 총독 서기오 바울이 사도 바울을 만나고 싶어했던 것이다.

바울은 총독 서기오 바울을 만난 자리에서 그에게 말씀을 전했고, 총독 옆에 있던 거짓 선지자요 마술사인 엘루마가 총독이 믿지 못하도록 방해하는 것을 보고 그를 책망해 얼마 동안 눈을 멀게 했다. 이를 본 총독 서기오 바울은 사도 바울이 전하는 말씀을 믿게 되었다.

바울의 기둥 뒤에 세워진 교회 안으로 들어가자 마침 결혼식이 열리고 있었다. 알고 보니 이곳에서 결혼하면 행복하게 산다고 생각해 영국에서 온 신자들이 결혼식을 올리고 있었던 것이다.

바보에 있는 카타콤

교회를 나와 오른쪽으로 조금 가니 로마에서나 보았던 카타콤[•]
이 있었다. 비록 작은 규모이기는 하나 초기 기독교의 박해와 순교사
에 등장했던 카타콤을 생각하니 먼 이국땅에서 눈시울이 뜨거워졌
다. 이 순간의 감동이 복음 현장에서 일어나는 고난을 극복하는 큰
힘이 되기를 소망해 본다.

카타콤을 벗어나 해안가로 걸음을 옮겼다. 그곳에는 BC 3세기에
서 AD 3세기경 왕들의 무덤이 있었다. 대부분 바위를 파서 만든 것
이었는데 무덤 벽에는 2000년이 지
난 지금에도 당시의 색상으로 된 벽
화가 남아 있었다.

바울 채찍 기념 교회에서 항구로
가는 길에 있는 이곳의 화려한 무덤

> ● 카타콤 : 초기 기독교 시대의 비밀 지하
> 묘지. 로마 황제의 박해를 피해 죽은 사람
> 을 그곳에 매장하고 예배를 보기도 했다.
> 소아시아, 북아프리카, 남부 이탈리아 등지
> 에서 볼 수 있는데 특히 로마 근교에 많다.

지중해안가에 있는 왕들의 무덤 _ 남키프로스 바보

을 바울 역시 보았을 것이다. 훗날 바울이 〈고린도전서〉 15장에서 외친 부활의 메시지를 전할 때 이곳의 무덤을 생각했는지도 모른다.

　비록 바울은 죽을 지경에 이르기까지 매를 맞았지만 이 섬의 총독 서기오 바울이 예수님을 영접하는 큰 성과가 있었던 바보, 그것은 바울을 이방인의 사도로 부른 주의 말씀에 분명한 확신을 준 사건이었다. 온몸에 피투성이가 된 바울은 그런 고난 속에서도 선교의 길을 포기하지 않고 바보 항구에서 다시 버가로 향하는 배에 올랐다.

바울과 및 동행하는 사람들이 바보에서 배 타고 밤빌리아에 있는 버가에 이르니
요한은 그들에게서 떠나 예루살렘으로 돌아가고 사도행전 13:13

그래도
가리라
_버가와 비시디아 안디옥

버가에서 북쪽 토루스 산맥으로 넘어가는 길 _ 터키

" 구브로 섬 바보에서 배를 타고 버가에 도착한 바울은 마가 요한이 떠난
후 계속해서 북쪽에 있는 비시디아 안디옥으로 갔다. 그는 그곳에서 안
식일에 회당에 들어가 유대인과 헬라어를 사용하는 이방인에게 말씀을
전했다. 전도는 성공적이었고 다음날 안식일에는 거의 모든 시민이 모
였다. 그러나 이를 시기하는 유대인의 선동으로 바울과 바나바는 이고
니온으로 떠났다 사도행전 13:13~52. "

바울은 상처투성이 몸으로 바보에서 버가로 떠나는 배에 올랐다. 버가에 도착한 바울 일행은 비시디아 안디옥으로 선교 일정을 잡았다. 당시 로마 시대의 길은 버가에서 골로새와 라오디게아로 가는 길과 터키 남쪽 해안을 따라가다가 더베로 올라가는 길이 있었다. 그런데 바울은 로마 길이 없는 버가에서 바로 북쪽으로 올라가는 비시디아 안디옥으로 선교 일정을 잡았다.

버가에서 북쪽으로 올라가는 길에는 우리나라 태백산맥처럼 토루스 산맥이 동서로 길게 자리하고 있다. 그래서 버가에서 비시디아 안디옥으로 가는 길에는 예부터 강도가 많이 나타났다는 기록도 있다.

여기서 바울과 바나바와 함께 수행원으로 동행한 마가 요한은 예루살렘으로 돌아가 버렸다. 왜 그는 도중에 여정을 포기하고 예루살렘으로 돌아갔을까? 우리는 마가 요한이 방향을 돌린 터키 남쪽 해안가와 인근 성서 도시 중 하나인 버가를 방문하기로 하고 이스탄불에서 국내선 항공을 이용해 앗달리아Attalia(현재 안탈리아)로 간 후 렌터카로 버가를 찾아갔다.

버가Perga(페르가)는 세스트루스Cestrus(현재 아쿠스 강) 강구에서 13킬로미터 내륙 평원에 위치한 소아시아 남부 밤빌리아 지역에 있는 고대 도시 중의 하나로, 터키 남부 안탈리아(앗달리아)에서 북동쪽 약 17킬로미터 지점에 있다. 안탈리아 시내에서는 30킬로미터가 채 되지 않아 30여 분 만에 도착할 수 있다.

현재 버가에는 무너진 채로 남아 있는 도시문Triple Arch이 있는데 그 규모를 보면 당시 버가가 얼마나 큰 도시였는지를 충분히 짐작할 수 있다. 도시문 안쪽은 헬라 때 만든 것이고 바깥쪽은 로마 때 만든 것이다. 그러니까 바울 이전에 만들어진 도시문이니 바울은 이 문을 통해 버가 시내로 들어왔을 것이다.

어쨌든 마가 요한은 너무 힘든 나머지 바울과 바나바를 떠나 예루살렘으로 돌아가고 말았다. 이 일로 2차 전도 여행 때는 바울과 바나바가 헤어지는 원인이 되었다.

마가 요한이 버가에서 예루살렘으로 돌아간 이유에 대해서는 버가 북쪽에 위치한 고산 지대가 말해 주는 듯했다. 마가 요한은 험한 뱃길과 구브로 섬에서 바울이 채찍에 맞는 모습을 보고, 또 버가에서는 로마 길이 아닌 높은 산을 넘어 전도 여행을 해야 하는 일정을 지켜보며 그 어려움을 감당하지 못하고 예루살렘으로 돌아갔을 것이다. 더구나 그 산맥에 강도가 나타난다는 말을 듣고는 계속해서 수행원 역할을 감당할 용기가 나지 않았을 것이다.

버가의 도시문 _ 터키

실제로 버가보다 더 서쪽에 있는 토루스 산맥을 넘어 본 적이 있는데 가도 가도 끝이 없는 길이었다. 두 시간을 넘게 달려도 산맥의 정상은 보이지 않았다. 한참을 더 달린 후 정상에 도착하자 1,550미터라는 표지판이 보였다. 산맥 하나 넘는 데 무려 두 시간 이상이 걸린 것이다.

그동안 대도시, 회당 중심으로 전도를 했던 바울은 길이 위험하고 힘들다고 해서 대도시인 비시디아 안디옥과 이고니온을 빼고 바로 더베로 갈 수가 없었다. 그래서 강도의 위험과 험한 산세에도 불구하고 비시디아 안디옥을 전도 일정에 포함시켰다. 이 일정을 잡은 또 한 가지 이유가 있다면 바보의 총독 서기오 바울의 추천을 받아 그의 고향인 비시디아 안디옥을 가면 고관들에게 쉽게 복음을 전할 수 있었기 때문이다.

바울은 1차 전도 여행 때 왕복 2회에 걸쳐 이 땅을 지나갔다. 이 성은 토착민의 요소가 강하며 비옥한 토지는 아니었다.

버가는 헬라 시대 이전에 생겨 트로이 전쟁 이후에 번성했다. 도시 성벽은 BC 3세기경의 것으로 밤빌리아Pamphylia(팜필리아)의 주요 토착 성읍이다. 버가의 아르테미스Artemis는 그들이 숭배하는 대상으로 그 제의와 형태는 에베소의 아르테미스와 비슷하고, 때로는 그리스의 아르테미스처럼 수렵의 여신으로 표현되었는데 대부분은 돌기둥으로 나타냈다.

버가의 도시문 안쪽에는 넓은 아고라 터가 남아 있었다. 번성했던 도시일수록 그 규모가 컸을 텐데 버가의 아고라는 에베소에 버금가는 규모였다. 아고라 가운데는 타원형의 헤르메스 제단이 남아 있

아고라 터 중앙에 남아 있는 헤르메스 제단(좌)과 도시문에서 북쪽으로 난 콜로네이드 거리(우)

고, 도시문에서 북쪽으로는 중심거리인 콜로네이드Colonnaded 거리
가 직선으로 나 있으며 거리 옆에는 옛 상점도 보였다.

버가는 대규모 성읍답게 바실리카형 교회가 두 곳이나 있으며,
로마와 그리스풍 극장 역시 큰 규모였다. 그리고 바로 옆에는 남북
길이가 234미터, 폭이 34미터에 이르는 소아시아 지역에서 가장 큰
규모의 경기장이 남아 있었다. 또한 로마 대도시에는 빠짐없이 있었
던 목욕탕과 성벽, 망대, 문 역시 버가의 규모를 짐작케 했다. 이런
유적지를 두 시간 만에 둘러본다는 것이 무리이지만 다음 일정을 위
해 서둘러 걸음을 옮겼다.

버가에서 비시디아 안디옥으로 향하는 길은 아스팔트가 잘 깔려
있어 비교적 쉽게 갈 수 있지만, 그래도 산악길인 만큼 굽은 길도 많
았다. 토루스 산맥을 달리는 차 안에서 강도의 위험과 험한 일정에도
아랑곳없이 오직 복음의 한길을 갔던 바울의 열정을 되새겨 보았다.

훗날 바울은 이렇게 고백하기도 했다.

비시디아 안디옥 막시무스 거리

여러 번 여행하면서 강의 위험과 강도의 위험과 동족의 위험과 이방인의 위험과 시내의 위험과 광야의 위험과 바다의 위험과 거짓 형제 중의 위험을 당하고 또 수고하며 애쓰고 여러 번 자지 못하고 주리며 목마르고 여러 번 굶고 춥고 헐벗었노라 고린도후서 11:26~27

● 비시디아 안디옥 : 시리아 왕 셀레우코스 1세에 의해 건설되었다. 시리아 왕국의 요새 도시였던 이곳은 로마령 후 로마화의 중심이 되어 황제 예배Emperor Worship 등도 일찍부터 행해졌다. 특히 안디옥은 비시디아의 로마화 과정에서 산업의 중심지였다. 지금까지 발굴을 통해 안디옥의 옛 모습이 많이 밝혀졌는데 도시 3면에 성벽이 남아 있고, 나머지 한 면(동쪽)은 가파르며 안티우스 강이 내려다보인다. 그 동편에는 화려하게 장식된 코린트식 신전이 있는데, 아마도 로마 시대에 소아시아에서 널리 숭배된 월신月神과 아우구스투스 신전인 듯하다.

버가에서 비시디아 안디옥까지는 220킬로미터 정도 거리이지만 산악길이라 아침에 떠나도 점심 무렵이 되어서야 도착할 수 있었다.

비시디아 안디옥Antioch of Pisidia의 고대 유적지는 악세히르 남서쪽,

오늘날 터키 중부 얄바츠(이스파르타 지방)에서 동쪽으로 약 3.2킬로미터 떨어진 곳에 위치한 폐허지이다. 얄바츠 평원이 내려다보이는 한 고원 위에 자리하고 있으며 우리가 방문할 당시에도 유적 발굴 작업이 계속 이루어지고 있었다.

이 성읍은 십자군 시대에도 요새로 존재했다. 입구에서 야외극장까지 난 중심거리는 아직도 돌로 포장된 것이 남아 있으며, 셀레우코스 궁전, 원형 경기장, 티베리우스 벽, 유스티니아누스 벽, 수도교, 아고라, 헤롯과 티베리우스 거리, 다프네 문, 저수조 등이 있다.

헬라어를 사용하는 거주민이나 로마 식민지와는 별개로 안디옥에는 프리기아Phrygia 요소(당시에는 2개 국어 사용)와 셀레우코스 시대에 정착한 큰 유대인 공동체가 있었다. 이곳에서 발견된 십자가 문양이 새겨진 돌조각은 일찍부터 복음이 전해진 곳임을 보여 준다.

비시디아 안디옥의 십자가 문양 석비

바울 당시 회당 터 _ 비시디아 안디옥

    실제로 바울은 이곳 안디옥 회당에서 안식일에 유대인과 헬라어
를 사용하는 이방인에게 복음을 전했다. 전도는 성공적이었고 다음
날 안식일에는 바울의 설교를 듣기 위해 거의 모든 시민이 모였다.
그러나 이를 시기하는 유대인들은 바울의 말에 반박하며 비방했다.
바울은 더욱 담대히 외쳤고 유대인들은 귀부인과 유력한 사람들을
선동해 바울 일행을 쫓아냈다. 이에 바울과 바나바는 발의 티끌을 떨
어 버리고 이고니온으로 갔다.

    현재 이곳에는 바울 당시의 회당 터를 비롯해 비잔틴 때 교회 터
바닥과 일부 주초 기둥이 남아 있으며 교회 터 구석에는 세례 터도
발굴되어 있다.

바울이 2차, 3차 전도 여행 때 방문한 비시디아 안디옥. 오늘날 그의 흔적을 찾을 순 없지만 그가 전한 복음은 전 세계로 퍼져나가 지금 우리도 이곳을 찾고 있는 것이다. 그러나 안타까운 것은 복음의 복된 소식이 울려퍼져야 할 이곳이 이제는 이슬람 국가가 되어 코란 소리가 흘러나오고 있다. 다시 한 번 복음의 우렁찬 메아리가 이곳 터키에서 하루속히 울려퍼지기를 바라며 비시디아 안디옥을 떠났다.

이방인과 유대인과 그 관리들이 두 사도를 모욕하며 돌로 치려고 달려드니 그들
이 알고 도망하여 루가오니아의 두 성 루스드라와 더베와 그 근방으로 가서 거기
서 복음을 전하니라 사도행전 14:5~7

주의
사랑에 매여
_이고니온, 루스드라, 더베

루스드라 표지판 _ 터키

"
비시디아 안디옥에서 자신을 반대하는 유대인을 피해 이고니온에 온 바
울은 회당에서 말씀을 증거하고, 많은 기적과 표적이 나타나자 많은 사
람이 예수를 믿었다. 그러나 유대인이 돌로 치려 하자 다시 그곳을 떠
나 루스드라로 갔다.

루스드라에서도 나면서부터 앉은뱅이 된 자를 고치는 기적을 베풀었으
나 안디옥과 이고니온에서 온 유대인이 무리를 충동해 바울을 돌로 치
고는 죽은 줄로 알고 성 밖으로 갖다버렸다. 그러나 이튿날 기적적으로
살아난 바울은 바나바와 함께 더베로 가서 그곳에서도 복음을 전했다.
그리고 1차 전도 여행의 귀로에 올라 마침내 수리아 안디옥에 도착해
전도 보고를 했다 사도행전 14:1~28.
"

250

비시디아 안디옥에서 전도 활동의 성과가 크게 나타났지만 이를 시기하는 유대인의 핍박으로 쫓겨난 바울과 바나바는 발의 티끌을 털어내고 이고니온으로 갔다.

비시디아 안디옥에서 이고니온까지는 현대 도로를 기준으로 128킬로미터로 길이 잘 닦여 있어 1시간 30분이면 도착한다. 이고니온Iconiun*은 시리아에서 에베소와 로마에 이르는 대로가 있는 소아시아 남부 중앙에 위치한 도시로 현재는 터키 도청이 자리한 코니아Konia이다.

바울은 1차 전도 여행 때 비시디아 안디옥을 떠나 이곳을 방문했다. 바울 일행은 이곳 회당에서도 이방인에게 복음을 전했고, 이에 많은 사람이 믿게 되었다. 그러나 비시디아 안디옥에서처럼 복음을 거절하는 유대인이 이방인의 마음을 선동해 바울 일행에게 악한 감정을 품게 했다. 그럴수록 바울은 더욱 담대하게 말씀을 전했고 많은 표적과 기적이 일어났다.

결국 바울 일행을 따르는 무리와 유대인을 따르는 두 무리로 나뉘었다. 유대인을 따르는 무리가 바울 일행을 돌로 치려고 하자 바울이 이를 알고 그곳을 떠나 루스드라와 더

● 이고니온 : 로마 황제 클라우디우스 1세(BC 10~AD 54년)는 이고니온에 클라우디 코미울이란 이름을 붙였는데, 이는 이고니온에 대한 로마의 큰 호의를 보여 준 것이다. 하드리아누스 통치 기간에는 로마의 식민지가 되었고, 235년 로마 황제 디오클레티아누스는 비시디아 주를 새로 만들어 이고니온과 함께 주요 도시 중 하나인 안디옥을 그 수도로 삼았다. 372년에는 이고니온이 루가오니아 주의 수도가 되었다.
헬라와 로마 제국 당시에 루가오니아의 수도인 이고니온은 비시디아 산맥에서 흘러내리는 강물로 비옥해진 아름다운 평야가 있어 곡식과 과일 산출의 중심지가 되었다. "세계를 보라. 그러나 특히 코니아(이고니온)를 보라"는 속담에서 알 수 있듯이 이고니온은 세계에서 가장 아름답고 비옥한 곳으로 알려져 있다. 로마와 비잔틴 시대 이후에는 크고 부유한 도시로 성장했으며, 대주교 관구가 되었다.

이슬람 색채가 강한 이고니온 시내에 있는 바울 기념 교회 _ 터키

베로 가서 계속 복음을 전했다.

오늘날 코니아로 불리는 이고니온에는 바울 기념 교회가 있다. 어느 지역보다 이슬람 색채가 강한 곳이기에 그런 도시 한복판에 교회가 있다는 것은 매우 고무적인 일이었다. 반면 테러 위험도 있어 교회는 평상시 문을 굳게 닫아 놓아 방문하려면 미리 허락을 받아야 한다.

바울 기념 교회 외에도 시내 외곽 실레라는 마을에는 헬레나 교회가 있다. 이전에 기독교 마을이었던 실레는 지금은 이슬람 주민이 살고 있다. 헬레나는 기독교를 공인한 로마 콘스탄티누스 황제의 어머니로 세계 각처에 있는 기독교 성지를 찾아 기념 교회를 세운 여인이다. 누구도 하기 힘든 잃어버린 기독교 성지를 회복한 위대한 일을

252

한 사람이다. 그러나 오늘날 초라하게 남아 있는 헬레나 교회를 바라보며 다시 한 번 이곳에 찬송 소리가 울려 퍼지기를 기도했다.

바울이 이고니온을 떠나 찾아간 곳은 29킬로미터 떨어진 루스드라였다. 루스드라는 이고니온에 비해 작은 성이었다.

바울은 이 성에서 말씀을 전할 때 나면서부터 앉은뱅이 된 자에게 구원을 얻을 만한 믿음이 있는 것을 보고 그를 치유해 주었다. 이를 본 사람들은 신이 사람의 형상으로 내려왔다고 생각해 바나바를 제우스라 하고 바울을 헤르메스라고 부르며 두 사람 앞에 제사를 드리려고 했다. 이에 두 사도는 옷을 찢으며 무리 가운데로 가서 자신들도 똑같은 사람임을 밝히며 그들을 말렸다.

그러나 그런 기적에도 불구하고 비시디아 안디옥과 이고니온에 있던 유대인이 루스드라까지 와서 무리를 충동질해 바울을 돌로 치게 했다. 돌에 맞은 바울은 죽기 직전까지 갔으며 무리는 바울이 죽은 줄 알고 성 밖으로 갖다버렸다. 그러나 이튿날 바울은 기적적으로 살아나 더베로 갔다.

루스드라는 터키 하툰 사라이(Hatun Saray('숙녀의 저택'이란 뜻) 북쪽에 있는 졸데라Zoldera 또는 조르둘라 후유크Zordula Huyuk로 알려진 큰 언덕으로 본다. 이곳 주변의 평원은 두 개의 시내가 흐르는 매우 비옥한 지역으로 고대인은 이곳에 정착해 농경 생활을 했다. 또 다른 곳으로는 하툰 사라이에서 14킬로미터 더 떨어진 킬리스트라Kilistra로 보는 견해도 있다.

우리는 이고니온에서 루스드라를 향해 아침 일찍 출발했다. 이고니온에서는 715번 도로 서쪽으로 난 하툰 사라이로 가는 길을 찾

하툰 사라이에 위치한 루스드라(위)와 루스드
라의 또 다른 추정지인 킬리스트라(아래)

는 것이 중요하다. 큰 도로가 아니기 때문에 찾기가 쉽지 않지만 일단 하툰 사라이 방향으로 들어서서 30분 정도 달리면 오른쪽에 밤색으로 된 루스드라 유적지 표지판이 보인다. 표지판을 따라 2킬로미터 정도 가면 왼쪽으로 한 언덕이 나오는데 그곳이 바로 루스드라이다.

길에서 루스드라 언덕까지는 200미터 정도 떨어져 있기 때문에 우리는 자동차를 길에 세워 두고 가시가 무성한 좁은 농경로를 따라 언덕으로 올라갔다. 발굴이 끝나고 방치된 상태로 있어 언덕 위는 온통 가시와 풀로 덮여 있었다.

이곳을 발굴한 결과 루스드라 성문 바로 앞에 제우스 신전이 있었음이 밝혀졌으며, 칼더W. M. Calder는 3세기 중엽 제우스에게 헌정된 헤르메스Hermes 입상을 발견했다. 이곳이 루스드라라는 것은 이 지역에서 루스드라 이름이 새겨진 돌이 발견되었기 때문이다. 이 돌은 현재 이고니온 박물관에 보관되어 있다.

바울이 돌에 맞아 성 밖으로 갖다버려질 만큼 죽을 지경에 이르기까지 복음을 전했던 이곳 루스드라에서 우리는 돌을 하나씩 들고 기도했다.

바보에서 사십에 하나 감한 매를 맞고도 버가로 전도 여행을 떠났던 바울, 비시디아 안디옥으로 갈 때는 강도의 위험을 맞았던 바울, 비시디아 안디옥과 이고니온에서 기적을 베풀었음에도 핍박으로 쫓겨났던 바울, 그리고 이곳 루스드라에서는 돌에 맞아 죽을 지경에 이르렀어도 포기하지 않고 이튿날 다시 더베로 떠났던 사도 바울의 열정을 우리도 갖게 하소서.

이후 이곳에서 14킬로미터 더 떨어진 또 다른 루스드라로 추정되는 킬리스트라로 갔다. 현장에 가보니 바위를 깎아서 만든 무덤과 교회 터가 남아 있었다.

바울은 루스드라에서 돌에 맞아 죽기까지 이르렀음에도 전도 여행을 멈추지 않고 더베로 갔다. 더욱이 루스드라에서 더베까지는 남동쪽으로 무려 96킬로미터나 떨어진 거리인데도 그곳까지 가서 복음을 전한 것이다.

더베는 오늘날 카라만Karaman에서 북동쪽으로 24킬로미터 떨어진 주거지 구릉인 게르티 후유크Kerti Huyuk 유적지로 본다. 남부 소아시아 중심에 있던 도시로 아나톨리아 중부에 있는 고원 지대 루가오니아의 한 도시인데, 이 지방의 중심 도시가 이고니온이다. 하지만 이고니온은 브루기아Phrygia(프리기아)인이 거주했던 중심지인 반면 더베와 루스드라는 다른 언어를 사용하는 루가오니아인의 거주지였다.

다소에서 더베로 가는 길 _ 터키

　더베는 바울이 두 번 방문한 곳으로 유명하다. 첫 번째 전도 여행 중 길리기아에서 루스드라로 가는 길에 더베를 지났는데 이때 바울은 많은 제자를 얻었다. 두 번째 전도 여행 때도 이곳을 들렀다(사도행전 16:1).

　어디를 가나 바울이 가는 곳에는 회개하고 예수님을 영접하는 생명의 역사가 일어났다. 그러나 동시에 그런 자리에는 사단의 방해가 있기 마련이다. 수리아 안디옥을 떠나 더베까지 오는 동안 많은 기적이 있었고 수많은 사람이 예수님을 믿었으나 한편으로는 매를 맞고 핍박받아 쫓겨나기도 했으며, 돌에 맞아 죽을 뻔하기도 했다.

　그렇다면 1차 전도 여행의 마지막 지점인 더베에서 파송지 수리아 안디옥으로 돌아갈 만도 했지만 바울은 다시 온 길로 되돌아갔다. 위치상 더베에서 수리아 안디옥으로 가는 길보다 바울이 되돌아간 길로 가는 것이 400킬로미터 더 먼 길이었다. 더구나 방금 전에 돌로 친 루스드라를 거쳐 이고니온과 비시디아 안디옥으로 간다는 것은 죽을 각오가 아니면 갈 수 없는 길이었다. 그러나 바울은 또다시 온 길로 향했다.

바람이 세차게 부는 캄캄한 밤중에 자동차 불빛으로 더베를 비추며 촬영하는 동안 그리스도의 사랑에 매여 오직 예수님만을 증거했던 바울의 복음을 향한 열정이 스며들기 시작했다.

> 내가 나 된 것은 하나님의 은혜로 된 것이니 내게 주신 그의 은혜가 헛되지 아니하여 내가 모든 사도보다 더 많이 수고하였으나 내가 한 것이 아니요 오직 나와 함께 하신 하나님의 은혜로라 고린도전서 15:10

더베를 떠난 바울은 루스드라와 이고니온, 비시디아 안디옥을 다시 찾아 제자들의 마음을 굳게 하고 각 교회에 장로를 세웠다. 그리고 비시디아 가운데로 지나 밤빌리아 버가에 도착해 말씀을 전한 후 앗달리아로 내려갔다.

앗달리아Attalia는 오늘날 터키 안탈리아로 소아시아 남서쪽 연안에 있는 밤빌리아의 가장 중요한 출구에 위치한 조그마한 항구 도시이다. 이곳은 버가모 아탈루스 2세Attalus II(BC 220~138년)에 의해 설립되었고, 그의 이름을 따서 앗달리아라고 명명했다.

앗달리아 항구는 작지만 높은 바위 밑에 위치해 있어 풍랑으로부터 안전하며 아름다운 항구이다. 그래서 항구 위쪽 언덕에는 항구를 내려다보며 음식을 먹을 수 있는 식당이 여럿 들어서 있다.

앗달리아는 지금도 작게나마 번성하는 도시의 모습을 갖추고 있으며, 중세 도시 성벽에는 헬레니즘 시대의 방어 시설물 잔재가 남아

앗달리아 항구에서 탤런트 한인수 장로와 촬영팀과 함께 _ 터키

있다. 항구 근처에는 하드리아누스에 의해 만들어진 삼중으로 된 문
이 있다.

앗달리아에 도착한 우리 일행은 다른 유적보다 먼저 항구를 찾았
다. 항구가 내려다보이는 카페에서 잠시 휴식을 취하며 그 어느 때보
다 힘들었던 피로를 풀었다. 잊히고 사라져 가는 《성경》 속 도시를
찾는 것이 참으로 힘든 일이기에 마가 요한처럼 이쯤에서 멈출까 생
각한 적도 있었다. 그러나 훗날 마가 요한이 바울에게 칭찬받는 사람
이 된 것을 생각하며 다시 힘을 내어 본다.

무시아 앞에 이르러 비두니아로 가고자 애쓰되 예수의 영이 허락하지 아니하시
는지라 무시아를 지나 드로아로 내려갔는데 사도행전 16:7∼8

주의
뜻이라면
_드로아와 사모드라게 섬

드로아에 남아 있는 교회 터 _ 터키

" 2차 전도 여행을 앞두고 바울과 바나바는 마가 요한의 동행 문제로 의
견이 갈라져 따로 전도 여행을 떠나게 되었다. 바나바는 마가 요한을
데리고 구브로로 향하고, 바울은 실라를 데리고 다소, 더베, 루스드라,
비시디아 안디옥 등을 거쳐 드로아에 이르렀다. 이곳에서 바울은 기도
중에 마게도냐 사람이 나타나 도와 달라고 간청하는 환상을 보고 장소
를 바꾸어 사모드라게 섬을 거쳐 유럽으로 향했다 사도행전 15:36∼16:11. "

1차 전도 여행을 끝낸 얼마 후 바울은 앞서 복음을 전한 각 성으로 가서 그들이 신앙생활을 잘하고 있는지 살펴보자고 바나바에게 제안했다. 이에 바나바는 마가 요한을 데리고 가자고 했고 바울은 1차 전도 여행 때 도중에 돌아간 자를 데리고 가는 것은 옳지 않다고 거절했다. 이 문제로 두 사람은 심히 다투고 마침내 갈라서서 따로 전도 여행을 떠나기에 이르렀다.

바나바는 마가 요한을 데리고 자기 고향인 구브로로 갔고, 바울은 실라를 택해 역시 그의 고향인 길리기아 다소를 거쳐 더베, 루스드라, 이고니온, 비시디아 안디옥을 다니며 사람들의 믿음을 더욱 굳게 했다. 그리고 이때 바울은 루스드라에서 디모데를 만나게 되었다.

오늘날 터키 중앙에 있는 브루기아와 갈라디아를 거쳐 무시아에 이른 바울과 실라는 북쪽 비두니아로 가기 위해 준비하고 있었다. 그러나 성령이 비두니아로 가는 것을 허락하지 않자 무시아 지역의 드로아로 내려갔다.

바울은 드로아*를 최소 세 번 방문했다. 특히 첫 번째 방문한 2차 전도 여행 때는 북쪽 비두니아 지방으로 가려고 하다가 성령이 허락하지 않아 이곳에서 기도하던 중 밤에 마게도냐 Macedonia(마케도니아) 사람이 나타나 자기들을 도와 달라고 간청하는 환상을 보게 되었다.

● 드로아 : 알렉산더 대왕의 후계자 중 하나인 안티고노스에 의해 세워져 아티고니아 드로아라고 불렀다. 한때는 셀레우코스 왕들의 주재지였으며, 또 자유도시가 되었다. BC 133년 로마 통치권에 들어간 후 크고 중요한 도시로 발전했다. 2세기 초에는 이라 산Mt. Ira에서 물을 끌어들이기 위해 수로가 건설되었으며 그곳에서 목욕탕, 극장 등의 유적이 발굴되었는데 현재 남아 있는 성벽 흔적만도 9.6킬로미터에 달한다.

《성경》에 나오는 드로아는 우리가 알고 있는 트로이 목마가 있는 곳보다 남쪽으로 60킬로미터 더 떨어진 알렉산드리아 드로아Troas이다. 트로이 목마가 있는 곳은 세계적으로 유명한 관광지인 만큼 안내 표지판도 잘 갖춰져 있어 찾기가 쉽지만 《성경》의 드로아를 찾아가는 데는 어려움이 많다.

고대 드로아 지역은 매우 넓었다. 지금은 일부 유적지만 남아 있고 대부분은 숲과 나무, 풀로 뒤덮여 있다.

드로아에서 가장 먼저 답사한 지역은 로마 때 목욕탕이 있던 곳으로 지금은 성벽 일부와 아치형 유적이 남아 있는데 성벽 위로 올라가면 에게 해가 시야에 들어온다. 멀찌감치 에게 해를 바라보며 바울의 환상을 생각해 본다. 바울은 이곳에서 선교 일정을 바꾸어 성령이 인도하는 대로 유럽으로 건너갔다.

그런 바울의 결정을 생각하며 우리 삶의 여정 또한 주의 뜻이라면 과감히 바꿔 인도하는 대로 따라가야 하리라 다짐해 본다. 3년 전 성지 답사를 통해 말씀을 전하는 데 주력하기 위해 영신여고 교목실장 직을 그만둘 때는 많은 고민이 있었던 것이 사실이다. 그때도 고민 끝에 내린 결론은 주께서 인도하는 대로 따라가겠다는 것이었다. 바울에게 드로아가 자신의 전도 일정을 바꾼 장소인 것처럼 나에게도 드로아는 같은 의미가 있다. 언제든지 주께서 사역 방향을 바꾸시면 내 계획을 과감히 포기하고 그 뜻을 따라갈 것이다.

바울은 자신들을 도와 달라는 마게도냐 사람의 환상을 본 후 그것을 하나님의 뜻으로 알고 브루기아로 가려던 일정을 바꾸었다. 그리고 드로아에서 배를 타고 사모드라게로 직행한 후 유럽의 관문인

터키에서 그리스로 가는 열차를 갈아탄 국경에 있는 기차역

네압볼리Neapolis(네아폴리스)에 도착했다. 훗날 3차 전도 여행 때도 드로아에 들러 7일간 머물렀는데, 바울은 집회를 인도하던 중 유두고라는 청년이 창틀에 걸터앉아 졸다가 떨어져 죽은 것을 기도로 살려낸 일이 있었다.

사모드라게Samothrace 섬은 바울이 2차 전도 여행 중에 들렀던 곳으로 《성경》에는 꼭 한 번 언급된 곳이다(사도행전 16:11). 이곳을 방문하기 위해 터키 이스탄불에서 그리스로 가는 국제 열차를 이용했는데 시설이 워낙 낙후해 우리나라 옛날 비둘기호보다도 못했다. 달리는 기차에서 바라본 풍경은 마치 어렸을 때 작은 역까지 정차하는 완행열차의 추억을 되살리기에 충분했다.

그리스 국경에 있는 역에 도착한 기차는 다시 터키로 가는 사람들을 태우고 떠났고, 우리는 알렉산드리아 폴리스를 경유하는 그리스행 열차로 갈아탔다. 오후 4시경 터키와 그리스 국경에서 출발한 열

사모드라게 섬의 카마리오티사 항구, 뒤에 희랍 정교회가 보인다. _ 그리스

차는 1시간 30분 만에 알렉산드리아 폴리스 항구에 도착했다. 기차에서 내리자마자 한시라도 빨리 섬을 방문하겠다는 마음에 40도가 넘는 여름 날씨에도 아랑곳없이 무거운 장비를 들고 항구로 내달렸다.

　마침내 다다른 사모드라게 섬은 에게 해 동북부에 소재한 섬으로 그리스에서 흑해로 들어가는 굽은 뱃길에 위치하고 있어 여행자, 식민지 개척자, 상인에게는 중심지 역할을 하는 장소였다. 섬에는 네 개의 산봉우리가 있는데 그중 가장 높은 펩가리 산은 해발 1,650미터로 에게 해 선원들에게 등대 역할을 해준다. 《그리스 신화》에 나오는 바다신 포세이돈은 이 섬의 산꼭대기에 서서 트로이 전쟁을 지켜보았다고 한다. 헬라 전성기에는 해군 기지 역할을 하기도 했다.

　사도 바울은 2차 전도 여행 때 네압볼리로 가는 도중 이곳을 방문했으며, 《성경》 기록으로 보건대 아마 드로아로 돌아가는 길에 이곳을 들렀을 것이다. 바울이 탔던 배는 일단 사모드라게 섬에 잠시

사모드라게 섬의 유적지 _ 그리스

멈췄는데 오늘날 이 섬 북서쪽의 가장 큰 항구인 카마리오티사 항구
로 보인다. 실제로 초기 기독교 교회 유적이 1938년 항구 변두리에
서 발견되기도 했는데, 이 교회는 바울이 이 섬에 방문한 것을 기념
한 것인지도 모른다.

  바울은 터키 드로아에서 사모드라게를 거쳐 유럽의 첫 입항지인
네압볼리로 갔으나 우리는 그리스 본토에서 이곳으로 들어왔다. 가
장 먼저 찾아간 유적지는 항구에서 6킬로미터 정도 떨어진 곳으로
생각과 달리 매우 큰 규모에다 많은 유적이 아직까지 남아 있었다.
특히 니케신 기념물 안내판이 눈에 들어왔다. 니케Nike는 그리스의
승리의 여신으로 양손에 종려나무 가지와 월계관을 들고 있는 모습
으로 조각되어 있다.

  유적은 바울이 이곳을 지나가기 전인 BC 3세기경 것들이다. 이
제는 발굴이 거의 끝나고 정리하는 단계에 있는데 가장 큰 유적은 신

전 기둥이다. 처음 찾은 곳이라 원형 건물과 야외극장, 상점과 대신 전 터, 확인되지 않은 방 등《성경》에 필요한 자료가 되는 것은 모두 사진에 담았다. 그리고 유적지에 있는 작은 박물관을 관람한 후 섬에서 가장 역사가 깊은 호라 마을로 향했다.

호라 마을은 유적지에서 차로 5분 거리에 있으며 마치 엽서의 그림처럼 기암절벽을 배경으로 형성되어 있었다. 현재 주민은 대략 3,000여 명 정도로 대부분 어업에 종사하고 있다. 외국인은 없으며 모두 그리스 본토민의 휴양지로 이용되고 있다.

바울이 환상을 보고 전도 여행지를 유럽으로 바꾼 드로아, 그것은 오직 성령의 인도하심에 따른 것이었다. 그리고 지금 우리가 성지 답사 일정에 없는 드로아를 갑작스럽게 방문한 것 또한 성령이 인도한 것임을 느끼며 발걸음을 돌렸다.

사모드라게 섬의 호라 마을

우리가 드로아에서 배로 떠나 사모드라게로 직행하여 이튿날 네압볼리로 가고
거기서 빌립보에 이르니 이는 마게도냐 지방의 첫 성이요 또 로마의 식민지라
이 성에서 수일을 유하다가 사도행전 16:11~12

유럽으로 뻗어간 복음의 길
_네압볼리와 빌립보

네압볼리 항구 _ 그리스 카발라

> " 바울은 2차 전도 여행 때 유럽의 첫 선교지인 네압볼리 항구에 도착했다. 그리고 빌립보로 가서 루디아를 만나 세례를 베푼 후 점치는 귀신 들린 여종을 고친 일로 감옥에 갇혔다. 그러나 지진이 일어나 감옥 문이 열렸고 간수에게 복음을 전해 그의 온 가족이 세례를 받았다. 감옥에서 나온 바울과 실라는 루디아 집에서 형제들을 만난 후 암비볼리로 떠났다 사도행전 16:11~40. "

바울은 2차 전도 여행 때 드로아를 출발해 사모드라게 섬을 거쳐 유럽의 관문인 네압볼리 항구에 2일 만에 도착했다.

터키 이스탄불에서 그리스 네압볼리로 가기 위해서는 국제선 기차와 버스를 이용할 수도 있지만 우리는 바울의 전도 여행 길을 조금이나마 체험하기 위해 알렉산드로 폴리스 기차역에서 내려 사모드라게 섬으로 가는 배편을 이용했다. 그리고 사모드라게 섬에서 하룻밤 묵고 다음날 네압볼리 항구로 가는 배에 올랐다.

네압볼리Neapolis(네아폴리스)는 드로아 항구에서 바닷길로 185킬로미터쯤 떨어진 곳으로 빌립보까지는 16킬로미터 거리에 있는 오늘날 그리스 카발라Kavalla로 불리는 항구이다. 바울 당시 이곳은 동서양을 뱃길로 잇는 교통의 요지였으며 육로 역시 로마로 향하는 에그나티아 대로Via Egnatia가 이 길로 나 있었다. 네압볼리에서 빌립보로

네압볼리에서 빌립보로 가는 로마 때 길인 에그나티아 _ 그리스

바울의 네압볼리 방문을 기념해 세운 교회 _ 그리스 카발라

넘어가는 에그나티아 대로는 도로 건설에 특출한 재능을 가진 로마 사람들이 만든 로마로 통하는 길 가운데 하나로, 돌을 깔아 마차가 다닐 수 있게 만든 포장길이다.

기독교 역사상 최초의 선교사요, 탁월한 복음 전도자였던 바울로 인해 유럽으로 선교의 장이 열렸다. 그리고 바울이 전한 복음은 이 로마 길을 통해 세계 각처로 퍼져나갔다.

네압볼리는 비잔틴 시대에 크리스토폴리스Christoupolis로 불렸으며 터키 통치 때부터 카발라로 변해 지금까지 이어오고 있다. 이곳에는 바울의 네압볼리 방문을 기념하는 바울 기념 교회가 두 곳 있는데, 한 곳은 항구 가까이에 있고 다른 한 곳은 항구 언덕 위에 있다.

항구 가까이에 있는 교회 앞에는 바울의 방문을 기념하는 그림이 벽화로 그려져 있고 바울이 도착할 때 디뎠다는 돌이 놓여 있다. 당시만 해도 이곳까지 물이 찼지만 지금은 이곳에서 400미터 떨어진 곳에 해안이 있다. 항구 위 요새로 된 성채는 16세기에 건축된 것으로 바다에서 이곳을 공격한다는 것은 도저히 불가능해 보였다. 항구에서 바울 기념 교회를 지나 요새로 언덕길을 올라가다 보면 아직도 남아 있는 로마 때 수도교를 볼 수 있다.

"모든 길은 로마로 통한다"는 말처럼 로마는 정복지를 다스리기 위해 가장 먼저 도로를 닦았다. 그리고 대도시에는 야외극장과 목욕탕을 거의 빠지지 않고 건설했다. 오죽하면 로마는 목욕문화 때문에 멸망했다는 말이 나올 정도였다. 또한 로마인은 물을 공급하기 위해 수도교를 건설했는데 이는 세계 어느 곳에서도 찾아보기 힘든 뛰어난 건축기술이다. 네압볼리에는 고고학 박물관°과 로마 때 수도교의 일부가 거의 완벽한 형태로 남아 있다.

라틴 시대 비문에 따르면 이 항구는 로마 시대에는 빌립보에 속해 있었다. 또한 빌립보를 점령한 몇몇 지도자의 거처가 이곳에 있었다고 기록되어 있다. 오늘날 카발라는 인구 10만여 명 정도의 활기찬 항구 도시로 마게도냐 지방에서 데살로니가 다음 가는 큰 도시를 이루었다.

사도 바울이 유럽에 첫발을 내디딘 네압볼리 항구를 둘러본 이튿날 바울이 간 일정을 따라 빌립보로 향했다. 네압볼리에서 빌립보까지는 산언덕을 하나 넘어 20분 정도 달리면 도착한다.

● 고고학 박물관 : 카발라에 있는 고고학 박물관에는 이 지역과 근처 빌립보에서 발굴된 유물이 많이 보관되어 있다. 카발라에서 발견된 고고학적 유물 중에는 네압볼리의 주신이자 파르테노스 여신의 신전으로도 확인된 BC 4~5세기경 건축물과 그리스풍 마을 흔적이 포함되어 있다.

네압볼리에서 빌립보로 넘어가는 길에 있는 실라 교회 _ 그리스

　언덕 꼭대기에 이르면 왼쪽으로 현대에 세워진 실라 교회가 있
다. 이때는 바울과 실라가 함께 전도 여행을 떠났기 때문에 그것을
기념해 세운 교회인 듯하다. 그리고 언덕을 넘자마자 산 아래 골짜기
를 따라 옛 로마 때 길인 에그나티아가 아직까지 남아 있다. 언덕을
내려와 20여 분 달리자 마침내 로마 제국의 운명을 바꾸어 놓은 빌립
보가 보였다.

　빌립보Philippi(필리피)는 에게 해에서 16킬로미터 내륙으로 들어
가 산으로 둘러싸인 평지에 있는데 남쪽으로는 심볼론 해변, 북쪽으
로는 발칸 고대 지방, 서쪽으로는 판가이온, 동쪽으로는 오르벨로스
와 접해 있다. 《성경》에서 마게도냐의 첫 성(사도행전 16:12)으로 소개
되는 이곳은 서쪽으로는 스트리몬 강과 동쪽으로는 네스토스 강을
경계로 하는 마게도냐 동쪽에 위치해 있다.

　빌립보의 옛 명칭은 크레니티였는데 마게도냐 왕 알렉산더의 아버지 필리포스 2세Philippos II(?BC 382~336)가 이 지역을 확장하고 자기 이름을 따서 빌립보라고 바꾸었다. 빌립보는 BC 42년 부르터스가 참패한 후 자결한 곳이요, 이 결전에서 승리한 옥타비아누스는 후에 로마 황제의 칭호를 얻게 되었다.

바울은 빌립보에 도착하자마자 안식일에 기도하기 위해 회당을 찾았으나 회당이 없어 성문 밖 강가로 나갔다. 당시에는 회당이 없는 경우 주로 강가에서 기도를 했다. 이때 강가에서 루디아와 여러 명의 여자들이 모인 무리를 만나 말씀을 전했다. 하나님을 잘 섬기는 루디아는 바울이 전하는 복음을 받아들이고 이에 온 집이 세례를 받았다. 그리고 바울을 강권해 자기 집에 한동안 머물도록 했다.

우리는 바울이 루디아를 만났다고 하는 곳에 세워진 루디아 기념 교회를 방문했다. 옛 교회 터 옆에 현대에 세워진 교회로 루디아의 신앙을 상징하듯 한 폭의 그림처럼 아담하고 정감 있는 모습이었다.

바울이 루디아와 그 가족에게 세례를 주었던 강가 _ 그리스 빌립보

루디아는 두아디라 출신으로 자주옷감 장사를 하는 여인이었다. 그녀는 바울을 만나 복음을 받아들여 빌립보 교회의 초석이 되었다.

처음 이 교회를 방문했을 때는 내부가 색유리로만 되어 있었으나 2011년에 다시 찾았을 때는 교회 천장에 예수님이 세례를 받는 장면을 시작으로 《성경》에서 세례를 받는 장면이 모자이크로 장식되어 있었다. 그리고 창문에는 사복음서 저자와 바울, 루디아가 색유리로 장식되어 있었으며, 바닥에는 바울의 전도 여행을 보여 주는 모자이크 지도가 있었다. 교회 바로 앞에는 바울이 세례를 베풀었던 간지테스 강이 흐르고 있었는데 강이라기보다는 도랑물 정도로 보였다.

우리는 교회를 떠나 자동차로 5분도 채 되지 않아 빌립보 유적지에 도착했다. 빌립보는 대규모 유적지로 아테네 에콜 프랑세즈Ecole Francaise의 주도로 1914~1937년 사이에 발굴이 진행됐다. 도시의 대광장은 에그나티아 도로 바로 옆에 있으며, 길이 91미터, 폭이 46미터가 넘는 장방형이다. 대광장 북동쪽과 모서리에는 두 개의 대신전이 정면으로 마주 보고 서 있다. 그리고 도서관 건물, 줄지어 늘어선 기둥, 건물 현관, 분수, 목욕탕 등이 발굴되어 있다. 그러나 아직도 대부분의 지역이 발굴되지 않은 채로 남아 있다.

유적지 입구에 들어서자 예외 없이 다른 로마 도시 유적지처럼 야외극장이 오른쪽 산언덕에 세워져 있었다. 극장 앞에는 로마 당시의 길인 에그나티아가 아직 남아 있어 네압볼리에서 빌립보로 오는 길에 있던 에그나티아 길을 걷지 못한 아쉬움을 이곳에서 해소할 수 있었다. 옛날 바울이 걸었던 그 길을 지금 우리가 걷고 있다는 사실 하나만으로도 감격스러운 일이었다.

에그나티아 길을 따라 조금 걸어가면 '바실리카 A'라고 불리는 지역이 있다. 바실리카는 회당식 교회를 말하는데 빌립보에는 바실리카가 두 곳이 있다. 바실리카 A에서 바실리카 B로 가려면 중간에 현대에 건설된 아스팔트 포장길을 지나가야 하는데 그 길 바로 전에 바울의 감옥이 있다.

이 감옥은 바울이 귀신 들려 점치는 여종을 고쳐 준 일로 그 주인에게 고소당해 갇힌 감옥이다. 바울은 발목이 쇠사슬에 묶인 채 감옥에서 지내는 가운데서도 기도하고 찬양하는 일을 쉬지 않아 옥문이 열리는 기적이 일어났다. 현재 남아 있는 감옥은 토굴 형태여서 지진이 일어날 때는 옥문이 쉽게 열리게 되어 있다. 어쨌든 감옥 문이 열리자 감옥을 지키던 간수는 책임감 때문에 자살하려고 했다. 이를 본 바울은 자신이 도망가지 않았음을 알리고 그에게 복음을 전했다. 간수는 복음을 받아들이고 온 가족이 예수님을 믿는 기적이 일어났다.

이후 빌립보 지역은 기독교가 크게 성장했다. 이는 회당식 교회인 바실리카 A와 B의 웅장한 유적 규모에서도 확인할 수 있다. 바울의 감옥에서 나와 아스팔트길을 건너면 넓은 아고라가 있고 그 뒤로 짓다가 중단된 바실리카 B가 보인다.

바울이 복음을 전한 이후 빌립보 교인들은 바울에게 받은 신앙의 유산을 잘 간직해 바울이 마게도냐를 떠날 때와 데살로니가에 있을 때 여러 번 그를 도왔고, 바울이 로마 옥중에 있을 때도 에바브로 디도 편에 위문품을 보냈다. 이에 바울은 〈빌립보서〉를 써서 그들을 위로했다.

이런 기독교 역사를 가진 빌립보가 이제는 단지 옛 유적지로만 남아 있는 모습을 보면서 하루속히 바울이 전한 말씀으로 복음의 꽃을 피웠던 그날이 다시 오기를 간절히 소망했다.

그들이 암비볼리와 아볼로니아로 다녀가 데살로니가에 이르니 거기 유대인의
회당이 있는지라 바울이 자기의 관례대로 그들에게로 들어가서 세 안식일에
성경을 가지고 강론하며 사도행전 17:1~2

발길이 닿는
곳마다
_암비볼리와 아볼로니아

암비볼리의 스트리몬 강 나루터 _ 그리스

> 빌립보를 떠난 바울은 마게도냐 남쪽에 있는 도시를 다니며 말씀을 전
> 했다. 먼저 빌립보 남서쪽 약 60킬로미터 지점의 암비볼리와 이곳에서
> 약 40킬로미터 지점의 아볼로니아를 거쳐 데살로니가로 향했다. 그런
> 데 암비볼리와 아볼로니아에서는 바울의 사역에 대한 언급 없이 단지
> 다녀갔다는 기록만 남아 있다 사도행전 17:1.

빌립보를 떠난 바울은 마게도냐 남쪽에 있는 도시를 차례로 다니며 말씀을 전했다. 가장 먼저 빌립보에서 60킬로미터 떨어진 암비볼리Amphipolis(암피폴리스)에 이어 아볼로니아Apollonia(아폴로니아)를 거쳐 데살로니가로 갔다. 그런데 암비볼리와 아볼로니아에서는 바울의 사역에 대해 아무런 언급이 없고 단지 다녀갔다는 말만 있어 이곳에는 유대인 회당이 없었던 것으로 보인다.

빌립보에서 데살로니가까지 바울의 여정지를 따라가기 위해 아침 일찍부터 서둘러 암비볼리로 향했다. 지금은 길이 잘 닦여 있지만 바울 당시의 길은 현재 도로 왼쪽으로 에그나티아 길이 일부 남아 있었다.

암비볼리는 빌립보에서 남서쪽으로 60킬로미터 정도 떨어진 스트리몬 강River Sterimon 유역에 있으며 에게 해안으로부터는 내륙으로 4.8킬로미터 지점이다. 로마 에그나티아 길에 있던 이곳은 마게도냐 첫 번째 지방의 수도였다.

고속국도를 따라 해변을 끼고 달리다가 스트리몬 강 다리를 건너자마자 오른쪽으로 보면 BC 4세기경에 세워진 사자상이 있다. 그러니까 이 사자상은 바울 이전에 세워진 것이다. 바울이 빌립보 감옥에서 석방된 후 형제들을 위로하고 데살로니가로 가는 도중 암비볼리와 아볼로니아를 다녀갈 때 이 길을 따라갔기 때문

암비볼리에서 아볼로니아로 가는 길에 세워진 사자상 _ 그리스

에 그 역시 사자상을 보았을 것이다.

이곳은 BC 480년 페르시아 크세르크세스*의 침공을 받았는데 그는 침략 시 이곳에 다리를 놓고 강을 건넜다. 이곳은 당시 아홉 길로 알려져 있었다.

다리를 건너 암비볼리 마을로 들어가자 바로 입구에 박물관이 있었다. 박물관 안에는 특별히 금으로 만든 면류관이 있는데 문득 〈고린도전서〉 9장 25절 말씀이 머리를 스쳐갔다.

이기기를 다투는 자마다 모든 일에 절제하나니 그들은 썩을 승리자의 관을 얻고자 하되 우리는 썩지 아니할 것을 얻고자 하노라

박물관을 나와 유물 발굴지가 있는 언덕 위로 올라가니 비잔틴 때 회당 구조와 비슷한 교회 터가 두 곳 있었다. 특이한 것은 바닥에 태극 모양의 모자이크가 새겨져 있었다는 것이다.

암비볼리는 BC 497년 다리오 왕을 피해 도주해 온 밀레도 출신 아리스타고라스가 정착했지만 결국 쫓기다 살해된 곳이다. 그리고 32년 후에는 아테네 사람 1만 명이 이곳에 왔으나 그들 역시 멸절되었다. 마침내 BC 437년 니키아스의 아들 하그논이 또 다른 아테네인들을 데리고 와서 애도니족을 몰아냈다. 그리고 하그논은 강이 서쪽과 남쪽 주위를 굽이굽이 흐른다고 해서 성읍 이름을 '성읍의 둘레'라는 뜻의 암비볼리라고 지었으며 무방비 상태에 있는 동편에 성

● 크세르크세스 1세 : 다리오 1세의 아들로 페르시아 왕이다. 〈성경〉에는 아하수에로로 나오는데 페르세폴리스에 일명 '겨울 궁전'이라 불리는 왕궁을 세웠다. 에스더는 그의 왕후가 되었다.

벽을 쌓았다. BC 167년 마게도냐 로마인에 의해 네 개 지방으로 분할될 때 암비볼리는 스트리몬 강에서 네스토스까지 해당하는 첫 번째 지역의 주요 도시로 선정되었다.

암비볼리는 발굴 결과 초기 기독교 바실리카의 초석이 발견된 곳이다. 그리스와 로마 시대에는 공회당과 마차 경주장까지 갖춘 큰 도시였지만 지금은 수백 명이 사는 작은 마을이 되어 있다. 《성경》에는 바울이 암비볼리에서 사역한 기록이 없지만 화려한 모자이크로 장식된 초기 교회 형태인 바실리카를 보면 후에 교회가 크게 성장했음을 알 수 있다.

우리는 암비볼리를 떠나 에게 해 오르파노스 만Orfanos Gulf을 따라 24킬로미터를 간 후 다시 내륙으로 22킬로미터를 달려 아볼로니아에 도착했다. 아볼로니아는 암비볼리에서 48킬로미터, 데살로니가로부터는 61킬로미터 떨어진 볼레Borle 호수 남쪽에 위치해 있다. 로마 에그나티아 도로에 접해 있는 이곳은 같은 이름을 가진 다른 도시와 구별하기 위해 믹도니스의 아볼로니아라고 부르기도 한다.

암비볼리의 교회 관련 유적

암비볼리에 있는 교회 터(바실리카)

　　바울은 암비볼리를 떠나 데살로니가로 가는 도중 이곳에 잠시 들렀다. 아볼로니아에는 별다른 유적이 없고, 작은 바위에는 "그들이 암비볼리와 아볼로니아로 다녀가 데살로니가에 이르니 거기 유대인의 회당이 있는지라"라는 〈사도행전〉 17장 1절 말씀이 새겨진 비머(강단의 일종)가 있었다. 그리고 조금 떨어진 곳에 로마 때 목욕탕이 남아 있었는데 규모를 보니 당시 이곳에도 상당한 규모의 도시가 있었던 것으로 추측된다.

　　다음으로 찾아간 작은 마을에는 바울 기념 교회가 있어 바울이 이곳을 들렀음을 보여 주었다. 터키는 이슬람 국가이기 때문에 바울이 전도한 곳은 대부분 유적으로만 남아 있지만 그리스는 기독교 국가이니만큼 현재까지도 옛 교회가 원형에 가까운 모습으로 남아 있

아볼로니아의 비머에 새겨진 〈사도행전〉 말씀 _ 그리스

다. 특히 데살로니가에는 1,000년 이상 된 교회도 여러 곳 있다.

《성경》에는 바울이 암비볼리와 아볼로니아를 다녀갔다고만 기록하고 있다. 그러나 오늘날 그리스는 기독교 국가로 남아 있고, 이곳에 교회가 세워졌다. 바울의 걸음이 닿는 곳마다 복음의 씨앗이 뿌려지고, 그 씨앗은 자라 생명의 열매를 맺어 큰 구원의 역사를 이루었다.

그 중에 믿는 사람이 많고 또 헬라의 귀부인과 남자가 적지 아니하니 사도행전 17:12

핍박 속에 자라는 복음
_데살로니가와 베뢰아

데살로니가 상징인 화이트 타워 _ 그리스

> 데살로니가에 도착한 바울은 유대인 회당에서 말씀을 강론하며 예수가
> 그리스도임을 증거했고 많은 사람이 복음을 받아들였다. 이에 유대인은
> 바울을 핍박했으며 바울은 데살로니가를 떠나 베뢰아로 왔다. 그러나
> 데살로니가 유대인은 베뢰아에서도 믿는 사람이 많이 생겼다는 소식을
> 듣고 베뢰아까지 와서 바울을 잡으려 하자 바울은 배를 타고 아덴으로
> 떠났다 사도행전 17:1~15.

바울이 암비볼리와 아볼로니아를 단순히 지나간 것은 아마 그곳에 회당이 없었기 때문일 것이다. 바울 당시 데살로니가에는 유대인 회당이 자리하고 있었다.

데살로니가에 도착한 바울은 안식일에 회당에 들어가 구약 성경을 가지고 뜻을 풀어 가며 강론했다. 예수가 그리스도라는 것과 그리스도가 고난을 받고 죽은 자 가운데서 다시 살아날 것을 증언했다.

이에 경건한 헬라인 무리와 귀부인들은 바울과 실라를 따랐지만 유대인의 시기로 두 사람은 그들에게 붙잡힐 위험에 처했다. 유대인은 바울을 도운 야손과 그 형제를 잡아 읍장 앞으로 끌고 가며 "천하를 어지럽게 하던 이 사람들이 여기도 이르매 야손이 그들을 맞아들였도다" 하고 소리질렀다. 이에 무리와 읍장이 소동하자 야손과 형제는 보석금을 주고 풀려났다.

아볼로니아에서 데살로니가 항구까지는 61킬로미터를 달려야 한다. 오늘날 테살로니키Thessaloniki로 불리는 성서의 데살로니가는 현재 그리스 살로니카Salonika 만에 위치한 옛 마게도냐의 주요 항구 도시이다. 데살로니가는 알렉산더 대왕 사후 치열한 권력 쟁탈전에서 승리한 가산더Cassander(카산드로스) 장군이 잃은 민심을 수습하기 위해 세운 도시이다. 그리고 자기 아내의 이름을 따서 데살로니가라고 지었다. 바울 당시 이곳의 인구는 12만 명 정도로 추산된다.

항구 근처 바닷가에 이르자 화이트 타워The White Tower로 불리는 망대가 세워져 있었다. 오늘날 도시의 상징인 이 탑은 15세기 베네치아 인들이 구축한 방어벽의 일부로, 터키 점령 시대에는 감옥으로 사용되기도 했다. 당시 대량 학살이 이루어져 한때 '피로 물든 탑'으로 불리기도 했다.

이 지역을 발굴한 결과 로마 시대 공중 집회소가 발견되었는데 적어도 가로 100미터, 세로 64미터에 이르는 광장이 연결되어 있고 바닥은 포장된 상태였다.

데살로니가에는 비잔틴 시대에 세워진 역사적인 교회가 많이 남아 있다. 1,000년의 역사를 가진 교회만도 20곳이 넘는다. 우리는 그 중에서도 대표적인 성 디미트리오스 교회를 찾았다.

콘스탄티누스 황제가 기독교를 공인하기 직전 디미트리오스를 비롯한 순교자들이 신앙을 위해 생명을 바친 장소에 세워진 교회로 410년대에 건축되었으나 1917년 데살로니가를 휩쓸었던 대화재로

데살로니가 성벽 _ 그리스

디미트리오스 교회 지하에 있는 옛 교회 터에서 _ 그리스
데살로니가

크게 파손되었다. 다행히 지하 부분은 원형이 많이 남아 있다. 이 교회가 보존하고 있는 많은 모자이크 성화 중 디미트리오스를 그린 다섯 편은 손꼽히는 보물이다.

지하로 내려가자 로마 당시에 있었던 최초의 교회(혹은 회당) 터가 보존되어 있었다. 데살로니가 최초의 교회 터에서 다시 한 번 오직 복음만을 전했던 바울의 숨결을 느낄 수 있었다.

데살로니가를 떠나 서쪽에 있는 베뢰아를 향해 출발했다. 차는 시내를 벗어나 1시간 30분 정도를 달린 후에야 언덕 위에 있는 베뢰아에 도착했다.

베뢰아Berea는 데살로니가에서 남서쪽 약 80킬로미터 떨어진 베르미오스 산기슭에 자리한 마게도냐의 한 도시이다. 이곳은 바울이 2차 전도 여행 때 실라와 함께 데살로니가에서 전도한 후 들른 마을이다. 마을 입구에서 휘어진 도로를 따라 중심가로 약간 올라가면 바울이 말씀을 전했던 강단(비머)이 나온다.

'베뢰아의 바울의 강단'으로 불리는 이곳 비머에는 바울이 도착하는 모습과 말씀을 전하는 모습이 모자이크로 장식되어 있다. 《성경》은 이곳 사람에 대해 이렇게 말하고 있다.

베뢰아에 있는 바울의 강단(좌)과 그리스어로 된 바울의 강단 표지판(우)

> 베뢰아에 있는 사람들은 데살로니가에 있는 사람들보다 더 너그러워서
> 간절한 마음으로 말씀을 받고 이것이 그러한가 하여 날마다 성경을 상
> 고하므로 사도행전 17:11

실제로 이곳 사람들은 복음을 잘 받아들였는데 그중에는 헬라 귀
부인과 남자도 상당수 있었다. 그러나 데살로니가에서 바울의 전도
를 방해했던 유대인이 80킬로미터나 떨어진 베뢰아까지 와서 무리를
선동해 소란케 했다.

복음을 전하는 현장에는 언제나 은혜의 역사가 있는 반면 핍박과
방해꾼도 있다. 사탄은 항상 하나님이 은혜를 베푸는 자리에 나타나
사람들이 믿고 구원받는 것을 방해하려고 온갖 방법을 동원한다. 그
러나 하나님의 은혜는 그 모든 것을 이기기에 충분하다.

기독교 역사에서 핍박을 받을수록 복음은 더욱 확산되고 교회는
더 부흥했던 사실이 그것을 증명하고 있다. 예루살렘에서는 스데반

오늘날 베뢰아 마을

의 순교 후 믿는 사람들이 예루살렘을 떠나 각처로 흩어짐으로써 복음은 세계 각지로 퍼져 나갈 수 있었다. 이것이 하나님의 섭리요, 하나님의 역사이다.

데살로니가에서 온 유대인의 충동으로 소동이 일자 베뢰아에 있는 형제들은 실라와 디모데는 남겨 두고 바울을 먼저 바다로 인도해 바울은 배를 타고 아덴으로 떠났다.

데살로니가와 베뢰아는 하나님의 말씀을 전하는 바울을 방해한 유대인이 있었던 곳이다. 그러나 그런 가운데서도 헬라의 귀부인을 비롯해 많은 사람이 복음을 받아들이는 역사가 일어났다. 영혼을 구원하는 하나님의 역사는 결코 어느 것도 막을 수 없음을 다시 한 번 깨달으며 다음 여정지인 아덴으로 향했다.

바울이 아레오바고 가운데 서서 말하되 아덴 사람들아 너희를 보니 범사에 종
교심이 많도다 사도행전 17:22

사람보다
우상이
많은 도시

_아덴

바울이 부활의 복음을 외친 아덴의 아레오바고 언덕 _ 그리스

" 베로이아에서 배를 타고 아덴에 도착한 바울은 이 도시에 우상이 가득한
것을 보고 크게 격분했다. 그래서 철학자들과 우상에 대해 쟁론을 벌일
뿐 아니라 회당에서 유대인과 변론했으며 시장에서 만나는 사람과도
변론했다. 바울은 우상 숭배가 만연한 아덴 사람을 향해 하나님을 증거
하고 아레오바고 언덕에서는 예수님의 부활을 전했다 사도행전 17:16~34. "

아덴Athens(아테네)은 헬라(그리스)의 수도요, 서양 문명의 모태지인 옛 도읍으로 아티카 반도 중앙 살로니카 만 연안에 위치해 있다. 《그리스 신화》에 보면 이곳에 도시가 처음 세워졌을 때 아테나Athena(아데미) 여신과 포세이돈Poseidon 사이에 도시 주도권 쟁탈이 벌어졌다. 결국 누가 이 도시에 더 유용한 선물을 가져오느냐로 승부를 결판 짓게 되었다. 지혜의 여신 아테나는 올리브기름을 내는 감람나무를 가져왔고, 바다의 신 포세이돈은 바닷물처럼 짠 물을 가져왔다. 승부는 쉽게 아테나 여신의 승리로 끝났고, 그래서 도시 이름이 아테네가 되었다.

베뢰아에서 배를 타고 아덴에 도착한 바울은 다른 어떤 도시보다도 우상이 많은 것을 보고 격분했다. 실제로 그리스의 수도 아테네는 오래된 역사만큼이나 파르테논 신전을 비롯한 수많은 유적이 남아 있다. 아덴 거리에서는 사람 찾기보다 신을 찾기가 더 쉬웠다는 말이 있는 것처럼 아덴 광장에 서 있던 우상만도 300개가 넘었으며 기타 신상을 모두 합하면 3만을 헤아리는 종교 도시이기도 했다.

● 아레오바고 : 이곳에서 처음 재판을 받은 사람은 할리트 호티우스를 죽인 제우스 신의 아들 아레스Ares였다. 그는 자기 딸을 겁탈한 사촌형제를 살해한 일로 다른 신들 앞에서 재판을 받게 되었다. 재판 결과 정당한 복수 살인이었다는 이유로 무죄 판정을 받았다. 그후 이곳을 아레스가 재판받았다고 해서 아레스의 언덕, 그리스어로 '아레오바고Areopagus'라 부르게 되었다. 이런 유래에서 아레오바고는 원래 살인죄를 범한 사람을 재판하는 장소였지만 시간이 지나면서 아테네 시의회 의원이 모이는 장소가 되었다. 그래서 아레오바고는 바위 언덕을 지칭하는 지명과 함께 아테네 시의회를 뜻하는 의미를 갖게 되었다.

바울은 이 도시를 두 번이나 들러 복음을 전했다. 특히 2차 전도 여행 때는 아레오바고Areopagus(아레오파고스) 언덕이라 불리는 곳에서 철학자 에비

288

구레오, 스도이고 등과 우상에 대해
쟁론을 벌였다.

아레오바고 언덕 아래 있는 바울의
논쟁(설교)문 _ 그리스 아덴

　바울은 아레오바고 언덕에서 하
나님은 창조자이며 모든 인간은 그의
피조물이기 때문에 사람은 금이나
은, 돌로 만든 신상을 섬겨서는 안 된
다고 외쳤다. 그리고 예수님의 부활
에 대해서도 외치자 청중 사이에서
조롱과 소동이 일어났다. 그러나 그
속에서도 관원이었던 디오니시오스
같은 유명 명사는 회개하고 예수님을
믿었다. 지금도 아레오바고 언덕을
오르는 계단 바위에는 바울의 설교문이 조각되어 있다.

　언덕 아래 왼쪽 길로 내려가면 고대 시장인 아고라 입구에 아덴에
서 처음으로 복음을 받아들인 디오니시오스 기념 교회가 있다. 훗날
이곳은 교회가 크게 왕성해져 아레오바고 관원 디오니시오스가 1대
감독이 되었다.

　다른 곳에서처럼 바울은 아덴에서도 회당에서 유대인, 경건한
사람들과 날마다 변론했다. 또한 시장에서 만나는 사람과도 변론했
다. 왜 바울은 자기를 반대하고 때로는 죽이려고 하는 동족 유대인이
모인 회당에서 복음을 전했을까?

　그는 누구보다도 율법에 정통했고 유대교에 열정을 가진 자였
다. 그러나 부활한 예수님을 만난 후로는 온전히 예수님께 사로잡혀

디오니시오스 기념 교회 _ 그리스 아덴

아크로 아덴에 세워진 파르테논 신전 _ 그리스 아덴

그분이야말로 그리스도임을 확실히 알았기에 누구보다도 유대인에
게 복음을 전하는 데 힘썼다.

　그런데 《성경》은 다른 지역과 달리 아덴에서는 말씀을 전했다거
나 강론했다는 말 대신에 변론했다는 표현을 쓰고 있다. 변론했다는
말 속에는 아덴이 얼마나 우상이 성행하고 철학이 발달했는지를 보
여 준다.

　바울은 어려서부터 다소에서 스토아 철학을 접했으며, 예루살렘
으로 유학 온 후에는 율법에 관한 모든 학문을 터득했고, 로마 시민
으로서 소양을 갖추었다. 그렇기에 헬라 철학자와의 논쟁에서도 지
식적으로나 웅변술에서 뒤지지 않았을 뿐 아니라 예수님의 부활을
증거할 때도 이론적으로 밀리지 않았던 것이다.

　어느 도시이든 가장 높은 곳에는 신전이 세워져 있는데 아덴 역
시 아레오바고 언덕 바로 위에 있는 아크로 아덴(아크로폴리스)에 유네
스코 지정 문화재 1호인 파르테논 신전*이 자리하고 있다. 특히 아덴

소크라테스 무덤 _ 그리스 아덴

근대 올림픽 경기장 _ 그리스 아덴

은 우상과 철학의 도시답게 파르테논 신전 외에도 수많은 신전이 있으며 철학자 소크라테스의 무덤이 있다.

예술과 문학의 중심지 아덴, 소크라테스와 플라톤의 고향이요 근대 올림픽 발생지인 그리스 수도 아덴, 그러나 수많은 우상과 사제의 매음 소굴이었던 아덴은 바울의 전도로 복음의 씨앗이 뿌려져 유럽 전도의 전초기지가 되었다.

오늘날 그리스는 기독교 국가로 남아 있다. 바울이 수많은 교회를 개척했던 터키는 이슬람 국가가 되어 교회가 사라진 데 반해 그리스에서는 아직 곳곳에서 교회를 볼 수 있다. 도로를 새로 닦을 때도 교회가 있으면 교회를 옮기지 않고 길을 옆으로 돌려 닦을 정도이다.

● **파르테논 신전** : 아테네 황금기인 BC 500년경 아테나 여신을 위한 신전으로 건축되었다. 신전은 폭 30.8미터, 길이 69.5미터, 높이 10.4미터에 이르는 46개의 도리아식 석주가 둘려 있어 그리스 건축 예술의 백미를 이룬다. 놀라운 것은 신전을 받치고 있는 수많은 기둥이 수직이 아닌 안쪽으로 약간 경사지게 세워져 있어 910미터 상공에 있는 가상의 한쪽 지점에서 정확히 만나도록 설계되었다는 사실이다. 당시의 정밀한 설계와 발달한 수학에 놀라움을 금하지 않을 수 없다.

아고라에서 본 아크로 아덴 _ 그리스

　　바울이 예수님의 부활을 전했던 아레오바고 언덕 위에서 이 지역
최초의 기독교인이 된 디오니시오스 기념 교회와 파르테논 신전을
번갈아 바라보며 훗날 이 땅에서 복음의 역사가 크게 일어나고 그리
스가 기독교 국가가 되기까지 하나님의 역사를 찬양하며 고린도를
향해 떠났다.

그들이 대적하여 비방하거늘 바울이 옷을 털면서 이르되 너희 피가 너희 머리로
돌아갈 것이요 나는 깨끗하니라 이후에는 이방인에게로 가리라 하고 사도행전 18:6

이제는
이방인에게로

_ 고린도와 겐그레아

신고린도 교회 _ 그리스

" 아덴을 떠나 고린도에 도착한 바울은 천막 만드는 일을 하는 브리스길
라와 아굴라 부부를 만나 함께 거하면서 안식일에는 회당에 나가 말씀
을 강론했다. 그리고 베뢰아에서 뒤늦게 도착한 실라와 디모데를 만난
후 자신을 대적하는 무리 앞에서도 더욱 담대히 예수가 그리스도임을
전했다. 이렇게 1년 6개월을 고린도에서 보낸 바울은 브리스길라와 아
굴라 부부와 함께 아덴을 떠나 겐그레아로 갔다. 그리고 그곳에서 서원
한 대로 머리를 깎고 에베소로 갔다 사도행전 18:1~19. "

아덴에서 고린도까지는 80킬로미터 거리이다. 고
린도에 도착한 바울은 터키 북서쪽에 있는 본도 출신의 유대인 브리
스길라와 아굴라 부부를 만났다.

오늘날 고린도는 고대 고린도와 현대 고린도로 구분된다. 고대 고
린도는 현대 항구 도시 고린도와 구별하기 위해 팔레오Paleo 고린도,
즉 구고린도라고 부른다. 아덴을 떠나 펠로폰네소스Peloponnesos 반도
로 들어가는 입구에는 현대에 건설된 신고린도가 있다.

우리는 아덴을 떠나 잘 닦인 도로를 따라 먼저 신고린도에 도착
했다. 이곳에는 신고린도 교회가 있는데 교회 입구에는 '사랑의 장'
인 〈고린도전서〉 13장과 역대 교역자 명단이 있었다. 1대 바울, 2대
아볼로의 이름이 가장 먼저 눈에 띄었다. 교회 종탑의 높이는 33미터
로 이는 예수님의 생애 기간을 나타낸 것이다.

시내 중심가를 벗어나 조금 달리
자 멀리 해발 566미터의 돌로 이루어
진 언덕 도시인 고대 고린도 유적지
가 나타났다. 언덕길을 올라 입구로
들어서자 바로 아크로 고린도가 웅장
한 자태로 자리 잡고 있었다.

고대 고린도* 시대에는 에게 해
로 진출하는 겐그레아 항구와 서쪽으
로 아드리아 해로 나가는 레가이온
두 항구가 있었다. 아직도 북쪽 레가

● 고린도 : BC 1000년대 초에 그리스 도
리안 인이 정착했던 것으로 보이며 BC
700년경에 키프셀루스Cypselus는 스스로
도시의 군주가 되고 그의 아들 페리단더
Peridander가 왕위를 계승했다. 이후 도
시는 번영했으며 도자기와 청동기구 무역으
로 널리 확장되었다. 특히 펠로폰네소스 전
쟁(BC 431~404년)과 고린도 전쟁(BC
395~387년)의 흥망의 소용돌이 속에서도
존속하는 힘을 보였다. 그러나 BC 300년
경 아가야 동맹의 주도자로 로마와 전쟁을
벌이다 BC 146년 로마 집정관 무미우스
Mummius에 의해 도시를 함락당한 후 폐허
가 되었다. 100년 후 줄리어스 시저Julius
Caesar 때 로마의 식민지로 재건되었다.

항구로 가는 레가이온 길에서 본 아크로 고린도 _ 그리스

이온 항구에서 고린도 시내 중심부로 곧장 이어지는 길이 돌로 포장
된 채 남아 있다.

아마 아덴을 떠난 바울은 레가이온 길을 따라 고린도로 들어왔을
것이다. 그리고 이곳에서 "모든 유대인은 로마를 떠나라"고 명했던
로마 황제 클라우디우스의 명령에 따라 고린도에 와서 머물던 아굴
라와 브리스길라 부부를 만났다.

이들 부부는 천막을 만들어 생업을 이어가던 사람들로 바울 역시
천막 제조 기술을 갖고 있었기에 이들과 함께 거할 수 있었다. 실제
로 이곳에서는 '히브리인의 회당'이라는 글씨가 새겨진 돌조각이 발
견되어 박물관에 보관 중인데 그것은 바울 당시 이곳에 이미 유대인
공동체가 존재했음을 증명해 준다.

유적지 안으로 들어가면 오른쪽으로 작은 건물이 보이는데 바로
박물관이다. 박물관 안에는 구리로 만든 거울이 있다. 그 거울을 보

면서 바울이 전한 말씀을 떠올려 보았다.

히브리 글자가 새겨진 석비(위),
청동거울(아래) _ 고린도 박물관

우리가 지금은 거울로 보는 것 같이 희미하나 그때에는 얼굴과 얼굴을 대하여 볼 것이요 지금은 내가 부분적으로 아나 그때에는 주께서 나를 아신 것 같이 내가 온전히 알리라 고린도전서 13:12

박물관을 나와 아고라를 지나면 유적 끝부분에 달리기 출발점이 있다. 긴 돌에 발을 디딜 수 있는 홈이 파여 있어 비교적 쉽게 찾을 수 있다. 우리 일행은 달리기 출발점에서 발을 디뎌 보며 바울이 전한 말씀을 함께 묵상했다.

운동장에서 달음질하는 자들이 다 달릴지라도 오직 상을 받는 사람은 한 사람인 줄을 너희가 알지 못하느냐 너희도 상을 받도록 이와 같이 달음질하라 고린도전서 9:24

바울은 고린도에서 1년 6개월을 머무는 동안 아굴라 부부와 함께 장막 만드는 일을 하며 말씀을 가르쳤다. 그리고 바울의 선교로 회당장 그리스보가 온 집안과 더불어 예수님을 믿고 세례를 받을 뿐만 아니라 수많은 사람이 예수님을 믿는 놀라운 전도의 열매가 맺혔다.

이에 바울이 전하는 복음을 못마땅하게 생각하던 유대인은 바울

아고라 터 옆의 바울이 재판을 받았던 비머 _ 고린도

을 재판 자리로 끌고 가 그가 율법을 어긴다고 대적했다. 그러나 당시 고린도와 아가야 지역의 총독으로 있던 갈리오는 로마법과 상관이 없는 것을 알고 관여하지 않았다.

오늘날 고린도에는 바울이 끌려갔던 재판 자리인 높이 5미터, 폭 15미터 크기의 비머Bema가 남아 있다. 비머란 총독이 연설할 때나 재판할 때 사람들을 내려다볼 수 있도록 돌로 만든 일종의 연단이다.

비머에서 항구로 향하는 레가이온 길로 들어서면 서쪽에 BC 6세기경에 건축된 아폴로 신전이 있다. 본래는 높이 7.2미터의 원주기둥이 38개나 있는 웅장한 규모였지만 지금은 일곱 개만 남아 있다.

후문으로 나와 다시 길 건너 아래로 내려가면 아고라에서 야외극장을 잇는 돌로 포장된 길이 나오고, 그 길 끝 바닥에는 "에라스도Erastus가 사비를 들여 이 길을 돌로 포장했다"는 글이 새겨진 돌조각을 볼 수 있다. 에라스도는 고린도 시의 재무를 담당했던 고관으로

에라스도의 글씨가 새겨진 돌조각 _ 고린도

바울이 전하는 말씀을 듣고 기독교인이 된 사람이다.

아덴에서 전도 사역을 성공적으로 마무리하지 못한 바울은 고린도에서는 많은 열매를 맺을 것이라는 주님의 위로를 받았다(사도행전 18:9~11). 그 환상대로 회당장과 당시 고린도 고관인 에라스도는 물론 수많은 사람이 믿고 세례를 받는 구원의 역사가 일어났다. 그리고 이런 전도의 역사는 돌바닥에 에라스도라는 이름으로 남아 있어 보는 이에게 다시 한 번 복음 전파에 새로운 힘을 갖게 한다.

다른 지역과 달리 고린도에는 믿는 사람이 많아 바울을 대적하는 자들이 그를 해롭게 하지 못했다. 그러나 이곳에서 유대인 중심으로 선교하던 바울은 이후로는 이방인에게 전도하기로 방향을 바꾸었다. 그래서 훗날 그는 '이방인의 사도'라는 칭호를 받게 되었다.

> 그들이 대적하여 비방하거늘 바울이 옷을 털면서 이르되 너희 피가 너희 머리로 돌아갈 것이요 나는 깨끗하니라 이후에는 이방인에게로 가리라 사도행전 18:6

그렇게 1년 6개월 만에 고린도를 떠난 바울은 수리아 안디옥으로 돌아가던 중 잠시 겐그레아에 들러 이전에 서원한 대로 머리를 깎았다. 바울이 서원한 이유에 대해 학자들의 의견을 들면 바울이 고린도에서 자신의 사역으로 특별한 서원을 하고 나실인의 규례를 지켜 머리를 길렀다가 서원 기간이 끝나자 머리를 자른 것으로 추정한다.

겐그레아*는 고린도 동남쪽으로 11.2킬로미터 떨어진 그리스 남부 사론 만에 위치한 항구이다. 그리스 지리·역사학자 스트라보는 겐그레아 항구 동쪽에 고린도인의 해군기지가 있었으며, 겐그레아는 아시아와 무역을 하던 항구였다고 했다. 고대에 고린도의 외항 역할을 했던 겐그레아는 오늘날 케크리아이스Kechriais라고 부르는 마을 근처에 있다.

바울은 겐그레아에 오기 전 고린도에서 머무는 동안 겐그레아에 교회를 세웠는데 뵈뵈는 이 교회의 여집사였다. 뵈뵈에 대한 바울의 추천서라고 볼 수 있는 〈로마서〉 16장 1~2절에서 바울은 뵈뵈를 겐그레아 교회의 일꾼으로 로마에 있는 그리스도인들에게 추천하면서 그에게 필요한 것을 도와주라고 부탁하고 있다. 또한 뵈뵈가 많은 겐그레아 지방 여행자들의 보호자와 후원자 역할을 했다는 것도 언급하고 있다. 《성경》 기록으로 보아 뵈뵈는 바울이 쓴 〈로마서〉를 로마에 있는 그리스도인에게 전하는 자였던 것 같다.

겐그레아의 옛 폐허지에는 건물과 방파제가 지금도 남아 있는데 고린도 운하 건설로 교회 터 유적은 극

● 겐그레아 : 2세기경에 활약한 그리스 지리학자 파우사니아스는 겐그레아 항구의 이름이 신화 속 포세이돈과 페이레네의 아들인 켄크레아스가 이 도시를 세운 것에서 유래한다고 했다. 그 시대에는 항구 쪽에 아프로디테 신전이 있었고, 그 반대편에 아스클레피오스Asklepios와 이시스Isis의 성소가 있었으며, 바다 쪽으로 돌출해 있는 방파제 위에는 청동으로 만든 포세이돈 신상이 있었다. 최근 연구를 통해 항구를 둘러싸고 있는 두 갑headland 위의 건물이 밝혀졌는데, 남서쪽 갑에서는 1세기 초에 세워진 것으로 보이는 창고와 대리석을 깐 건물, 4세기경에 지은 바실리카풍 교회가 있었음이 확인되었다. 건물에서는 석고에 색유리를 입힌 모자이크 그림이 그려진 창이 발견되었다. 한편 북쪽 갑에서는 2세기경 벽돌 건물이 발견되었다.

물에 잠긴 겐그레아의 교회 터 _ 그리스

히 일부만 남아 있고 나머지는 물에 잠긴 것을 볼 수 있다.

　지난해 순례팀을 이끌고 겐그레아 근처 호텔에서 숙박한 적이 있다. 고린도나 아덴은 호텔 시설에 비해 숙박비가 비싸지만 이곳 호텔은 고린도와 겐그레아 사이 바닷가에 위치해 있는 데다 저렴한 가격에 성지 두 곳을 볼 수 있는 장점이 있다. 특히 아침에 바닷가로 나가 바울이 서원을 이행한 것을 생각하며 묵상에 잠기기에도 좋다.

　바닷가에서 떠오르는 해를 바라보며 서원을 이행한 바울을 생각했다. 중학교 3학년 때 교회를 나가자마자 목사가 되어야겠다고 마음먹었던 기억이 떠올랐다. 그것이 서원인지는 모르겠지만 어쨌든 그 뒤로 한 번도 목사의 길을 포기한 적은 없었다. 지금 생각하면 모든 것이 하나님의 섭리요 은혜였음을 바울이 서원을 이행한 이곳 겐그레아 해안에서 다시 한 번 확인했다.

에베소에 사는 유대인과 헬라인들이 다 이 일을 알고 두려워하며 주 예수의 이름을 높이고 믿은 사람들이 많이 와서 자복하여 행한 일을 알리며 사도행전 19:17~18

불모지에
피어난
복음의 꽃

_에베소

에베소 중심도로, 맨 끝에 셀수스 도서관이 보인다.

> " 3차 전도 여행 때 바울이 두 번째로 에베소에 들러 사람들에게 안수하자 성령이 임하면서 사람들이 예언도 하고 방언도 했다. 또 병든 사람이 낫고 악귀가 떠나가는 등 큰 기적이 일어나고 많은 사람이 예수님을 믿으며 마술사까지도 회개하는 역사가 일어났다. 그러나 아데미 신상 모형을 만들어 파는 사람들로 인해 어려움을 당하기도 했다 사도행전 19장. "

그리스 겐그레아를 떠나 귀환길에 오른 바울은 에게 해를 가로질러 오랜 항해 끝에 터키 에베소에 도착했다. 그리고 회당에 들어가 유대인과 변론했다. 그들은 바울이 더 오랫동안 머물기 원했으나 바울은 하나님의 뜻이 있으면 다시 올 것을 약속하고 에베소를 떠나 가이사랴로 갔다.

얼마 후 바울은 세 번째로 전도 여행을 떠나 갈라디아와 브루기아 지역을 차례로 다니며 복음을 전한 후 에베소에 이르렀다. 2차 전도 여행 때와는 달리 3차 때는 바울이 안수하자 성령이 임하면서 사람들이 예언도 하고 방언도 했다. 바울은 회당에 들어가 3개월 동안 담대히 하나님 나라에 관해 강론하고 권면했다.

이에 어떤 사람들은 마음이 굳어 무리 앞에서 이를 비방하자 바울은 그들을 떠나 2년 동안은 두란노 서원에서 날마다 강론했다. 특히 하나님이 바울의 손으로 놀라운 능력을 행하게 하시니 그의 몸에서 손수건이나 앞치마를 가져다가 병든 사람에게 얹으면 그 병이 낫고 악귀가 떠나가기도 했다. 뿐만 아니라 마술사가 모든 사람이 보는 앞에서 자기의 책을 불태우는 회개의 역사가 일어나기도 했다.

에베소가 어떤 도시이기에 아무런 전도의 성과가 없었던 2차 전도 여행 때와 달리 3차 때는 그토록 큰 복음의 능력이 나타났을까? 에베소는 수십 회 방문했지만 그 이유를 깨닫게 된 것은 성지 답사를 시작한 지 10여 년이 지나서였다.

《성경》 속 도시 에베소는 소아시아 7개 교회 중 가장 큰 규모의 유적이 있는 오늘날 터키 에페수스이다. 에게 해안에서 5킬로미터 들어간 카이스터 강구에 위치한 이곳은 이스탄불에서 자동차로는 하루 거리이기 때문에 대개 이스탄불에서 이즈미르(《성경》의 서머나)까지 비행기로 이동해 이즈미르에서 버스를 이용한다. 이즈미르에서 에베소까지는 남쪽으로 한 시간 정도면 여유 있게 도착한다.

에베소는 유적지 규모가 커서 하루 일정으로는 충분하지 않다. 고대 에베소 지역뿐 아니라 주변 유적 역시 많다. 고대 유적지를 방문하려면 산 위쪽 입구에서 아래쪽 입구로 코스를 잡아야 힘들지 않다.

일반 여행객에게 볼거리가 많은 곳이기도 하지만 특히 기독교인에게는 더욱 뜻깊은 곳이다. 기독교 초기에 바울 사도가 두 번째 전도 여행 시 잠시 들른 곳이요 세 번째 전도 여행 때는 큰 복음의 역사가 일어난 곳이기 때문이다. 뿐만 아니라 예수님의 열두 제자 중 하나인 사도 요한이 예수님의 부탁에 따라 마리아를 모시고 와서 말년을 보낸 곳이며 마리아가 죽은 곳이기도 하다. 그래서 이곳에는 사도 요한의 무덤과 함께 마리아 기념 교회와 집터가 남아 있다.

역사적으로 에베소는 로마, 알렉산드리아, 안디옥과 더불어 로마 제국의 4대 도시 중 하나였다. 또한 각지의 생산품이 오고가는 무역항구요, 교통상으로 동서양을 연결하는 요지였다. 로마 시대에는 항구가 유적지와 가까이 있어 항구에서 아르카디아라는 길을 따라 이곳으로 들어왔으나 지금은 항구가 메워져 있다. 유적지는 경사진 산을 따라 형성되어 있다.

우리는 편한 길을 택해 위쪽 입구를 통해 유적지 안으로 들어갔다. 바로 오른쪽 산언덕에 보니 야외 음악당이 세워져 있었다. 야외 음악당에서 돌로 포장된 길을 따라 내려가자 아직도 당시 유적이 많

트라야누스 황제의 분수탑 _ 터키 에베소

이 남아 있었다.

음악당 옆에는 트라야누스 황제의 분수탑이 두 개의 기둥으로 남아 있었다. 2세기에 처음 세워진 이 분수탑은 부분적으로 복구되었는데 정면에 실물 크기의 트라야누스 황제의 동상이 있었으나 현재는 오른쪽 발과 몸통 일부만 남아 있다. 또 두 개의 사티로스(반인반수인 숲의 신)를 묘사한 동상과 아프로디테 동상이 발견되어 박물관에 전시되어 있다.

트라야누스 황제의 분수탑을 지나면 아데미 여신의 숭배 장소로 알려진 프리타니온Prytanion이 있다. 로마 아우구스투스 황제 때 건설된 프리타니온은 3세기경 파괴된 것을 복구했으나 4세기경 다시 파괴되었다. 이곳에서는 검은색과 흰색의 대리석으로 장식된 도시 성소와 헤스티아 여신 동상 앞에 있는 제단과 정원에서 아테나 여신 동상이 발견되었다.

여기서 조금 내려가면 하드리안 황제 신전이
있고 더 아래쪽에는 두 기둥이 남아 있는 헤
라클레스 문이 있다. 헤라클레스 문은 4~5세
기 초에 세워진 것으로 본래 승리의 여신인 니케
의 부조물로 장식된 돌덩이에 새겨져 있었다. 그
러나 현재는 헤라클레스와 네메아 사자의 싸움을
묘사한 부조물이 새겨진 두 개의 돌기둥이
나란히 서 있다. 문 왼쪽 테라스에는 네 개
의 기둥이 있는 헬레니즘 분수가 있다.

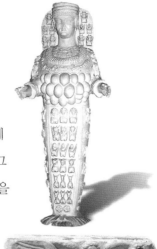

이 문을 지나면 니케 여신상이 있는
데, 니케는 승리를 상징하는 그리스 여신
으로 한 손에는 종려나무 가지를 들고 다
른 한 손으로 면류관을 들고 있는 모습이

아데미 신상(위), 니케 신상
(아래) _ 에베소

다. 오늘날 나이키는 이 니케Nike라는 말에서 따온 것이다.

니케 여신상에서 약간 굽은 길을 따라 끝까지 내려가면 화려한
모자이크가 새겨진 도로가 중심 도로 옆으로 나란히 나 있다. 그리고
도로 오른쪽에 화장실 터가 있는데 보존이 잘되어 있었다. 화장실 중
앙에 청동으로 된 동상이 있고 바닥은 모자이크로, 벽은 대리석 패널
로 장식되어 있었다. 화장실은 그 나라의 문화 수준을 보여 준다고
했는데 에베소의 화장실을 보면서 에베소의 문화수준이 어떤 도시보
다도 높았던 것을 알 수 있었다.

화장실 물은 그 옆에 있는 로마 때 스콜라스티시아 목욕탕The
Bath of Skolasticia에서 나온 물로 사용했다. 이 목욕탕은 1세기에 처음

지어졌으며 5세기에 스콜라스티시아라는 부유한 여인의 기부로 확장 복구되었다. 입구에는 그 여인의 동상이 세워져 있다.

화장실에서 조금 더 내려가면 도로 정면에 웅장하게 서 있는 큰 건물이 있는데 바로 셀수스 도서관이다. 이 도서관은 에베소 집정관이었던 셀수스 폴레마누스가 사망한 후 그 아들이 무덤 위에 세운 것이다. 처음 건물은 110년에 세워졌으나 260년 화재로 정면을 제외한 나머지 부분이 소실되었다.

도서관은 외부가 16미터 높이에 넓이가 21미터인 대규모 건물로 맨 꼭대기와 기둥의 아랫부분은 납판을 씌워 강한 지진에도 버틸 수 있게 설계되었다. 이 건물은 1970년대 복구가 이루어졌다.

에베소 도서관은 당시 이집트 알렉산드리아, 터키 버가모 도서관과 함께 세계 3대 도서관 중 하나로 20만 권의 장서를 소장했던 것

셀수스 도서관 _ 에베소

으로 알려졌다. 도서관 규모를 보면 에베소의 학문 수준이 당대 최고였음을 미루어 짐작할 수 있다. 이 도서관이 바울 시대와 50년 정도 차이가 나지만 그래도 바울 당시에도 에베소가 학문이 발달한 곳이었음을 알 수 있다.

도서관 옆에는 주랑 기둥이 남아 있는 넓은 광장이 있는데 이곳이 에베소의 상업 아고라Commercial Agora이다. 아고라는 고대 시장터로 에베소에는 두 곳의 아고라가 있는데 상업 아고라는 크기가 110×110미터의 정방형으로 된 야외 시장이었다.

BC 1세기에 세워진 이 아고라는 3세기 초 카라칼라 황제에 의해 복구되었으며, 지금의 모습은 4세기에 있었던 지진 후의 것이다. 이곳 상점은 주랑을 따라 있었고 상점 뒤에는 창고가 있었으며 해시계와 물시계가 시장 중앙에 놓여 있었다.

스테이트State 아고라는 야외 음악당 앞에 있는데 선거, 모임, 집회 등 정치 활동이 열렸던 곳으로 4세기까지는 공동묘지로 쓰였다.

스테이트 아고라와 오데온(야외 음악당) 사이에는 고대 로마 시대에 재판소나 집회장 등의 목적으로 사용된 바실리카가 있는데 최초의 바실리카는 BC 2세기에 세워진 것으로 알려져 있다. 이곳은 또한 사채업자와 은행가가 돈을 교환하는 장소로도 사용되었다.

우리는 다시 도서관으로 나와 대리석 길 건너편에 있는 매음굴 집터로 갔다. 이곳은 4세기에 만들어진 것으로 정원을 둘러싸고 있는 방과 거실로 이루어져 있다. 입구에는 방문객이 자신의 옷에 묻은 흙과 먼지를 터는 곳이 있으며 집에는 성적 행위를 묘사하는 많은 모자이크 장식이 있다. 이곳 여인들은 지적이고 수준 높은 교육을 받

대극장과 항구로 난 아르카디아 길, 바울은 이 길을 따라 에베소로 들어왔다.

앞다. 그리고 자신의 집을 소유했으며 일반 로마 여인이 누리지 못하
는 특권을 누렸다.

　또 여기서 대극장을 향해 50미터 정도 내려가면 대리석 바닥에
발바닥과 여자 얼굴, 하트 모양과 사각형이 새겨진 매음 표지판이 있
다. 원형 모양의 홈은 돈을 가리키고, 바로 밑의 하트 모양은 사랑을
가리키니 곧 돈이 없으면 사랑도 없다는 뜻이라고 가이드가 설명했
다. 이처럼 당시 에베소는 뛰어난 학문의 도시인 동시에 매음이 성행
한 성적 타락의 도시이기도 했다.

대리석 길을 따라 아래로 내려가면 길 끝에 대극장이 원형 그대로 남아 있다. 무대 바닥에서 맨 꼭대기까지 높이가 무려 60미터나 되는 에게 해에서 가장 큰 극장이다. 관중석은 세 구역으로 나뉘어 있는데, 무대 1층과 2층 건물은 네로 황제 때 만들어졌으며, 3층은 셉티무스 세베루스 황제 때 만들어졌다. 관중석 2만 4,000명, 원통형 지붕을 떠받치고 있는 갤러리는 1,000명을 수용할 수 있기 때문에 수용인원은 총 2만 5,000명 규모였다. 이 대극장은 클라우디우스 때 대대적인 보수공사로 원형이 많이 바뀌었다.

로마 시대의 극장은 시민을 위한 공연과 오락, 대중 연설 등의 장소로 사용되었다. 극장이 크다는 것은 그만큼 세상의 오락과 취미가 흥행했다는 것이고 그 또한 복음을 전하기가 어려웠음을 보여 준다.

대극장 위로 올라가 항구로 향하는 아르카디아 길*을 바라보며 그 옛날 바울이 항구를 통해 에베소로 들어왔던 모습을 회상했다. 그리고 짧은 길이지만 바울이 걸었던 그 길을 걸으면서 바울의 복음을 향한 열정을 품어 보았다.

70미터 남짓한 아르카디아 길을 걸은 후 오른쪽으로 올라가 마리아 기념 교회를 잠시 들렀다. 현재의 건물은 2세기경에 세워진 것으로 4세기에 교회로 전환되기까지 이곳에 시장이 형성되었기 때문에 세속적인 기능을 수행했다. 비잔틴 교회는 서쪽에 추가로 건설되었다. 이곳은 예수님과 성모

● 아르카디아 길 : 에베소에서 항구로 가는 길로 아르카디아 도로Arcadian Street 라고 부른다. 넓이 11미터, 길이 600미터로 로마 아카디우스 황제(395~408년) 때 복구작업이 이루어진 후 황제의 이름을 따서 아르카디아(아카디안) 거리로 명명되었다. 이 도로는 항구와 대극장 지역을 연결하는 길로 도로 양쪽에는 주랑이 있고 바닥에는 모자이크가 만들어져 있다. 저스틴 황제(525~566년)에 의해 세워진 네 개의 고린도식 기둥 위에는 네 명의 기독교 사제의 동상이 있었던 것으로 보인다. 이 거리는 횃불을 켜서 밝혔다.

마리아의 신성에 대한 논의가 있었던 제3차 종교회의가 열린 곳이기도 하다.

고대 유적지를 떠나 성모 마리아 집The House of St. Mary으로 향했다. 이곳은 산중턱에 있어 유적지 위쪽 입구에서 파나이아 산 왼쪽으로 난 길을 따라 산을 넘으면 바로 나온다.

예수님은 십자가에 달릴 때 어머니를 동생들이 아닌 사도 요한에게 부탁했다. 그리고 사도 요한은 예수님이 승천한 후 부탁대로 성모 마리아와 함께 이곳에 와서 지냈다.

성모 마리아 기념 교회(위) 성모 마리아 집터(아래) _ 에베소

그런데 왜 마리아의 집은 산중에 있는 것일까? 이 지역에서 전해오는 이야기에 의하면 기독교의 박해 속에서 마리아는 신분을 감추고 복음을 전했다. 그러나 시간이 흐를수록 신분이 알려지면서 예수님을 핍박하던 무리가 마리아를 조롱하고 돌을 던지기까지 했다. 이에 사도 요한은 사람들의 발길이 잘 닿지 않는 이곳 산등성에 마리아를 위해 집 한 채를 지었다고 한다.

마리아는 예수님이 승천한 후 수리아 안디옥에서 머물다가 이후 다시 에베소에 와서 살면서도 어려움을 겪었다. 성모로서 그가 당한 아픔과 고초를 다 이해할 수는 없지만 조금이나마 마리아의 심정을 생각하며 마리아의 집에서 기도하고 그곳을 떠났다.

마리아의 집을 나와 다시 시내로 들어가면 산언덕에 사도 요한 기념 교회가 있다. 언덕 위 작은 주차장에 차를 세워 놓고 박해의 문을 통해 올라갔다.

이 문을 박해의 문이라고 한 것은 기독교가 공인된 후 에베소에 있는 요한 공동체의 기독교인들이 신앙 선배들의 순교와 고난이 어

사도 요한 무덤 교회 입구에 있는 박해의 문

린 대극장을 부수고 그곳에 있는 돌을 가져다가 세웠기 때문이다. 그들은 그 돌을 하나하나 쌓을 때마다 박해받아 순교한 기독교인의 고난과 열정을 잊지 않기를 다짐했다.

박해의 문을 지나면 고대 아크로폴리스 자리에 사도 요한 무덤 교회가 남아 있다. 현재의 교회는 4세기에 지어진 고대 교회 잔해 위에 6세기 저스틴(주스티니안) 황제 때 세워진 것이다. 복원된 모형을 보니 교회 규모가 엄청나게 컸음을 알 수 있다.

사도 요한 무덤 자리를 중심으로 네 모서리에 네 개의 대리석 기둥이 세워져 있는데 그 옆에는 세례를 베풀었던 곳도 남아 있었다. 무덤 뒤편에는 〈요한 1, 2, 3서〉를 기록했다고 전해지는 아야수룩 성채도 보였다.

사도 요한은 60년경부터 에베소에서 산 것으로 생각된다. 81년 도미티아누스(도미시안) 황제의 통치가 시작되었을 때 밧모 섬으로 귀양 가 그곳에서 〈요한계시록〉을 기록했다. 그후 네로 황제의 통치가 시작된 96년에 다시 에베소에 돌아와 〈요한복음〉을 기록했다고 추정된다. 그는 에베소에서 마리아를 돌보다가 에베소에서 죽었다.

다른 모든 사도가 순교당할 때 사도 요한만 유일하게 순교하지 않았다. 그것은 예수님이 그에게 어머니를 부탁한 사명 때문이다. 그의 무덤 앞에서 주님께 받은 사명을 위해 살았던 요한의 생애를 살펴보며 같은 다짐을 해본다.

사도 요한 기념 교회에서 보면 산 아래로 기둥 한 개가 남아 있는 아데미 신전 터가 보인다. 아르테미스(아데미)는 지중해 지역에서 수세기 동안 숭배된 여신이었다. 이 여신에 대한 숭배는 아나톨리아를

사도 요한 무덤 교회, 뒤에 보이는 것은 아야수룩 요새

통해 메소포타미아, 시리아, 레바논, 팔레스타인, 이집트뿐만 아니라
에게 해 섬에서 그레데 섬까지 확산되었다. 더 나아가 그리스와 이탈
리아에서도 그 자취를 찾아볼 수 있다.

아르테미스는 토양과 자연의 비옥함을 상징하는 대지의 여신으
로 여러 시대, 여러 장소에서 여러 가지 이름으로 숭배되었다. 곧 모
든 자연은 이 원초적인 여신의 명령으로 대지가 꽃과 과일을 생산해
낸다고 믿었다. 그리고 모든 사물과 공기, 대지와 바다를 다스리며
동물의 생명을 주관한다고 믿었다. 이 여신은 처녀이며, 부인이며,
어머니로 여겨진다.

에베소에 있는 아르테미스 신전Temple of the Artemis은 고대 7대 불
가사의 중 하나로 BC 625년 처음으로 완성되었다. 그러나 치메리안 침
략 때 파괴된 후 아홉 번이나 재건설되었다. 이후의 신전은 BC
564~540년에 당시 가장 뛰어난 예술가와 건축학자에 의해 아테네 파

르테논 신전보다 네 배나 큰 건물로 세워졌다. 그러나 자신의 이름을 영원히 남기기를 원했던 헤로스트라토스라는 한 미치광이의 방화로 불에 타버렸고, 그렇게 파괴된 자리에 같은 크기로 다시 세워진 새 신전은 262년 고트족의 침입으로 파괴된 후 다시 건설되지 않았다. 현재 이 신전 터에서 발견된 중요한 유물은 대영박물관에 전시되어 있다.

사도 바울은 에베소에 왔을 때 "에베소의 위대한 신은 아르테미스이다"라고 외치는 군중과 직면했다. 후에 기독교 시대에 접어든 후 이 여신 숭배는 점차 금지되었고 성모 마리아 숭배로 전환되었다.

에베소는 현재 터키 지역에서 가장 큰 유적지이다. 바울은 3차 전도 여행 때 에베소에서 3년 동안이나 머물면서 사역했으며, 고린도에서 만났던 브리스길라와 아굴라 부부는 에베소 교회의 기둥 역할을 하고 그의 집에서 교회가 모였다. 이 부부는 바울이 에베소에서 〈고린도전서〉를 기록할 때(BC 55년) 에베소에 있었으며, 바울은 고린도 교인들에게 안부를 전할 때 이 부부의 안부도 함께 넣었다.

바울에게 에베소는 다른 어떤 도시보다도 의미 있는 사역지였다. 학문의 도시요, 문화의 도시요, 음행의 도시요, 우상의 도시요, 환락과 오락의 도시로 도저히 복음이 들어갈 수 없는 에베소였기에 2차 전도 여행 때는 단지 변론만 했던 것이다. 그러나 두 번째 방문한 3차 전도 여행 때는 가장 오래 머물면서 많은 기적을 베풀었고 마술사조차도 자기들의 마술책을 불태우고 기독교로 입문할 정도로 전도의 큰 부흥이 일어났다.

에베소에 그 옛날 바울에 의해 일어났던 복음의 역사가 다시 한 번 깨어나기를 소망한다.

우리는 앞서 배를 타고 앗소에서 바울을 태우려고 그리로 가니 이는 바울이 걸어
서 가고자 하여 그렇게 정하여 준 것이라 바울이 앗소에서 우리를 만나니 우리가
배에 태우고 미둘레네로 가서 사도행전 20:13~14

성령의
인도하심 따라

_앗소

에게 해가 바라보이는 앗소의 성벽 _ 터키

"
에베소를 떠난 바울은 북쪽 마게도냐와 남쪽 헬라 지역을 두루 다니며
말씀을 전했다. 그러나 유대인이 자기를 죽이려 한다는 사실을 알고는
바로 수리아 안디옥으로 가는 것을 포기하고 다시 마게도냐를 거쳐 귀
로에 올랐다.

빌립보에서 배를 타고 5일 만에 드로아에 닿은 바울은 이곳에서 7일을
머물면서 말씀을 강론했다. 그리고 동료를 배에 태워 먼저 보낸 후 자
신은 육로를 통해 앗소에 도착했다 사도행전 20:1~14.
"

3차 전도 여행 때 에베소를 떠난 바울은 마게도냐와 헬라에 이르러 3개월을 머문 후 배를 타고 바로 수리아 안디옥으로 가려고 했다. 그러나 유대인이 자기를 죽이려 한다는 것을 알고 다시 육지 길을 통해 마게도냐로 올라갔다.

하나님의 인도하심은 사람의 생각을 뛰어넘을 때가 많다. 만일 헬라에서 바로 배를 타고 안디옥으로 갔다면 3차 전도 여행에서 돌아오는 길에 들른 드로아에서의 강론과 죽은 유두고를 살린 일, 앗소와 밀레도에서 에베소 장로와의 뜨거운 만남과 이별 등의 사건은 일어나지 않았을 것이다. 이 모두가 하나님의 섭리요, 인도하심이었다.

다시 마게도냐로 온 바울은 빌립보에서 배를 타고 드로아로 떠났다. 그런데 2차 전도 여행 때 드로아에서 마게도냐 네압볼리까지 배로 이틀이 걸렸으나 3차 전도 여행에서 돌아올 때는 마게도냐 빌립보에서 드로아까지 5일이나 걸렸다. 네압볼리와 빌립보는 거리상 16킬로미터밖에 차이가 나지 않는다. 더구나 네압볼리 또는 빌립보에서 드로아까지 배로 항해하는 에게 해에는 중간에 사모드라게 섬이 있어 잠시 정박할 수 있으나 도중에 배가 바다 한가운데서 멈출 이유가 없었다.

그럼에도 이틀이면 올 수 있는 거리를 5일이나 걸려서 드로아에 도착했다는 것은 큰 풍랑을 만났음을 보여 준다. 훗날 바울은 전도 여행을 하는 가운데 바다의 위험을 만났다고 고백했는데 그 위험을 만난 곳이 바로 이곳이다.

바울은 무교절 후에 빌립보에서 배로 떠난 지 5일 만에 드로아에

도착했다. 이때 바울보다 먼저 떠나 드로아에 도착한 사람은 베뢰아 사람 부로의 아들 소바더와 데살로니가 사람 아리스다고, 세군도와 더베 사람 가이오, 디모데, 아시아 사람 두기고와 드로비모였다.

드로아에 도착한 바울은 이들과 함께 7일을 머물면서 말씀을 강론했다. 이때 말씀이 한참 동안 이어지자 3층에서 졸고 있던 유두고가 떨어져 죽은 것을 살리는 기적이 일어났다. 오늘날 드로아에는 교회 터와 아고라 등의 유적이 남아 있다.

드로아에서 강론을 마친 바울은 함께한 사람들을 먼저 배를 타고 앗소로 가게 하고 자신은 육지를 통해 앗소로 갔다. 드로아에서 앗소까지 뱃길로는 75킬로미터, 육지 해안길로는 60킬로미터 거리였다. 그러니까 육지로 가는 길이 배로 가는 것보다 15킬로미터 정도 짧지만 시간상으로는 배가 빠를 수밖에 없다.

그런데 왜 바울은 동료와 함께 배로 가지 않고 육지로 갔을까? 《성경》에는 바울이 육지 길로 앗소까지 가는 중에 일어난 사건을 언급하고 있지 않다. 그러나 바울이 육지 길을 선택한 데는 분명히 이

유가 있었을 것이다.

그 이유는 간단하다. 바울은 2차 전도 여행 때 육지 길로 드로아에 갔다. 그래서 다시 같은 길로 앗소까지 가면서 전도했던 곳을 재차 방문해 믿는 형제들을 격려하고 믿음을 굳게 하려 했을 것이다. 아니면 가는 도중에 말씀을 전하기 위함이었을 수도 있다.

2011년 가을 장로회신학대학교 성지연구원에서 주최한 바울에 대한 학술 세미나에서 강의할 때였다. 한 사람이 이런 질문을 했다.

"바울은 대도시와 회당 중심의 전도 여행을 했는데 그렇다면 작은 마을이나 지역에는 전도에 관심이 없었다는 말인가요?"

그렇지 않다. 비록 도시 중심으로 말씀을 전했으나 바울은 도시와 도시 사이를 오가면서도 가능한 복음을 전하기 위해 힘쓴 사람이다. 이는 1차 전도 여행 때 구브로 살라미에서 바보로 갈 때도 편하고 짧은 로마 때 길로 가지 않고 섬 한가운데로 지나간 것과 지금 드로아에서 일부러 육지 길을 통해 앗소로 간 것에서 분명하게 나타난다.

우리는 앞서 배를 타고 앗소에서 바울을 태우려고 그리로 가니 이는 바울이 걸어서 가고자 하여 그렇게 정하여 준 것이라 사도행전 20:13

드로아와 앗소는 세 번 방문했다. 처음에는 바울의 3차 전도 여행 때처럼 드로아에서 앗소로 왔고, 나머지 두 번은 앗소에서 드로아로 갔다. 드로아에서 앗소로 가는 길을 달리며 바울에게는 오직 복음을 전해야겠다는 생각뿐이었다는 사실을 확인하게 되었다. 그래서

절벽 밑에 자리 잡은 앗소 항구 _ 터키

그의 발걸음은 거리나 지형에 상관없이 도시와 도시 사이의 길에도
오직 복음을 전할 수 있는 곳으로 코스를 잡은 것이다.

앗소Assos는 오늘날 터키 서쪽 베흐람괴이Behramkoy 마을에 위치
한 아드라미티움Adramyttium 만에 있는 드로아 남쪽 항구 도시이다.
이스탄불에서 자동차로 가려면 이틀이나 걸리는 어렵고 먼 길이다.

이스탄불은 수도는 아니지만 터키에서 가장 큰 도시로 유일하게
보스포러스 해협을 사이에 두고 유럽과 아시아 두 대륙으로 나뉘어
있다. 우리는 유럽 쪽 이스탄불에서 출발했는데 마르마라Marmara 해
협을 끼고 서남쪽으로 3시간 30분 정도를 달리자 터키 본토로 넘어
가는 마르마라 해협 맨 끝에 이르렀다. 그리고 에세아밧Eceabat에서
자동차를 배에 싣고 본토에 도착한 후 다시 남쪽으로 75킬로미터를
달려 앗소에 도착하자 이미 날이 저물어 있었다.

이곳은 한 명에 100달러를 주고서야 숙소를 잡을 수 있는 휴양지였다. 지금까지 가장 비싼 숙박비를 내고 잠자리에 들었으나 얼마 자지 못하고 일출을 찍기 위해 곧 일어났다. 항구로 나가자 밤에 도착해 보지 못했던 참으로 아름다운 작은 항구의 모습이 펼쳐졌다.

이 도시는 깎아지른 화산추 해안의 아름다운 경관을 자랑하고 있었다. 해안으로부터 조금 떨어져 있는 도시는 급경사 오르막으로 방어된 모습이었는데, 천연의 방어시설은 32킬로미터에 달하며, 19.5미터 높이의 성벽으로 더욱 강화해 놓았다. 또 큰 인공 방파제로 배를 대기에도 편리하게 만들어져 있다.

이곳에서는 발굴을 통해 도리아식 아테나 신전을 비롯해 목욕탕과 극장 유적이 발견되었다. 또 이곳은 스토아 철학자 클레안테스의

앗소 항구. 바울은 이곳에서 뒤로 보이는 오늘날 그리스 영토인 틸레네(미틸레네) 섬으로 갔다.

아폴로 신전 기둥 _ 터키

고향이기도 한데 항구로 내려가는 길에는 아리스토텔레스 동상도 세워져 있다.

아침 식사 후 절벽 위에 있는 성채로 올라가자 마치 하늘에서 보는 것처럼 작지만 아름다운 항구의 모습이 펼쳐졌고 멀리 바울이 배를 타고 건너간 미둘레네 섬이 흐릿하게 시야에 들어왔다. 성채 위에는 아폴로 신전 기둥이 몇 개 남아 있고 그 아래에는 교회 터가 있는 것으로 보아 이곳 역시 이방신을 섬긴 곳에 복음이 들어왔음을 알 수 있었다. 바울이 3차 전도 여행에서 돌아오는 길에 머문 앗소, 그것은 오직 성령의 전적인 인도하심에 따른 것이었다.

바울이 앗소에서 우리를 만나니 우리가 배에 태우고 미둘레네로 가서 거기서
떠나 이튿날 기오 앞에 오고 그 이튿날 사모에 들르고 또 그 다음 날 밀레도에
이르니라 사도행전 20:14~15

단순히
지나갔을
뿐인데
_미둘레네, 기오, 사모 섬

사모 섬의 피타고리온 항구, 이곳은 피타고라스 고향이다.

> **"** 바울은 앗소에서 먼저 와서 기다리고 있던 일행을 만나 배를 타고 미
> 둘레네 섬으로 갔다. 《성경》에는 바울이 이곳에서 사역했다는 언급 없
> 이 미둘레네에 도착했다는 기록만 있다. 이후 미둘레네를 떠난 바울은
> 기오 섬에 도착해 하루를 묵은 다음 이튿날 사모 섬으로 갔다 사도행전
> 20:13~15. **"**

바울은 앗소에서 미리 와서 기다리고 있던 동료를 만나 배를 타고 미둘레네 섬으로 갔다. 앗소에서 미둘레네까지는 약 13킬로미터 거리로 앗소에서도 시야에 들어올 정도이다.

《성경》에서 미둘레네는 바울이 배로 앗소를 떠나 미둘레네에 도착했다는 기록밖에 없다. 그러나 우리는 바울이 들렀던 미둘레네 섬의 오늘날 모습을 보기 위해 이곳을 찾았다.

미둘레네는 아테네 피레우스 항구에서뿐만 아니라 북쪽 데살로니가, 네압볼리, 기오, 사모스 등에서도 들어오는 배가 있다. 오늘날 레스보스 섬으로 불리는 미둘레네*는 터키 소아시아 동남 연안에서 가까운 거리이나 다른 섬과 마찬가지로 그리스에 속해 있다. 인구 9만 명 정도가 살고 있는 그리스에서 세 번째로 큰 섬으로 미둘레네라는 성읍 이름이 섬 전체의 이름으로 불리게 된 것은 중세 때이다.

이곳은 해마다 여름철이면 많은 관광객이 찾고 있다. 특히 양질의 올리브유와 치즈가 생산되고 있으며 도자기와 나무로 만든 조각품과 직물과 같은 민속 예술로도 유명하다.

바울은 세 번째 전도 여행에서 돌아오는 길에 아가야에서 수리아로 들어올 때 소바더, 가이오, 디모데, 두기고, 드로비모 등과 함께 앗소 서해안 항구에서 배를 타고 왔다. 그리고 바로 기오 섬으로 가서 하루를 묵었다.

* 미둘레네 : BC 479년 헬라인에 의해 페르시아 지배에서 해방되었다. 그후 한때 스파르타 지배하에 들어갔다가 BC 4세기경에는 아테네와 동맹을 다시 맺었다. 이후 알렉산더 대왕에 의해 다시 해방된 미둘레네는 이집트 프톨레마이오스 왕조와 셀레우코스 왕국의 통치를 차례로 받았다.

중세 성채 _ 그리스 미둘레네

기오 섬Chios*은 에게 해 동부 중앙에 위치해 있으며 터키 본토에서 직선거리로 8킬로미터밖에 안 되지만 그 사이에 작은 섬들이 산재해 있다. 이 섬의 가장 큰 항구는 섬 이름과 같은 기오 항구로 현재 명칭은 시오Chio 또는 히오스Hios이다.

우리는 기오 항구에 도착하자마자 이곳에서 가장 유명한 네아모니Nea Moni 수도원으로 향했다. 항구에서 서쪽 산중턱을 따라 S자로 포장된 길을 따라가자 한 폭의 그림처럼 에게 해를 뒷배경으로 삼아 수도원이 자리하고 있었다.

● 기오 섬 : 이 섬의 최초의 주민은 크레타인과 가리아인이었으나 이오니아인에게 정복되었다. 그러나 이오니아인은 이곳을 가장 번창하는 주로 만들었다. 현재 이 섬의 가장 큰 도시인 기오 항구는 비잔틴 시대의 영향을 많이 받은 도시답게 아직까지도 당시 모습이 남아 있다. 도시 중심부에는 1210년 터키 시대에 세워진 성의 일부가 남아 있는데 지금은 조각 박물관으로 사용되고 있다. 이곳의 특산물로는 청색 대리석이 유명한데 지금도 많은 양의 대리석이 채굴되고 있다. 그리고 이곳에서 생산되는 누에는 프랑스 리옹으로 수출될 만큼 질이 좋으며 그 외에 오렌지와 아몬드, 유향수지, 피혁 등도 주요 수출품이다.

324

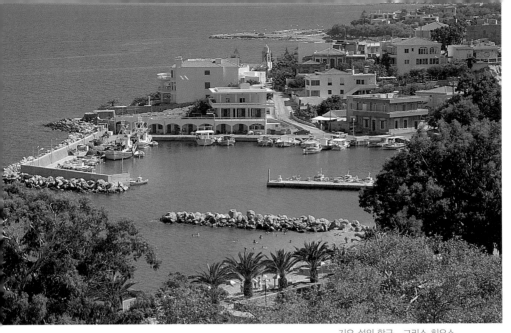

기오 섬의 항구 _ 그리스 히오스

유네스코 지정 문화재인 이 수도원은 1045년에 세워진 비잔틴 때의 것으로 건물 중심부는 기둥이 없는 15.5미터 높이의 둥근 지붕에 정사각형 모양으로 되어 있으며 당시 유명한 성모 마리아의 이콘 icon이 있다. 그러나 지금은 1822년 터키 시대에 파괴된 후로 모자이크 벽 일부만 남아 있다.

기오 섬에는 호메로스(호머) 시인을 비롯해 유명한 인재가 많이 배출되었다. 그중에서 호메로스가 시상을 떠올리기 위해 앉았다는 돌의자를 찾았다. 일명 '가르침의 의자'라고도 부르는 이곳에 서 보니 그야말로 시상이 저절로 떠오를 정도로 앞에는 에게 해가 한눈

호메로스가 시상을 떠올리기 위해 앉았다는 돌 의자 _ 기오 섬

네아모니 수도원 _ 그리스 기오 섬

에 들어왔다.

섬을 둘러보고 항구에 돌아와 보니 배는 7시로 출항이 연기되어 있었다. 배는 정해진 시간에 꼭 출항하는 것이 아니고 또 풍랑으로 하루 이상 늦춰질 수도 있기 때문에 섬 순례는 항상 하루 이틀 정도 여유를 두고 일정을 잡아야 한다. 그렇지 않으면 귀국 날짜까지 놓칠 수 있다.

아마 바울은 많은 전도 여정을 배로 이용했을 것인데 그때는 지금보다 배편이 더욱 어려웠을 것이다. 기오 섬에서 하루를 묵은 바울 일행은 이튿날 사모 섬에 도착했다.

사모 섬은 북쪽에 섬 이름과 같은 사모스 항구가 있고 남쪽은 피타고리온 항구가 있다. 바울 일행은 북쪽에서 왔기 때문에 사모스 항구에 도착했을 것이다. 이곳 역시 기오 섬과 마찬가지로 하루를 묵었다는 것 외에 바울의 사역에 대해서는 기록이 없다.

　사모 섬은 터키 트로길라온 갑에서 1.6킬로미터 지점에 위치해 있으며 에게 해 동남부와 이오니아 제도 중의 한 섬으로 에베소 남서쪽, 밀레도 북서쪽에 있다. 동서의 길이가 43킬로미터, 가장 넓은 곳은 24킬로미터 정도이며, 《개역한글성경》에 '사모'라고 되어 있는 사모스 섬의 주요 도시는 바울 시대에 자유시였다.

　이제껏 사모 섬을 네 차례 방문했는데 지금도 기억하고 싶지 않은 경험이 있다. 일정에 차질이 생겨 여덟 명이 간신히 타는 배를 빌

사모 섬 북쪽에 있는 섬 이름과 같은 사모스 항구

려 열세 명이 타고 밧모 섬에서 사모 섬으로 가고 있었다. 본래 에게해 중에도 밧모 섬은 파도가 심한 곳으로 유명하다. 그래서 고대로부터 이곳은 유배지로 사용되었고 해상 강도가 많은 곳으로 유명했다.

그렇게 밧모 섬에서 출발한 배는 20분 정도가 지나면서 파도가 심하게 일기 시작했다. 좁은 공간에서 머리를 부딪히고 뒹굴기를 무려 세 시간 동안이나 계속했다. 한 시간 반이면 갈 수 있는 거리를 세 시간을 걸려 갔으니 그 고생은 지금도 기억하기가 싫을 정도다.

그래서 바울이 전도 여행을 하면서 당한 바다의 위험이 어떤 것인지를 알 것 같았다. 바울은 전체 여정 가운데 바다로 다닌 거리가 육지로 다닌 거리보다 많았다. 바울이 이미 언급했던 것처럼 이틀이면 갈 수 있는 빌립보에서 드로아까지를 5일이 걸렸으니 5일 동안 풍랑에 시달린 것이다. 그리고 훗날 로마로 압송되어 갈 때도 광풍을 만나 14일 동안이나 풍랑에 시달려 죽을 지경에까지 이르기도 했다.

사모 섬에 배가 닿은 곳은 남쪽에 있는 피타고리온 항구였다. 이곳은 피타고라스 정리로 유명한 그리스 수학자 피타고라스의 고향으로 그의 이름을 따라 지은 것이다. 그래서 항구 부두에는 삼각형 모양의 피타고라스 동상이 있으며, 그 옆에는 해수욕장이 있고, 언덕에는 교회와 옛 성채가 있다. 그리고 항구 근처에는 비행장이 있어 항공편으로도 사모스 섬에 올 수 있다.

차를 빌려 동북쪽 해안선을 따라 사모스 섬의 아름다운 모습을 감상한 후 지도에 표시된 주도코스 피기Zoodochos Pigi 수도원을 찾았다. 이 수도원은 섬 동쪽 지중해가 바라다보이는 높은 절벽을 두고 세워졌다.

주도코스 피기 수도원의 작은 십자가 기념탑 _ 그리스 사모 섬

항구에서 하룻밤 숙박하고 이튿날 사모스 박물관을 찾았다. 박물관 안에는 《성경》과 관련된 자료가 많았는데 특히 구약 시대의 제사장 흉패에 물린 보석이 있어 그야말로 귀한 자료를 얻을 수 있었다.

뜻밖에 박물관에서 귀한 자료를 얻어 기쁜 마음으로 헤라 신전 터*로 향했다. 신전 터는 비교적 작아 밖에서도 모습을 볼 수 있었다. 3유로의 입장료를 지불하고 들어가 유일하게 남아 있는 헤라 신전의 기둥 한 개를 두고 사진을 촬영했다. 관람을 마친 후

● 헤라 신전 터 : 헤라 신전(사원)은 사모스의 예배 장소였으며 흩어져 살던 섬 주민의 생존투쟁이 주관심사이던 BC 2000년 무렵만 해도 투박한 헤라상을 가진 단순한 은신처에 불과했다. BC 8세기에 첫 헤라 신전이 건설되었다. 건축가 로이쿠스Rhoecus와 예술가 테오도루스Theodorus에 의해 건축된 BC 6세기 헤라 신전은 고대 그리스 신전 중 가장 큰 규모였다.
그러나 로마 정복자들이 이곳에서 예술적 가치가 있는 보물을 가져가 버렸다. 또한 지진과 해적으로 주민은 사모스를 버리지 않을 수 없었다. 헤라 신전은 채석장으로 변하면서 최후의 일격을 맞게 되었다. 기독교 교회를 세우고 동방에 궁전을 세우기 위해 배들이 와서 대리석 기둥을 실어 버렸다. 오늘날 고고학적 발견으로 우리는 고대의 가장 찬란했던 신전의 이미지를 가지고 있다. 그리고 헤라 신전의 아름다움과 장엄함을 맛볼 수 있다. 길의 동쪽 출구에는 신상의 모조품이 있다.

기둥만 한 개 서 있는 헤라 신전 터 _ 그리스 사모 섬

에는 섬을 일주하기로 하고 차를 몰았다.

사모스 섬은 가는 곳마다 아름다운 장관을 선사했다. 섬 중앙을
지나 북쪽 해안을 따라 사모스 항구로 돌아오는 길은 사모스 섬의 또
다른 볼거리였다.

드라이브를 마치고 배 시간에 맞춰 항구에 도착했는데 밤 9시
30분에 출항한다던 배는 10시가 되어도 모습을 보이지 않았다. 우
리는 항구 의자에서 12까지 지친 몸을 이끌고 잠을 청했다. 그러나
12시 30분이 되어서야 항구에 도착한 배는 이튿날 새벽에 떠난다는
것이었다. 마땅한 숙소도 정하지 못한 상황인지라 선원에게 부탁해
미리 배에 들어가도록 허락을 받았다. 그리고 배에서 숙박하는 비싼
대가를 치르고서야 이튿날 아침 7시에 사모스 섬을 출발해 다음 여
정지인 기오 섬으로 갈 수 있었다.

정박해 있는 배 안에서 하루를 꼬박 지내면서 바울이 전도 여행 가운데 당했던 수많은 고초와 위험과 핍박을 생각하며 잠시 눈을 붙였다.

내가 수고를 넘치도록 하고 옥에 갇히기도 더 많이 하고 매도 수없이 맞고 여러 번 죽을 뻔하였으니 유대인들에게 사십에서 하나 감한 매를 다섯 번 맞았으며 세 번 태장으로 맞고 한 번 돌로 맞고 세 번 파선하고 일주야를 깊은 바다에서 지냈으며 여러 번 여행하면서 강의 위험과 강도의 위험과 동족의 위험과 이방인의 위험과 시내의 위험과 광야의 위험과 바다의 위험과 거짓 형제 중의 위험을 당하고 또 수고하며 애쓰고 여러 번 자지 못하고 주리며 목마르고 여러 번 굶고 춥고 헐벗었노라 고린도후서 11:23~27

4장

세상 끝날까지 함께하리라

내가 달려갈 길과 주 예수께 받은 사명 곧 하나님의 은혜의 복음을 증언하는
일을 마치려 함에는 나의 생명조차 조금도 귀한 것으로 여기지 아니하노라

사도행전 20:24

뜨거운 만남, 눈물 어린 이별

_밀레도

에베소에서 밀레도로 오는 길, 뒤에 야외극장이 보인다. _ 밀레도

" 3차 전도 여행에서 돌아오는 길에 사모 섬에서 하루를 묵은 바울은 다음날 배편을 이용해 에베소에 들르지 않고 바로 밀레도에 도착했다. 그리고 이곳에서 에베소 장로들을 초청해 교회를 부탁하고 자신은 예루살렘으로 올라가면 환난을 당해 죽을 수도 있어 다시 보지 못할 것을 말한 후 눈물 어린 이별을 했다 사도행전 20:15~38. "

사모 섬을 떠난 바울은 하루 만에 밀레도 항구에 도착했다. 오늘날 사모 섬은 그리스에, 밀레도는 터키에 속한 지역이다. 원래 바울은 에베소를 방문하기 원했지만 오순절이 되기 전에 예루살렘으로 가기 위해 에베소에 들르지 않고 바로 그 남쪽에 있는 밀레도로 왔다.

바울에게 에베소는 어떤 도시보다도 애착이 가는 곳이다. 에베소는 바울이 3년간이나 머물면서 말씀을 가르치고 많은 기적을 베푼 곳이다. 특히 이곳 교회 장로들과는 밀접한 관계를 맺고 있었다. 그래서 밀레도에 도착했을 때 바울은 에베소에 사람을 보내 장로들을 초청했다.

에베소와 밀레도는 65킬로미터 거리이다. 그러니까 에베소 장로들은 바울을 만나기 위해 이틀을 걸어서 밀레도로 온 것이다.

바울은 에베소 장로들을 만나 이렇게 말했다.

아시아에 들어온 첫날부터 지금까지 내가 항상 여러분 가운데서 어떻게 행하였는지를 여러분도 아는 바니 곧 모든 겸손과 눈물이며 유대인의 간계로 말미암아 당한 시험을 참고 주를 섬긴 것과 사도행전 20:18~19

바울은 이제 자신이 예루살렘으로 올라가면 환난을 당해 죽을 수도 있어 다시는 그들을 보지 못할 것을 언급했다. 또한 자신이 떠나고 나면 교회에 이리 같은 자들이 들어와 제자들에게 그들을 따르게 하고 헛된 말로 성도를 넘어지게 할 것임을 말했다. 그러면서 자신이

에로스 신 사냥 모습 부조 _ 밀레도

3년 동안 밤낮 쉬지 않고 눈물로 각 사람을 훈계한 것을 기억하라고 부탁했다.

바울이 무릎 꿇고 모든 사람과 함께 기도하자 모두가 다 크게 울며 바울의 목을 안고 입을 맞추었다. 그리고 다시는 보지 못한다는 말에 더욱 근심하며 배까지 바울을 배웅했다.

바울과 에베소 장로들과의 뜨거운 만남과 눈물 어린 이별의 장소인 밀레도를 찾았다. 지금까지 세 번 방문했는데 첫 방문은 뜻밖에 이루어졌다. 단체 성지 순례를 마치고 네 시간 정도 여유가 있어 에베소에 숙소를 알아 놓은 뒤 택시를 타고 밀레도를 찾았다.

밀레도에 가까이 이르자 멀리 야외극장이 가장 먼저 시야에 들어왔다. 야외극장 앞에는 부서진 돌조각이 수없이 놓여 있어 밀레도가 얼마나 큰 도시였는가를 보여 주었다. 특히 에로스와 아폴로가 사자를 사냥하는 모습이 새겨진 돌조각이 눈에 띄었다.

야외극장 앞에 서자 평지에 건설된 밀레도 유적이 한눈에 들어왔다. 그저 작은 도시인 줄 알았는데 전혀 그렇지 않았다. 사실 이곳은 고대 철학자 탈레스, 아낙시만드로스, 아낙시메네스 등의 출신지이기도 하다.

현재 밀레도에는 대규모 야외극장을 비롯해 수많은 유적°이 남아 있다. 그러나 무엇보다도 관심이 가는 것은 항구였다. 《성경》에

바울 당시 항구였던 인공 항만 터 _ 터키 밀레도

보면 바울은 사모스 섬에서 배를 타고 밀레도 항구로 들어왔다고 기
록되어 있다. 그러나 오늘날 밀레도 유적지에는 항구가 없다.

본래 밀레도는 마이안데르 강의 하구가 있는 라트미안 만 남쪽
해변의 돌출한 부분에 위치한 헬라의 항구 도시였다. 네 개의 부두가
있었으며 근해 여러 섬에 가려져 있었다.

그러나 라트미안 만은 마이안데
르 강에서 실려 나오는 침적토로 인
해 끊임없이 지형이 변화되었고 지금
은 만의 입구가 막힌 상태로 해안선
을 형성하고 있다. 또 만 자체는 내륙
의 한 호수로 변해 버렸다. 밀레도의

● 유적 : 1세기경 이오니아식 상점 터, 로
마 때의 파우스티나 목욕탕, 아고라, 헬라
때 상점 터, 사자석상, 체육관, 모누멘탈
Monumental 분수대 등 수많은 유적이
남아 있다. 특히 아데미 신전, 세라피스
신전, 델피 신전 등 여러 개의 신전 터는
물론 미가엘 교회 터와 회교 수도승 집회
소 등이 일부 남아 있다.

부두는 충적토로 메워졌으며, 마이안데르 강줄기도 흐름이 바뀌었다. 그래서 밀레도의 폐허는 현재 해안에서 내륙으로 8킬로미터 들어간 곳에 자리하고 있다.

지금도 이곳에는 옛날 항구였던 자리에 BC 2세기경에 세워진 인공 항만 기념비 기초가 남아 있다. 이런 변화로 후기 로마 시대에는 밀레도에 배를 댈 수 없을 정도까지 되었으나 바울 시대에는 여전히 활기 띠는 항구였다.

지금은 육지가 되어 버린 밀레도 항구 터에서 바울과 에베소 장로들이 헤어지던 모습을 떠올려 보았다. 그리고 오늘날 장로와 목회자의 관계가 에베소 교회의 장로와 바울과 같은 모습이기를 기도했다. 한국 교회는 먼저 종교 지도자들이 하나님 앞에 바로 서야 이 나라를 바로잡고 이단 사상이 교회에 침투해 들어오는 것을 막을 수 있다는 것을!

우리가 그들을 작별하고 배를 타고 바로 고스로 가서 이튿날 로도에 이르러 거기서

부터 바다라로 가서 베니게로 건너가는 배를 만나서 타고 가다가 사도행전 21:1~2

마음은 이미
예루살렘에
_고스, 로도, 바다라

바울이 거쳐간 로도 섬의 린도스 항구 _ 그리스

밀레도를 떠난 바울 일행은 배를 타고 68킬로미터 떨어진 고스 섬에
도착해 하루를 묵었다. 고스 역시 바울의 사역에 대해서는 언급이 없고
지나갔다는 기록밖에 없다. 이튿날 바울 일행은 로도를 거쳐 바다라로
간 다음 그곳에서 베니게로 가는 배를 타고 수리아로 항해해 두로에 도
착했다 사도행전 21:1~3.

밀레도에서 에베소 장로들과 헤어진 바울은 고스에 도착해 하루를 묵었다. 고스 역시 다른 섬과 마찬가지로 바울의 사역에 대해서는 언급이 없고 다만 이곳을 지나갔다는 기록밖에 없다. 그러나 고스도 바울이 거쳐간 곳이기에 우리는 로도 섬을 출발해 고스 섬으로 왔다.

에게 해나 지중해 섬 지역은 겨울에 풍랑이 심하기 때문에 일정을 원활하게 맞추기 위해서는 쾌속정과 같은 작은 배가 운행하는 여름에 답사 일정을 잡는 것이 좋다. 고스 섬*은 터키 밀레도 항구에서 남쪽으로 68킬로미터 거리에 있는 비옥한 에게 해의 작은 섬으로 지금은 스딘키오Sdingio라고 부른다. 해마다 30만 명이 넘는 관광객이 찾는데 그것은 아름다운 경치뿐만 아니라 이곳이 의학의 아버지로 불리는 히포크라테스Hippocrates의 출생지이기 때문이다. BC 5세기경 히포크라테스는 이곳에 의학교를 세우기도 했다. 그래서 섬 서쪽에는 《그리스 신화》에 나오는 의술의 신 아스클레피온 신전 유적이 있다.

● 고스 섬 : 로마 통치기에 로마는 이곳을 아시아 지방의 자치 도시로 풀어 주었으며 클라우디우스Claudius 황제는 자신의 주치의의 간언에 따라 모든 세금을 면제해 주었다. 로마 제국 후 오스만 투르크와 이탈리아의 지배를 받아 오다가 1947년 그리스령이 되었다. 오늘날 3만여 명의 섬 사람 대부분은 중심 도시인 고스 시에 모여 살고 있으며 섬 중앙에는 해발 875미터의 최고봉인 오로메돈 산이 있다.

우리는 아스클레피온 유적지를 찾기로 하고 3유로를 주고 유적지로 가는 코끼리 열차를 탔다. 코끼리 열차는 15분 만에 유적지에 도착했고 다시 입장료로 6유로를 지불한 후 아스클레피온 유적지로 들어갔다.

현재 이 섬의 코스(고스) 시에는 히

고스 섬의 고스 항구, 여름철이면 수많은 관광객으로 붐빈다. _ 그리스

포크라테스가 그늘 아래에서 제자를 가르쳤다는 유럽에서 가장 오래
된 플라타너스 나무가 있다. 또 고스 섬은 히포크라테스 외에도 화가
아펠테스Apeltes, 시인 필레테스Pilletes 등을 배출한 학도學徒로 유명
하다.

  아스클레피온 유적은 언덕 위에 위치해 있는데 아폴로 신전 제단
이 아직도 남아 있다. 아폴로는 《그리스 신화》
에 등장하는 올림포스 열두 신 중의 하
나로 제우스와 레토 사이에서 태어났
다. 모든 학예의 신이며 국가의 중요한
도덕이나 법률을 주관하는 예언의 신으
로 알려졌는데 후대에는 태양의 신으
로 불렸다.

  아폴로 신전에서는 에게 해가 더

고스 항구에서 아스클레피온 유적
지로 가는 꼬마 열차 _ 그리스

바울이 지나간 린도스 항구 _ 로도 섬

가깝게 시야에 들어온다. 바다를 바라보자 "인생은 짧고 예술은 길
다"라는 히포크라테스의 말이 생각났다. 그러나 600년이 지난 후 세
번째 전도 여행 중에 이곳에 들러 하루를 보냈던 바울은 어떤 말을
했을까? 아마 인생은 짧다, 그렇기 때문에 예수를 믿고 영생을 얻으
라고 외쳤는지 모른다. 바울은 육체의 건강보다 영혼의 건강, 곧 영
혼 구원에 더 관심이 있었을 것이다.

바울 일행은 고스에서 하루를 묵은
후 이튿날 로도를 거쳐 바다라로 갔다.
그리고 그곳에서 베니게로 건너가는
배에 올랐다.

로도 섬*은 로도스 항구가 아닌 그
보다 더 남쪽에 있는 린도스라는 항구

● 로도 섬 : 고스 섬 남쪽으로 85킬로미
터 정도, 소아시아 해협으로부터는 약
17킬로미터 떨어져 있는 지중해의 작은
섬이다. 로도는 섬 이름인 동시에 항구
이름이기도 하며 장미꽃이란 뜻이다. 에
게 해에서 그레데 다음으로 큰 섬으로
비옥한 토지에 기후가 온화해 수림이 무
성하고 농산물과 실과가 많이 생산된다.

342

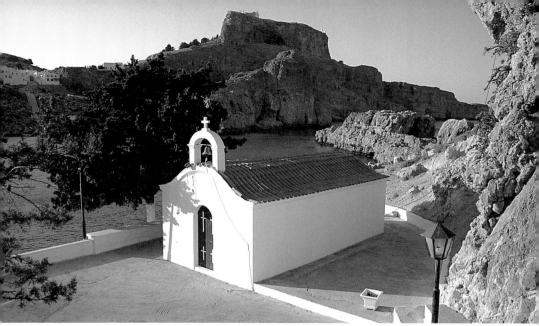

린도스 항구에 있는 바울 도착 기념 교회 _ 로도 섬

였다. 아크로린도스는 북쪽 로도스 시에서 동해안을 따라 55킬로미
터 지점에 위치해 있다. 현재 아크로린도스는 마을 정상에 있어 기념
품 가게와 집 사이로 구불구불한 골목길을 따라 돌계단을 밟으며 올
라가야 한다. 아크로린도스 동쪽은 낭떠러지이고 아래는 에게 해가
펼쳐져 있다.

아크로린도스 위에 서니 지중해가 한눈에 들어오고 남쪽으로는
바울이 발을 내딛은 린도스 항구가 저 멀리 한 폭의 그림처럼 펼쳐졌
다. 마치 항공 촬영을 하듯 린도스를 촬영한 후 40분 만에 다시 내려
왔다.

린도스 항구로 내려온 우리는 먼저 바울 도착 기념 교회를 촬영
했다. 그래도 이곳에는 바울이 방문한 것을 기념하는 교회라도 세워
져 있어 바울의 귀로 여정의 심정을 잠시라도 묵상할 수 있었다.

아마 바울은 하루라도 빨리 오순절이 되기 전에 예루살렘으로 가야겠다는 급한 마음이었을 것이다. 더구나 예루살렘으로 가면 자신에게 어떤 일이 생길지 모르는 위험한 상황이었다. 그러나 바울은 설령 죽을지라도 예루살렘으로 가야겠다는 마음으로 로도 섬에 잠시 들른 것이다.

그런데 나는 성지의 아름다운 사진을 찍는 데만 관심을 가졌으니 너무나 부끄러웠다. 이후로는 성지를 답사하고 촬영하기에 앞서 그곳에서 일어난 일과 하나님의 뜻을 묵상하고 기도하는 마음으로 답사하게 되었다. 그렇게 로도 섬의 린도스 항구는 성지 답사의 중요한 전환점이 되어 주었다.

린도스 항구에서 출발한 바울 일행은 바다라에 도착했다. 로도 섬 맞은편에 있는 바다라는 로도에서 85킬로미터 떨어진 지점이다. 바울 당시에는 꽤 편리한 항구로 해상무역이 활발했으며, 비옥한 크산투스 강 유역에 위치해 농산업도 잘되어 루기아 지방에서 가장 번성했다. 그러나 지금은 물이 얕고 늪지로 변해 항구는 사라진 상태다.

바다라를 답사하기 위해 앗달리아에서 렌터카를 이용해 지중해 안길을 따라 달렸다. 270킬로미터의 장거리에다 산악 지대 바닷가를 따라 난 길이라 좁고 험할 뿐만 아니라 굽은 길이 많아 생각보다 시간이 많이 걸렸다. 대신 지중해의 아름다운 모습을 마음껏 감상할 수 있고 가족 단위로 즐길 수 있는 아담한 해수욕장이 곳곳에 있었다.

앗달리아에서 출발해 무려 네 시간이 거의 다 되어서야 바다라 입구에 세워진 표지판을 볼 수 있었다. 케메르Kemer 15킬로미터 전에 세워진 이 표지판에서 좌회전해서 들어가 좁은 길을 6킬로미터 달리

늪지로 변한 바다라의 옛 항구 터 _ 터키

자 바다라 유적지가 나왔다. 유적지에는 아폴로Apollo의 유명한 신
탁소가 있었으며 극장, 목욕탕, 성벽 등 당시 유적이 남아 있어 그 옛
날의 번영을 짐작할 수 있었다.

이곳 역시 바울이 들른 다른 장소처럼 교회 터가 남아 있어 이후
많은 사람이 신앙생활을 했던 것을 알 수 있다. 그러나 지금은 유적
지로만 남아 있다.

바울은 바다라에서 베니게로 가는 배편을 만날 때까지 머물렀
다. 《성경》에는 며칠을 머물렀는지 기록이 없으나 당시 베니게로 가
는 배가 이곳에서 출항한 것으로 보아 바다라는 매우 큰 항구 도시였
음에 틀림이 없다. 실제로 현재까지 남아 있는 유적지 규모를 봐도
바다라는 매우 큰 도시였음을 알 수 있다.

두로를 떠나 항해를 다 마치고 돌레마이에 이르러 형제들에게 안부를 묻고 그들
과 함께 하루를 있다가 이튿날 떠나 가이사랴에 이르러 일곱 집사 중 하나인
전도자 빌립의 집에 들어가서 머무르니라 사도행전 21:7~8

죽기를
각오하고
가는 길
_두로와 돌레마이

두로의 옛 항구로 가는 길 _ 레바논 두로

> **"**
> 바울은 바다라에서 베니게로 가는 배를 만나 구브로를 지나 두로에 도착
> 했다. 그리고 두로에서 7일을 머문 후 예루살렘으로 가지 말라는 형제들
> 의 간청을 물리치고 다시 배에 올라 돌레마이를 거쳐 가이사랴에 이르렀
> 다. 또 바울은 자신을 결박해 이방인의 손에 넘길 것이라는 아가보의 예
> 언을 들었지만 죽기를 각오하고 예루살렘으로 갔다 사도행전 21:1~16.
> **"**

마침내 바다라에서 베니게로 가는 배를 만난 바울 일행은 배에 올라 두로에 이르렀다. 두로에서 바울은 믿음의 형제들을 찾아 7일간 머물렀다. 그때 이곳 제자들도 에베소에서처럼 예루살렘으로 가지 말 것을 간청했다. 그러나 바울의 마음은 변함이 없었고 여러 날이 지나 두로를 떠나는 날 제자들은 가족과 함께 성문 밖까지 나와 바울을 배웅했다. 그리고 바닷가까지 따라와 무릎을 꿇고 기도한 후 작별했다.

두로Tyre는 예루살렘 서북쪽 약 226킬로미터 지점, 악고 북쪽 45킬로미터 지점, 레바논 시돈에서는 남쪽으로 약 40킬로미터 떨어진 곳에 위치한 항구 도시이다. 오늘날 이스라엘 국경에서는 20킬로미터도 채 되지 않는 짧은 거리이지만 이스라엘에서 레바논으로 넘어가는 국경이 없어 레바논 베이루트를 거치거나 요르단을 통해 시리아를 거쳐 입국해야 한다.

우리는 항공편으로 레바논의 수도인 베이루트에 도착해 하루를 묵은 후 지중해안가를 따라 남쪽 두로를 향해 갔다. 40킬로미터쯤 달리자 시돈이 해안 쪽으로 나타났고 다시 5킬로미터를 가다가 내륙쪽으로 보면 막두세의 만타라 동굴이 있는 높은 산 위에 세워진 성당이 보인다. 현지에서 전해지는 이야기에 의하면 예수님이 수로보니게(두로와 시돈) 지역인 이곳을 방문해 한 여인의 귀신 들린 어린 딸을 고쳐 주었는데 그때 성모 마리아가 예수님을 따라 왔다가 이 동굴에 머물러 있었다고 한다.

두로로 내려가는 길에 잠시 이곳에 올라와 보니 그 이야기를 입증이라도 하듯 거대한 마리아상이 세워져 있었다. 높은 산꼭대기에서 지중해를 바라보니 그 옛날 지중해 해상권을 장악했던 베니게 상인들이 떠올랐다. 우리는 사진을 찍고 다시 남쪽에 있는 사르밧을 거쳐 두로로 향했다.

두로에서 불과 6킬로미터 떨어진 곳에는 카브르 히람이라 부르는 두로 왕 히람의 석관이 길가에 놓여 있다. 비록 알아주는 이 없이 쓸쓸히 석관만이 남아 있으나 그 옛날 다윗과 절친하게 지냈던 히람은 다윗이 죽은 후에도 솔로몬에게 성전 건축을 위해 인력과 백향목을 보내 준 왕이었다.

아직까지 사자의 도시로 불리는 두로의 로마 유적지에는 오늘날 공설 운동장과 같은 로마 때 지어진 히포드롬Hippodrome 광장*이 있는데 그 옆에는 솔로몬 당시에 건설한 아치형 수로 유적이 남아 있다. 지금은 현대 건물로 인해 항구에서 내륙으로 들어오는 길이 막혀 있으나 옛날에는 항구로 가는 길이 돌로 포장되어 있었다.

두로 왕 히람이 건설했다는 해안가 유적지에 도착하자 유적지 너머로 넘실거리는 지중해가 멀리 지평선을 긋고 있었다. 유적지에는 아직도 원주 기둥이 상당히 남아 있고 발굴해 놓은 유적이 끝없이 펼쳐진 지중해를 배경으로 그 옛날 두로의 위용을 보여 주는 듯했다.

베니게 최남단에 자리 잡은 성서

● **히포드롬 광장** : 로마의 황제 세베루스 때인 196년에 검투 경기장으로 지어졌으나 이후 10만 명 정도를 수용하는 전차 경기장으로 바뀐 후 다시 왕위 계승 전쟁에 참여한 폭도를 처형한 곳으로 사용되었다. 현재는 세 개의 오벨리스크가 서 있는 광장으로 북쪽 오벨리스크는 테오도시우스 황제가 이집트 카르나크 아몬 신전에서 가져온 것으로 하단에는 테오도시우스 황제의 모습이 조각되어 있다. 가운데는 그리스 델포이 아폴론 신전에서 가져온 큰 뱀이 엉켜 있는 모양을 하고 있는 청동 기둥이 있다. 남쪽에 자리한 오벨리스크는 제4차 십자군 때 손상되었다.

두로의 히포드롬 _ 레바논

의 도시 두로는 오늘날 반도에 위치한 수르를 가리킨다. 처음에는 팔
레스타인 본토와 그 맞은편 섬에 두로 성읍이 있었으나 오랜 시간이
흐르면서 토사가 쌓여 지금은 반도로 바뀌었다. 본래 이 둘을 합해
두로라고 했는데 두로의 중심 성읍은 섬에 있는 성읍이다.

이 섬의 옛 항구는 오늘날 항구에서 약간 떨어져 있으며 본래 섬
남쪽에 있었을 것으로 추정되는데 그 방파제가 수면 밑 15미터 지
점에서 발견되었다. 이 방파제는 히람 왕 때 축조되었는데 길이가
897미터, 두께가 9.8미터이다.

바다 중심에 위치한 두로는 메소포타미아, 아라비아, 소아시아,
이집트를 연결하는 교통의 요충지요, 무역의 중심 거래처였다. 두로
는 해상무역을 잘해 점차 부요해지자 적의 침략을 방어하기 위해 국

방을 강화하고 많은 식민지를 거느렸다. 또 두로 왕 히람은 백향목과 함께 목수와 석공을 보내 다윗이 왕궁을 짓는 데 협조했으며 솔로몬 왕 때는 레바논 산에서 벌목한 백향목을 뗏목으로 만들어 지중해 남쪽에 있는 욥바로 보내 성전 건축을 도왔다(열왕기상 5:10).

그러나 이런 두로도 "부귀영화가 한여름 밤의 꿈같이 물속에 잠기고 그물 말리는 한적한 어촌이 되리라"는 에스겔 선지자의 예언대로 이제 옛 항구 터에는 바닷물만이 넘실거리고 있다. 그리고 바벨론이 유다를 멸망시킨 때에 비참한 종말을 맞고 무역의 왕자 자리를 시돈에게 내주었다. 이후 느헤미야 시대에 다시 회복되었으나 7개월의 강력한 저항에도 불구하고 알렉산더에게 함락당했다.

두로의 로마 때 목욕탕 터, 뒤로 지중해와 현대 도시가 보인다. _ 레바논

두로의 옛 항구 터를 바라보며 예루살렘으로 향하는 바울의 심정을 생각해 보았다. 밀레도에서 에베소 장로들이 그토록 만류했고, 이곳 두로에서도 제자들이 성령의 감동으로 예루살렘으로 가지 말 것을 간청했지만 여전히 죽을 각오로 예루살렘으로 향했던 바울!

두로 항구 바닷가에서 믿음의 형제들과 함께 무릎 꿇고 기도한 바울은 돌레마이(악고)*로 가는 배에 올랐다. 돌레마이는 레바논 산맥의 험한 지형으로 인해 예부터 배편을 이용했는데 바울 역시 배를 타고 이곳에 도착했다. 돌레마이에도 믿음의 형제들이 있었다. 바울은 이곳에서 하룻밤을 묵는 짧은 시간에도 형제들의 안부를 묻고 이튿날 다시 배를 타고 떠나 가이사랴에 도착했다.

이제는 예루살렘으로 가는 일만 남았다. 지금까지 가는 곳마다 기적이 일어나고 많은 사람이 믿었지만 유대인의 반대와 핍박 역시 끊임없이 계속된 세 번째 전도 여행이 아니었던가! 바울이 온다는 소식은 이미 예루살렘 산헤드린 공회에 들어갔을 것이고, 공회는 바울이 예루살렘으로 오기만을 기다리는 상황이었다.

바울이 가이사랴에 있는 전도자 빌립의 집에서 여러 날 머무는 동안 유대에 있던 아가보라는 선지자가 내려와 그가 결박당해 이방인의 손에 넘겨질 것이라고 예언했다. 그것은 성령이 하신 말씀이었다. 그 말을 들

● 돌레마이 : 두로 남쪽 35킬로미터 지점으로 두로에서 가이사랴로 가는 길 중간에 있다. 지중해변의 돌출부인 갈멜 바로 남쪽에 위치한 십자군 시대의 중요한 항구 도시로 돌레마이Ptolemais라는 이름이 붙은 것은 알렉산더 대왕의 왕국이 네 개로 분할되었을 때 첫째 왕국을 차지한 톨레미 장군의 이름에서 유래한 것이다. 악고Acco라고도 불린 돌레마이는 십자군이 점령한 요새였으나 1291년 이 성의 함락과 동시에 십자군 전쟁이 끝났다. 항구 만 내에 하이파Haifa라는 이스라엘 최대 항구가 생겨서 지금은 이스라엘의 세 번째 도시로 번창했다. 하이파는 북쪽의 고대 악고 항구와 마주하고 있으며 실질적으로는 하나가 되어 있다.

은 제자들은 바울에게 예루살렘으로 올라가지 말 것을 울면서 간청했지만 바울은 이렇게 말했다.

여러분이 어찌하여 울어 내 마음을 상하게 하느냐 나는 주 예수의 이름을 위하여 결박 당할 뿐 아니라 예루살렘에서 죽을 것도 각오하였노라

사도행전 21:13

그리고 바울은 죽을 각오로 예루살렘으로 올라갔다.

바울이 묵은 빌립의 집터는 아직 발견되지 않았으나 우리는 항구터 위에 자리한 한 카페에서 바다를 바라보며 가이사랴로 들어와 죽을 각오로 예루살렘으로 향한 바울 사도를 떠올리며 묵상했다. 죽기를 각오하고 가는 길, 그것은 사명자의 길이었다.

돌레마이(악고) 항구 _ 이스라엘

베스도가 배석자들과 상의하고 이르되 네가 가이사에게 상소하였으니 가이사에
게 갈 것이라 하니라 사도행전 25:12

로마로
가야 하리라
_가이사랴

히포드롬이 보이는 가이사랴 _ 이스라엘

가이사랴에 도착한 바울은 죽기를 각오하고 예루살렘으로 올라갔다. 그
는 형제들을 문안한 지 얼마 안 되어 아시아에서 온 유대인에 의해 돌
에 맞아 죽을 위기에 처했다. 그러나 천부장의 명령으로 죽음을 모면하
고 가이사랴에 있는 총독에게 보내졌다.
가이사랴 벨릭스 총독 역시 바울에게 사형당할 만한 죄가 없는 것을 알
았으나 2년 동안 바울을 구류시켰다. 그 사이 베스도가 총독으로 부임
했고 베스도는 아그립바 왕에게 바울 사건을 설명했다. 베스도 또한 바
울에게 사형당할 만한 죄가 없음을 알았으나 바울이 로마 황제에게 상
소함으로써 로마로 압송되어 갔다 사도행전 21:17~26:32.

가이사랴에서 바울이 결박당할 것이라는 아가보의 예언은 그대로 이루어졌다. 예루살렘에 도착한 바울은 형제들을 만나 전도 보고를 했고 그들은 바울에게 열성 있는 유대인 중 믿는 자가 수만 명이나 된다는 좋은 소식을 전했다.

그러나 7일이 거의 찼을 때 바울이 복음을 전했던 아시아에서 온 유대인이 성전에서 바울을 알아보고 유대교를 따르던 사람과 합세해 바울을 잡아 죽이기 위해 성전 밖으로 끌고 나갔다. 그러나 이 사실을 알게 된 천부장은 급히 군사를 동원해 돌에 맞고 있는 바울을 잡아 결박하고는 군영 안으로 끌고 들어가려 했다. 이때 바울은 천부장에게 부탁해 백성에게 변명할 기회를 가졌다. 그는 층대 위에 서서 자기를 죽이려는 자들을 향해 외쳤다.

"나는 유대인으로 다소에서 출생하여 가말리엘 문하에서 율법의 엄한 교훈을 받았다. 나는 오늘 너희가 예수를 믿는 사람들을 박해하는 것처럼 나도 그들을 결박하여 옥에 가두기도 하고 죽이기까지 한 사람이다. 스데반이 돌에 맞아 죽을 때 내가 그 옆에서 찬성하고 그 죽이는 자들의 옷을 지킨 것을 그들도 알고 있다. 그러나 다메섹으로 가던 중 부활한 예수께서 나를 부르셨고 나를 이방인의 사도로 택하셨다."

그러자 더 이상 바울의 말을 듣는 것을 참지 못한 무리는 바울을 죽여야 한다고 소리쳤고 천부장은 바울을 군영 안으로 데리고 갔다. 군영 안으로 끌려온 바울은 그들이 자신을 가죽줄에 묶어 채찍질하고 심문하려고 하자 스스로 로마 시민임을 밝혔다.

이튿날 천부장은 유대인의 소동 원인을 알기 위해 공회를 소집한 후 바울을 그 앞에 세웠다. 공회 앞에서 바울은 자신을 변호했다. 그리고 바리새인과 사두개인이 함께 있는 것을 보고 서로 분란이 일도록 하기 위해 자신은 부활 문제로 심문을 받는다고 외쳤다. 왜냐하면 사두개인은 부활도 천사도 없다고 믿었으나 바리새인은 둘 다 있다고 믿고 있었기 때문이다. 결국 바울의 말로 서로 다툼이 일어났고 바리새인은 바울에게 악한 것이 없다고 바울을 두둔했다. 이에 천부장이 바울을 다시 군영 안으로 들여보냈다.

그날 밤 주님은 바울에게 나타나 말씀하셨다.

담대하라 네가 예루살렘에서 나의 일을 증언한 것 같이 로마에서도 증언하여야 하리라 사도행전 23:11

날이 새자 다음 공회 때 바울을 죽이려는 결사대 40여 명이 조직되었고, 이를 눈치 챈 바울의 생질은 그 사실을 바울에게 알렸다. 이에 바울이 생질과 함께 천부장에게 말하자 천부장은 밤 제 삼 시에 군사를 동원해 바울을 가이사랴에 있는 벨릭스 총독에게 보내기로 작정하고 이 내용을 편지에 담았다. 이에 보병 200명과 기병 70명, 창을 든 군인 200명이 바울을 안디바드리(아벡)까지 호송했다.

예루살렘에서 가이사랴까지는 112킬로미터로 하루에 가기 힘든 거리이다. 더구나 밤에 출발했기 때문에 많이 갈 수도 없었다. 그래서 예루살렘에서 55킬로미터 떨어진 아벡까지 가서 그곳에서 하루를 묵고 그다음 날 기병은 바울을 호송하고 보병과 창병은 예루살렘으

밤에 바울을 호송한 안디바드리(아벡)의 요새 _ 이스라엘

로 돌아갔다. 왜냐하면 아벡에서부터 기마병이 호송하면 예루살렘에서 쫓아와도 바울에게 미치지 못하기 때문이다. 마침내 바울은 가이사랴에 도착했고 총독 벨릭스는 헤롯 궁에 바울을 가두었다.

가이사랴는 지중해변 돌출 부분에 있는 갈멜 산 남쪽 36.8킬로미터 지점의 항구 도시이다. 이곳은 원래 스트라토의 망대Strato's Tower였는데 헤롯이 이 성읍을 화려하게 재건축해 로마 황제 가이사에게 헌납하면서 가이사랴 세바스테Caesarea Sebaste라고 명명했다. 이 성읍은 특별한 항구가 없는 지중해변에 인공으로 항만시설을 만든 지중해 연안의 가장 중요한 항구 중 하나로 로마 총독 벨릭스가 거주하기도 했다.

바울이 가이사랴에 온 지 닷새 만에 예루살렘에 있는 대제사장 아나니아가 장로들과 변호사 더둘로와 함께 가이사랴로 내려와 총독에게 바울을 고소했다. 이에 벨릭스 총독은 바울의 변호를 들었고 그

바울이 로마로 압송되기까지 2년 동안 갇혔던 헤롯 궁터 _ 가이사랴

자신이 부활에 관한 내용을 자세히 알고 있었기 때문에 바울에 대한 심리를 연기했다. 그리고 시간이 될 때마다 바울을 불러 예수를 믿는 이치와 부활에 관한 이야기를 들었다. 또한 바울에게 뇌물을 받을까 하여 바울을 2년 동안 구류해 두었다.

그러는 가운데 벨릭스는 총독 자리에서 물러나고 대신 베스도가 새로운 총독으로 부임했다. 베스도는 유대인의 환심을 사기 위해 바울을 예루살렘으로 데려가서 심문을 받도록 했으나 바울은 오히려 로마 황제 가이사에게 상소했다.

이 일이 있은 수일 후에 아그립바 왕이 가이사랴로 내려왔고 베스도 총독은 그동안 일어난 바울 사건을 아그립바 왕에게 설명했다. 이에 아그립바 왕은 바울을 부르고 바울은 아그립바 왕 앞에서 다시 한 번 부활한 예수님을 만난 것을 간증으로 변명했다. 이에 아그립바 왕과 함께 바울의 변명을 들은 베스도가 많은 학문이 바울을 미치게 했다고 말하자 바울은 이렇게 대답했다.

> 말이 적으나 많으나 당신뿐만 아니라 오늘 내 말을 듣는 모든 사람도 다
> 이렇게 결박된 것 외에는 나와 같이 되기를 하나님께 원하나이다 사도행
> 전 26:29

바울의 말을 들은 아그립바 왕과 베스도 총독, 베니게와 함께 있던 자들은 바울에게 사형이나 결박당할 만한 죄가 없다고 판정했다. 그러나 바울이 로마 황제에게 상소했기 때문에 그를 로마로 보내기로 했다.

바울은 가이사랴를 세 번이나 방문했으며, 특히 로마로 호송되어 갈 때는 이 항구에서 출발했다. 가이사랴는 원형극장, 경마장, 목욕탕, 수로 등 그리스와 로마 문명의 사치품으로 가득 찬 도시였다. 아직도 거대한 항구의 잔해를 볼 수 있는 이곳은 베드로가 고넬료의 초청을 받아 그 집에 복음을 전하고 세례를 베풀었으며 빌립은 이곳에서 처음으로 복음을 전했다.

가이사랴의 항구 터 _ 이스라엘

바울이 로마로 압송되기 전까지 2년 동안 구류 상태로 있었던 가이사랴에는 오늘날 그가 갇혔던 헤롯 궁터가 발굴되어 있다. 이곳은 야외극장을 지나 지중해 쪽으로 나가면 바로 보인다. 헤롯 궁터 앞에는 빌라도의 이름이 새겨진 명각을 모조품으로 만들어 놓았다.

바울은 이곳 가이사랴에서 석방 기회를 가질 수 있었지만 스스로 로마 황제에게 상소해 죄수의 몸으로 로마로 압송되었다. 그러나 그것은 이미 예루살렘 천부장 군영에서 주님이 바울에게 주신 말씀이었다.

"담대하라. 네가 예루살렘에서 나의 일을 증언한 것 같이 로마에서도 증언하여야 하리라."

드로아에서 그랬던 것처럼 가이사랴에서도, 로마에서도 증거하는 것은 주님의 뜻이었다.

우리가 배를 타고 이달리야에 가기로 작정되매 …… 아시아 해변 각처로 가려
하는 아드라뭇데노 배에 우리가 올라 항해할새 마게도냐의 데살로니가 사람 아리
스다고도 함께 하니라 사도행전 27:1~2

마침내
로마행 배는
떠나고
_시돈, 무라, 니도

어선이 많은 시돈 항구 _ 레바논

       바울을 태운 배는 가이사랴를 떠나 이튿날 시돈 항구에 이르렀다. 배가
잠시 머무는 사이 바울은 백부장의 호의로 이곳 형제들에게 대접을 받
았다. 이어 시돈을 떠난 배는 길리기아와 밤빌리아 지역의 바다를 지나
루기아 무라에 도착했다. 백부장 율리오는 무라에서 로마로 가는 알렉
산드리아호로 바울과 다른 죄수들을 바꿔 태웠다. 바울을 태운 배는 니
도 맞은편에 이르러 풍세가 심해 살모네 앞을 지나 그레데 해안을 바람
막이로 항해했다 사도행전 27:1~7.

바울은 가이사랴에서 2년간의 구류 생활 끝에 로마 황제에게 상소한 대로 이달리야(이탈리아)로 가게 되었다. 다른 죄수 몇 명과 마게도냐의 데살로니가 사람 아리스다고와 함께 아드라뭇데노 배에 올랐다. 아드라뭇데노 배는 아시아 해변 각 지역으로 다니는 배로 로마까지 가는 바울 일행은 중간에 배를 갈아타야 했다.

아드라뭇데노 배는 배의 이름일 수도 있고 아드라뭇데노로 가는 배라는 뜻으로 이해할 수도 있다. 어쨌든 아드라뭇데노는 오늘날 터키 서쪽 해안에 있는, 앗소 동쪽 에드레미트 지역에서 따온 이름이다. 이곳은 당시 무시아 지역의 주요 항구였다.

가이사랴에서 로마로 가는 가장 짧은 항해는 이집트 북부에 있는 알렉산드리아 항구로 가서 그곳에서 로마로 가는 길이었다. 당시 알렉산드리아는 로마의 곡창 역할을 했던, 오늘날 나일 강 삼각주의 곡식을 로마로 운송하는 주요 항구였다. 그러나 바울을 압송하는 백부장은 로마로 출항하는 때가 맞지 않아 아드라뭇데노 배를 이용해 중간에 다른 배로 갈아타고 로마로 가려고 했다.

가이사랴는 헤롯이 만든 인공 항구이다. 오늘날도 가이사랴 항구 터에는 바다 밑에 옛 항구 시설물이 남아 있다.

로마로 출항하는 배 안에서 바울은 어떤 심정이었을까? 비록 죄수의 몸이지만 그토록 가고 싶어한 로마가 아니던가. 자유로운 몸으로 갔다면 더욱 좋았겠지만 하나님은 죄수의 몸으로 바울을 로마로 보냈고, 후에 죽을 지경에 이를 풍랑 속에서도 하나님은 바울이 로마 가이사 앞에 서게 될 것이라고 말씀하셨다(사도행전 27:24). 그렇게 하나님은 때론 고난을 통해서도 뜻을 이루어 가신다.

가이사랴를 떠난 아드라뭇데노 배는 이튿날 시돈Sidon에 도착했다. 오늘날 사이다Saida로 부르는 시돈은 레바논의 수도인 베이루트 남방 약 48킬로미터, 두로 북쪽 약 40킬로미터 지점의 지중해안에 있는 항구 도시이다. 시돈은 북쪽에 갑岬과 내륙으로 이어지는 낮은 암석 지대로 싸였으며 성읍 남쪽에는 큰 만灣이 있다. 도시 뒤쪽에는 비옥한 평야가 있고, 해안으로 연결된 곳에는 절벽이 있어 도시를 보호하는 기능을 한다.

시돈을 찾아가기 위해 베이루트를 출발해 지중해안을 따라 남쪽으로 달렸다. 오른쪽으로 펼쳐지는 지중해안은 그 옛날 조선술과 무역으로 유명했던 페니키아(베니게)인을 떠올리게 했다. 그들은 땅끝이라 불리는 스페인과 포르투갈까지 무역을 확장해 나갔다.

출발한 지 한 시간도 채 안 되어 《성경》에 수로보니게 지역으로 알려진 시돈에 도착했다. 현재 시돈 항구 북쪽에는 바다 한가운데 십자군 시대의 성채가 남아 있다. 육지에서 제방을 따라 70미터 정도 걸어가 성채 위로 올라가자 오늘날 항구가 한눈에 들어왔다.

시돈 항구는 《성경》에서 언제나 두로와 같이 소개되기 때문에 베니게의 쌍둥이 항구라고 부른다. 그러나 훨씬 오래전부터 소위 '두로의 어미' 시돈이라고 불러 왔으며 역사가 요세푸스에 의하면 시돈은 노아의 증손 시돈에 의해 건설되었다고 도시의 태고성을 주장한다. 그러나 저스틴은 트로이가 멸망하기 1년 전 시돈은 블레셋 지역 아스겔론에 패한 후 이들이 다시 두로를 건설했다고 말하고 있다.

바울을 태운 아드라뭇데노 배가 시돈에 정박해 있는 동안 호송을

책임 맡은 아구스도대의 백부장 율리오는 바울이 친구들에게 대접받는 것을 허용했다. 사실 바울은 죄인의 몸으로 압송되어 가고 있었지만 이미 바울을 심리한 벨릭스 총독이나 베스도 총독 그리고 아그립바 왕이 볼 때는 종교적인 문제일 뿐 로마법으로 결박할 만한 죄인은 아니었다. 더구나 유대인이 주장하는 사형당할 만한 죄는 더더욱 아니었다. 이런 사실을 율리오 역시 알고 있었다.

시돈에는 바울이 백부장의 호의로 친구들에게 대접받은 것을 기념해 세운 교회가 있다. 십자군 성채와 항구가 있는 곳에서 내륙 쪽으로 작은 시장이 들어서 있는데 생선가게와 과일가게가 늘어선 시장 골목길을 따라 조금만 가면 성 니콜라스 교회The Cathedral of St. Nicolas로 불리는 바울 기념 교회가 있다. 희랍 정교회 소속의 이 교회는 50명 정도 앉을 수 있는 공간으로 강단 앞에는 성모 마리아와 예수, 바울 사도의 성화가 걸려 있다.

바울이 로마로 압송되어 가던 중 잠시 들른 것을 기념해 세운 교회 _ 시돈

시돈을 떠난 배는 맞바람을 피하기 위해 구브로 해안을 가까이 하며 길리기아와 밤빌리아 바다를 지나 루기아 지역의 무라 항구에 도착했다. 그러니까 바울이 탄 배는 오늘날 키프로스 북쪽과 터키 본토의 남쪽 사이를 항해한 것이다.

백부장 율리오는 로마로 가는 배를 갈아타기 위해 무라에서 바울과 죄수들을 내리게 했다. 무라Myra는 소아시아 남루기아도에 있는 지중해 항구 도시이다. 루기아 도시연맹의 6대 도시 중 하나로 본성은 바다로부터 4킬로미터가량 떨어진 안드라쿠스 강변에 위치했다. 그러나 오늘날 이 지역은 뎀브레Dembre라고 부르며 항구는 침적토의 영향으로 이곳에서 5.6킬로미터 떨어진 곳에 있다.

무라를 답사하기 위해 앗달리아에서 자동차를 빌려 해안가로 차를 몰았다. 앗달리아에서 무라까지는 120킬로미터 정도 떨어져 있지만 해안가로 난 길은 절벽이 많아 굴곡이 심하고 초행길이라 빠른 속

도로 달리지 못했다. 더구나 북쪽으로 펼쳐진 고산 지대와 어우러진 바닷가 풍경은 한시도 눈을 떼지 못할 정도로 아름다웠다. 결국 2시간 30분이 다 되어서야 무라에 도착했다.

무라에 들어서자마자 가장 먼저 눈에 띈 것은 바위를 깎아 만든 무덤이었다. 마치 이곳의 특징을 한눈에 보여 주는 듯했다. 고대 중동 지역에서는 시신을 매장하기에 적합한 곳으로 바위를 사용했다. 건조한 지역이어서 매장을 하지 않아도 악취가 나지 않았기 때문이다. 바위를 무덤으로 사용한 무라에는 마치 조각품처럼 바위를 깎아 만든 무덤이 산 전체를 덮고 있었다.

바위 무덤 옆에는 로마 때 야외극장이 바다를 향해 건설되어 있었다. 대부분의 로마 시대 야외극장처럼 이곳에서도 무덤을 옆에 두고 수많은 사람이 모여 자신의 욕구를 채우거나 문화시민의 긍지를 높였을 것이다.

특히 흥미로운 것은 산타클로스로 알려진 니콜라스가 바다라에서 출생해 바다라 동쪽에 있는 무라에서 감독이 되었다는 사실이다. 그는 옛날부터 뱃사람들이 참배를

바위를 깎아 만든 무덤 _ 터키 무라

드리던 한 이교의 신을 대신해 뱃사람의 수호 성자가 되었다. 그래서 무라에는 성 니콜라스 교회와 그 앞에 니콜라스 동상이 세워져 있다.

우리는 니콜라스 교회에서 바닷가 쪽으로 차를 몰아 항구 터가 보이는 산언덕에 차를 세워 놓고 잠시 항구를 배경으로 사진을 촬영했다. 현재는 아주 작은 항구로 사용되고 있는데 옛날 바울을 태운 배가 정박한 항구는 지금보다 훨씬 내륙 쪽에 위치해 있었다. 바울은 바로 이 항구에서 로마로 가는 알렉산드리아호로 갈아탔다.

당시 무라는 곡물선이 이집트와 로마 사이를 왕래하며 정박하는 중요한 항구였다. 이집트는 로마의 가장 중요한 곡물 공급지였기 때문에 이집트 북부에 있는 알렉산드리아에서 그레데 섬 남쪽 해안을 따라 로마로 직항하기도 했으나 다른 항구를 거치기 위해 때로는 소아시아

무라의 항구 터, 지금은 충적토에 막혀 배가 들어오지 못한다. _ 터키

로 항해한 다음 로마로 가기도 했다. 이 경우 무라는 중간에 기착하는 중요 항구 역할을 했다. 그래서 백부장 율리오는 무라에서 곡물선을 이용해 바울과 다른 죄수들을 태우고 로마로 가려고 했던 것이다.

옛 무라 항구 터를 내려다보면서 바울의 심정을 헤아려 보았다. 이제는 배만 타면 로마로 가게 된다. 아마 바울은 자신이 죄수의 몸이라는 사실보다는 그토록 원하던 로마로 가서 복음을 전해야겠다는 생각뿐이었을 것이다. 사실 바울은 로마에 있는 교인을 한 번도 보지 않은 상태에서 〈로마서〉를 기록해 그들에게 보냈다.

마침내 무라를 떠난 알렉산드리아 배는 해안을 따라 항해를 시작했다. 그러나 바울의 애타는 심정에도 아랑곳없이 배는 심한 풍랑으로 천천히 항해했고 여러 날이 걸려서야 육지길로 400킬로미터 정도 떨어진 니도 맞은편에 이르렀다.

니도Cnidus는 지중해 서쪽 끝에 위치한 니도의 갑岬 혹은 항구 도시이다. 길이는 동서로 약 64킬로미터이고, 동쪽의 기복이

난파선이 보이는 니도 앞 해안(위)과 니도의 야외극장(아래) _ 터키

심한 산과 서쪽 연안 평원의 비옥한 지역은 지협으로 구분되어 있다. 바다라에서 마르마리스까지 165킬로미터를 간 후 다시 좁은 도로로 112킬로미터를 가야 하는 오지 중의 오지이다.

로도 섬에서 고스 섬을 답사할 때 이곳을 지나갔는데 그때도 해안가에서 파선된 배를 볼 수 있었다. 이곳은 19세기 말에 이루어진 발굴을 통해 신전, 연회장, 황금 주택 등이 발견되었다. 항구 옆의 야외극장을 비롯해 신전 터와 잘 알려지지 않은 수많은 유적이 있어 언젠가는 꼭 육지를 통해 답사할 날을 기대해 본다.

크니도스의 유적지 터키

백부장이 선장과 선주의 말을 바울의 말보다 더 믿더라 그 항구가 겨울을 지내기에 불편하므로 거기서 떠나 아무쪼록 뵈닉스에 가서 겨울을 지내자 하는 자가 더 많으니…… 사도행전 27:11~12

미항이냐, 뵈닉스냐
_미항, 라새아, 뵈닉스

미항 _ 그리스 그레데 섬

" 바울이 탄 배는 풍랑으로 예정보다 늦게 미항에 도착해 로마로 가는 항해를 포기했다. 미항에 정박한 선장과 선주는 뵈닉스로 가서 겨울을 보낸 후에 로마로 가자고 했으나 바울은 미항에서 그대로 겨울을 보내기를 권했다. 그러나 결정권을 가진 로마의 백부장 율리오는 선장과 선주의 말을 듣고 미항을 떠나 항해하다가 유라굴로라는 광풍을 만났다
사도행전 27:8~15. "

바울이 탄 배가 니도 맞은편에 이르자 풍랑은 더욱 거세졌다. 선장은 할 수 없이 살모네 앞을 지나 그레데 해안을 바람막이로 삼아 항해해 간신히 그레데 섬 남쪽에 있는 미항이라는 곳에 정박했다.

그레데 섬은 에게 해 남단에 있는 길이 254킬로미터, 넓이 10~56킬로미터 규모의 오늘날 칸디아Candia 또는 크레테Crete로 불리는 섬이다. 위치상 그리스 또는 로마와 소아시아를 연결하는 교량 역할을 했다.

섬 중앙에는 높은 산맥이 동서로 연결되어 있어 남북의 교통을 불편하게 한다. 섬에서 가장 높은 이다Ida 산은 2,458미터 정도로 그리스 전설에서 제우스 출생지로 유명하다.

미항을 촬영하기 위해 그레데 섬 북쪽에 있는 이라클리온 공항에서 차를 빌려 남쪽 스파키온으로 향했다. 거리상으로는 138킬로미터이지만 동서로 높은 산맥이 있어 2시간 30분 정도 걸려서야 남쪽 지중해가 시야에 들어오는 지점에 닿을 수 있었다.

잠시 촬영을 위해 차에서 내리자 바람이 얼마나 세차게 부는지 바로 서 있지 못할 정도였다. 여름철인데도 이렇게 바람이 강하게 부는데 겨울에는 얼마나 심할까 생각하니 바울이 탄 배가 그레데 해안을 바람막이로 삼아 항해한 이유를 알 것 같았다.

스파키온은 그레데 섬 남쪽에 있는 작은 항구지만 여름에는 휴양객으로 붐비는 곳이다. 우리는 《성경》에 나오는 뵈닉스와 미항, 라새아와 또 가우다 섬을 답사하기 위해 이곳에 숙소를 정하고 먼저 바울

을 태운 배가 정박했던 미항을 찾았다.

　미항은 오늘날 칼루스 리모나스Kalous Limonas라고 알려진 리티노스Littinos 만 동쪽의 항만과 같은 곳이다. 이 항구의 정박소는 동쪽과 남동쪽으로 열려 있다. 〈사도행전〉 27장 8절에는 라새아 시와 가깝다고 기록하고 있는데 오늘날 확인된 것으로는 라새아와 약 8~9킬로미터 정도 거리에 있다.

　미항Fair Havens은 아직도 잘 정돈되지 않은 채 해수욕장이 있지만 지명이 의미하는 '아름다운 항구', '좋은 항구'라는 뜻 그대로 경치는 아름다운 곳이었다. 이전까지 미항으로 주장되는 해수욕장이 있는 곳은 항구로 사용할 만한 장소가 없어 우리는 배를 정박할 곳을 찾던 중 그보다 서쪽으로 500미터쯤 떨어진 곳에 항구가 될 만한 새로운 장소를 발견했다. 비록 가운데 작은 바위섬이 있지만 좌우에는 깊은 바다로 바울이 탄 배의 선장이 말한 대로 정박하기에는 불편하지만 일단 정박하면 풍랑에도 안전하게 댈 수 있는 지형이었다. 우리는 기존의 장소보다 이곳을 《성경》에서 말하는 미항으로 생각하고 사진을 찍었다. 그러나 미항으로 추정하는 두 곳이 위치가 가까워 의미상 큰 차이는 없다.

미항 언덕 위쪽으로는 바울을 기념해 세운 현대 교회가 있다. 교회 옆에 차를 세운 후 항구로 내려가는 길에 있는 바울이 기도한 곳으로 전해지는 바울 동굴로 갔다. 전에는 문이 잠겨 있어 동굴 안을 볼 수 없었지만 이번에는 열려 있어 동굴 안으로 들어갈 수 있었다. 함께한 탤런트 한인수 장로도 얼마나 감격했던지 눈물을 흘리며 기

바울이 기도한 곳으로 전해지는 동굴 _ 그레데 미항

도했다. 죄수의 몸으로 미항에서 잠시 정박하는 동안에도 이 동굴에서 기도했던 바울을 생각하니 눈시울이 뜨거워졌다. 우리는 기도하기 좋은 조건에 있으면서도 기도를 게을리하지 않는가. 한편으로는 부끄러운 마음으로 항구로 내려갔다.

지금은 자연 그대로 모습인 미항 바닷가는 물속의 조약돌이 보일 만큼 맑았다. 그리고 언덕 위에서는 한 가족이 휴양을 즐기는 한 폭의 그림과도 같은 이곳 미항에서 《성경》 사건을 떠올렸다.

바울은 로마로 압송되어 가는 도중 배가 미항에 정박해 있는 동안 이곳에서 겨울을 나기를 바랐지만 선장과 선주는 뵈닉스로 가서 겨울을 보내기를 원했다. 결정권을 가진 백부장 율리오는 선장과 선주의 말을 듣고 미항을 떠나 뵈닉스로 가다 결국 풍랑을 만났다.

미항과 뵈닉스의 거리에 따라 바울과 선장의 의견 중 누가 더 합리적인 것인지가 판결이 난다. 이전에는 뵈닉스를 그레데 섬 서쪽 끝에 있다고 보았다. 이럴 경우 미항에서 뵈닉스까지는 당시 배로 이틀 이상 가야 하기 때문에 항해 도중 어떤 일이 벌어질지 모른다. 그렇다면 선장의 말보다는 바울의 말이 더 합리적이다.

그러나 근래에는 뵈닉스가 스파키온에서 서쪽으로 7킬로미터 떨어져 있기 때문에 미항에서는 90~100킬로미터 정도 거리에 있다. 따라서 미항까지는 낮 동안 항해가 가능해 선장과 선주의 말이 더 합리적이다. 겨울을 나기 위한 물자수송이나 정박하기도 불편한 미항에서 구태여 3개월을 지내는 것보다는 몇 시간만 가면 편한 뵈닉스에서 겨울을 보내자고 하는 선장과 선주의 말이 더 합리적이었던 것이다. 결국 결정권을 가진 백부장은 남풍이 순하게 불자 미항을 떠나 뵈닉스로 출항하기로 했다.

그러나 바울의 말은 곧 하나님의 말이었다. 하나님은 바울이 로마에 가서 복음을 전하도록 이미 말씀하셨기에 도중에 풍랑을 만나 죽어서는 안 되었다. 결국 바울의 말보다 선장과 선주의 말을 더 믿은 백부장은 배를 출항시켰고 얼마 되지 않아 유라굴로라는 광풍을 만나게 되었다.

배는 파도에 밀려 되는 대로 가다가 가우다라는 작은 섬 아래로 지나 간신히 작은 구명정인 거루를 잡았다. 가우다는 미항에서 100킬로미터가 채 되지 않으니 우리나라 속담에 "십 리도 못 가서 발병난다"는 말처럼 몇 시간도 안 되어 광풍을 만난 것이다.

미항은 지금까지 세 번 방문했다. 그때마다 신앙은 언제나 합리적이고 이성적인 판단에 의해서만 행동으로 옮기는 것이 아니라는 생각을 했다. 물론 합리적이고 이성적인 판단이 나쁘다는 것은 아니다. 그러나 하나님은 사람의 합리적인 사고 속에서만 인도하지는 않는다는 사실이다. 여리고 성의 함락 방법이 그러했고, 기드온의 3백 군사로 수많은 미디안 군사를 물리친 것이 그러했다.

라새아는 처음으로 미항을 답사할 때 찾은 곳이다. 미항에서 이라클리온으로 막 출발하던 중 갑작스럽게 "미항이 라새아 성에 가깝더라"(사도행전 27:8)는 《성경》 구절이 생각나 이곳까지 어렵게 찾아온 김에 라새아를 찾아보기로 했던 것이다.

라새아는 미항 동쪽 8킬로미터 지점, 그레데 섬 남쪽 해안에 있는 항구 도시로 바티칸 사본에는 라새아Lasea로, 알렉산드리아 사본에는 알라사Alassa로, 라틴어 역본인 불가타역에는 달라사Thalassa 등

그레데 섬 남쪽의 라새아 마을 _ 그리스

으로 소개되었다. 이는 이곳이 잘 알려진 곳이 아니고 지리학자들도
별로 언급이 없었기 때문일 것이다. 오늘날에도 랏세아Lassea로 표기
되어 있다.

　호메로스 시대에는 이 지역에 90개의 도시가 존재했다고 한다.
1850년경 지중해 일대를 조사한 스프라트 선장은 《성경》의 미항으로
주장되는 페어 하븐즈Fair Havens 근처 해안에서 고대 유적을 발견했
는데, 그것이 라새아였던 것으로 보인다.

　아마 라새아는 작은 해안 성읍에 불과했을 것이다. 이곳을 처음
찾아갔을 때는 라새아 마을 표지판이 있는 현대 마을만 보았으나 두
번째 방문했을 때는 현대 마을 서쪽 해안가 높은 언덕에서 도기 조각
과 함께 옛 주거지로 추정되는 곳을 발견할 수 있었다. 더 서쪽으로

뵈닉스 교회 터 _ 그리스

떨어진 곳에서는 교회 터로 추정되는 발굴지도 발견했다. 현재는 해
안가에서 골짜기를 따라 20여 가구가 살고 있고 해안가는 해수욕장
으로 사용되고 있었다.

　그다음 날 찾아간 뵈닉스는 정확한 장소에 대해 의견 차이가 있
다. 일반적으로 지중해 그레데 섬 남쪽 해안의 미항 서쪽으로 보는데
교회 감독이었던 워즈워드Wordsworth는 뵈닉스를 로우트로가 있는
지협 서쪽 앞바다의 한 정박지로 보고 있다.

　로우트로에서는 트라야누스Trajanus 때의 명각이 발견되었는데
거기에는 이집트 곡물선이 월동을 위해 정박했다는 사실이 기록되어
있었다. 당시 뵈닉스는 이집트에서 오는 배들이 폭풍을 피해 정박하

는 곳이었다.

오늘날 뵈닉스, 곧 반도의 서쪽은 방치되어 있으며 6세기 때 발생한 지진으로 기반이 올라와 있는 상태다. 뵈닉스는 그레데 남쪽의 가우다 섬에서 정북 방향으로 있는 항구로 그 일대에서는 276명이 탄 배가 안전하게 정박하기에 유일한 항구였다.

스파키온에서 오늘날 지도에 표기된 포닉스(뵈닉스의 현재 지명)로 가려면 육지길도 있지만 수상택시를 이용하는 것이 좋다. 육지로 난 길은 낭떠러지와 같은 험한 길을 가야 할 뿐 아니라 항구까지는 다시 걸어서 내려와야 한다.

스파키온에서 뵈닉스까지는 7킬로미터 정도 떨어져 있어 수상택시를 타고 20여 분 만에 도착했다. 항구에서 내려 유적지가 있는 산 위로 올라가 보니 포닉스라는 작은 푯말이 나타났고 언덕에는 교회 터로 보이는 무너진 벽이 남아 있었다. 항구 바로 위에는 하얀색의 희랍 정교회가 세워져 있었는데 아마 정기적으로 예배를 드리기 위해서라기보다는 기념으로 세운 것 같았다. 왜냐하면 이곳에서 마을은 동쪽으로 멀리 떨어져 있고 산언덕을 넘어와야 할 테니 말이다.

뵈닉스는 답사하기가 너무 어려운 곳이다 보니 두 번째 방문했을 때도 이곳을 찾았다는 감격은 변함이 없었다. 항구에서 배를 기다리는 동안 저 멀리 바울이 풍랑을 만났던 지중해를 바라보며 그들이 앞으로 겪을 14일간의 사투를 미리 그려 보았다.

배가 밀려 바람을 맞추어 갈 수 없어 가는 대로 두고 쫓겨가다가 가우다라는
작은 섬 아래로 지나 간신히 거루를 잡아 사도행전 27:15~16

사명자는
풍랑을 만나도
_가우다 섬

가우다 섬의 가브도스 항구 _ 그리스

> 바울을 태운 배는 미항을 떠나 뵈닉스로 가다가 얼마 안 있어 광풍을
> 만났다. 그러다 배는 가우다 섬 아래로 지나 간신히 거루를 잡아 끌어
> 올렸다. 이튿날에는 짐을 바다에 버렸고 3일째 되는 날에는 배의 기구
> 까지 버렸다. 여러 날 동안 해와 별을 보지 못할 정도로 풍랑이 계속되
> 었다. 죽을 지경에 이르렀으나 바울은 한 섬에 도착할 것이라는 하나님
> 의 말씀을 사공에게 전했다 사도행전 27:13~26.

바울을 태운 배는 미항을 출발한 지 몇 시간도 못
되어 유라굴로라는 광풍을 만났다. 그러다 가우다라는 작은 섬 아래
로 지나 간신히 거루(작은 구명정 보트)를 잡아 끌어올리고 줄을 선채에
둘러 감았다. 또 모래톱(스르디스)에 걸릴까 두려워해 연장을 내리고
파도가 치는 대로 그냥 쫓겨갔다.

처음 가우다 섬을 찾게 된 것은 정말 하나님의 은혜였다. 가우다
는 섬 답사 일정에 빠져 있었기 때문이다. 우리는 일정을 하루 앞당
기기 위해 먼저 데살로니가에 있는 비행장으로 가서 그레데행 비행
기 표를 알아보았다. 원래 계획은 베뢰아를 보고 이튿날 비행기를 타
고 그레데로 가는 것이었는데 30분 뒤에 출발하는 그레데행 표가 있
었던 것이다. 급히 표를 바꾸어 그레데행 비행기에 올랐다. 이는 전
혀 예상치 못한 일이었다. 평생에 한 번 있을까 하는 귀한 일을 경험
했다. 하루 앞당겨 그레데에 도착한 덕에 그리스 최남단 가우다 섬을
찾게 되었다.

우선 택시를 빌려 타고 그레데 북쪽 이라클리온에서 남쪽의 스파
키온 항구로 갔다. 이 섬에는 남북을 가로지르는 최고봉 2,456미터
의 레프카 오리 산맥Mts. Lefka Ori이 있는데 우리가 넘어가야 하는 지
역은 1,300미터 정도로 길이 매우 험하고 남쪽으로 갈수록 낭떠러지
와 같은 위험한 길이었다. 가슴을 졸이며 2시간 30분을 달린 후에야
스파키온 항구에 도착했다.

바로 부두로 가서 가우다(현재 가브도스)로 가는 배편을 알아보니
하루 한 번 왕복하는 배는 이미 떠나 이튿날이나 갈 수밖에 없었다.

배의 파손물이 있는 가우다 섬의 해안가

할 수 없이 바닷가 근처의 작은 여관에 짐을 풀었다. 그동안 아껴 놓
았던 라면을 끓여 베란다에서 바울이 풍랑을 만난 지중해를 바라보
며 먹는 맛이란 한국에서는 느낄 수 없는 별미였다.

다음 날 일출을 찍기 위해 새벽부터 항구 주위를 돌아본 후 10시
30분에 배에 올랐다. 오후 4시에 스파키온으로 다시 돌아오는 배였
기 때문에 일정에는 큰 어려움이 없었다. 항구를 떠난 배는 지중해
중심으로 들어갈수록 잔잔했던 파도가 점점 심해졌다. 그리고 마침
내 2시간 40분 만에 그리스 섬 중에서 아프리카에 가장 가깝고 《성
경》에는 단 한 번밖에 나오지 않는 가우다 섬의 가브도스 항구에 도
착했다.

가우다Cavda 섬은 그레데 섬 남쪽에 있는 작은 섬으로 오늘날 희
랍어로는 가브도스Gavdos라고 하며, 이탈리아어로는 고조Gozzo라고
한다. 아직 개발되지 않은 곳이라 이곳을 찾는 관광객이 있을 뿐이고

380

또 별다른 숙소가 없어 하루 동안 둘러보다가 다시 배를 타고 돌아가는 사람이 대부분이었다. 항구에는 작은 상점 한 곳만 있을 뿐 민가는 없었으며 주민은 섬 중앙에 50여 명이 거주하고 있었다.

우리 역시 배가 정박해 있는 시간을 이용해 섬을 돌아보며 사진을 찍고 다시 떠날 준비를 했다. 그런데 문제가 발생했다. 풍랑으로 배가 이튿날 오전 6시나 출항한다는 것이었다. 여기서 하루가 늦어지면 예매한 비행기 표와 뒤의 일정에도 차질이 생기는 상황이었다. 그러나 전혀 다른 교통편이 없으니 거의 무인도와 같은 섬에서 하룻밤을 묵게 되었다.

대부분의 사람은 어디론가 사라지고 우리 일행만 항구에 남아 있었는데 알고 보니 민박을 찾아 떠난 것이었다. 우리도 뒤늦게 민박을 구했으나 이미 자리가 없었고 그나마 텐트촌도 다 차 있었다. 꼼짝없이 항구에서 밤을 지새울 수밖에 없는 처지가 되었다. 어찌하겠는가? 내일 일정은 주께 맡길 수밖에 없었다.

시간이 남은 우리는 해안가와 섬 위에 있는 희랍 정교회를 찾아 사진에 담았는데 생각보다 좋은 사진을 찍을 수 있었다. 특히 해안에서는 풍랑을 만난 배에서 나온 파손물이 여기저기 놓여 있어 이곳이 얼마나 파도가 심한지를 짐작할 수 있었다.

밤이 되어 해안가의 적당한 장소를 물색하고 유일하게 있는 상점에서 종이박스를 구해 바닥에 깔고 잠을 청했다. 하늘을 바라보니 우리나라에서는 볼 수 없는 그야말로 하늘에 뿌려 놓은 듯 수많은 별이 하늘을 수놓고 있었다.

바울이 탄 배도 그런데 남쪽 해안을 따라 항해하면서 가우다 가까이에 이르렀을 즈음 유라굴로라는 광풍을 만났다. 바로 바울이 풍랑을 만난 이 해안가에서 우리도 풍랑을 만나 해안가에 누운 처지가 되었다.

지금까지 스물다섯 차례 성지 순례를 하면서 이처럼 고생한 적이 없었던 것 같다. 이라크 갈대아 우르의 57도 되는 무더위 속에서도, 이스라엘 출애굽 여정지 중 사막에 있는 돕가에서 베두인 천막에서 잠을 잘 때도 이렇게 고생하지는 않았다. 바울이 풍랑을 만난 가우다 섬에서 바울이 당한 고생을, 바로 그 장소에서 경험하게 될 줄이야. 그러나 로마로 압송되어 가던 바울은 14일 동안 햇빛 한 번 못 보고 풍랑에 시달렸으니 그 고초는 말로 다 표현할 수 없었을 것이다.

계속되는 풍랑으로 배의 기구까지 다 버릴 정도로 살아날 희망이 거의 보이지 않았던 그때, 바울은 오히려 "안심하라. 한 사람도 생명을 잃지 않을 것이며 오직 배만 손상을 입을 것이다"라고 말했다. 바울이 이렇게 말한 것은 지난밤 하나님의 사자가 나타나 "두려워하지 말라. 네가 가이사 앞에 서야 할 것이며, 너와 함께 항해하는 자를 모두 네게 주었다"라고 말했기 때문이다.

그렇다. 바울은 로마에서 예수님을 증거해야 하는 사명이 있었기에 모든 사람의 희망이 사라진 가운데서도 오히려 구원이 있을 것을 말했다. 하나님을 향한 사명 앞에는 광풍과 같은 절망도 가로막을 수 없는 것이다.

14일간의 사투 끝에

_멜리데 섬

옛 항만 터를 마주 보고 있는 멜리데의 바울 섬

 바울이 탄 배는 계속되는 풍랑으로 죽음의 위기를 겪다가 14일 만에 멜
리데 섬에 도착했다. 이곳 원주민은 불을 피워 바울 일행을 따뜻하게
맞이해 주었다. 그런데 바울이 나무 한 묶음을 거두어 불에 넣으니 뜨
거움으로 독사가 나와 바울을 물었으나 아무렇지도 않자 이곳 원주민은
바울을 신으로 여겼다. 바울은 멜리데 섬에서 3개월을 머무는 동안 섬
의 우두머리인 보블리오 부친의 열병과 많은 사람의 병을 고쳐 주었다
사도행전 28:1~10.

바울이 탄 배가 풍랑을 만난 지 14일째 되는 날 밤, 아드리아 바다에서 이리저리 쫓겨 가다가 자정쯤 멀리서 육지가 희미하게 보이기 시작했다. 바울 일행은 암초에 걸리지 않도록 조심하며 고물로 네 개의 닻을 내리고 배를 고정한 후에 날이 새기를 기다렸다.

이때 사공들이 도망하기 위해 거룻배를 바다에 내렸다. 바울은 백부장과 군인에게 사공들이 배에 그대로 있지 않으면 살아남지 못할 것이라고 말했고, 이에 군인들은 거룻줄을 끊어 사공들이 도망하지 못하게 했다. 바울은 일행에게 음식을 먹도록 권한 후 모든 사람 앞에서 하나님께 기도하고 떼어 먹기를 시작했는데 배에 탄 276명 모두가 무사했다.

이윽고 날이 새자 항만이 보였고 그들은 배를 항만 가까이 갖다 댔다. 이때 죄수들이 헤엄쳐서 도망할 것을 염려해 군인들이 죄수를 죽이려 했으나 백부장은 바울을 살리기 위해 헤엄칠 수 있는 사람을 먼저 육지로 보낸 다음 나머지 사람은 널조각이나 배의 물건을 이용해 육지로 들어가게 했다. 이는 하나님이 백부장의 마음을 감동시켜 바울을 살린 것이다.

마침내 배에 탔던 모든 사람이 육지에 도착했는데 그 섬이 멜리데였다. 멜리데Melth 섬은 이탈리아 남부 시칠리아 섬 남쪽으로 약 100킬로미터, 아프리카까지는 약 340킬로미터 지점에 있는 작은 섬이다. 현재는 몰타Malta라고 부른다. 섬의 길이는 약 29킬로미터, 너비는 13킬로미터, 높은 곳은 해발 258미터 정도이다. 남서쪽은 바다와 급경사를 이루는 가파른 절벽이고, 북동쪽 해안에는 크고 작은 만이 많이 있다.

멜리데는 위치상 매우 중요한 곳으로 동서로 횡단하는 여행자나 북쪽에서 남쪽 아프리카로 건너가는 여행자에게 중요한 요지이다. 이곳을 찾아가려면 이탈리아 로마에서 비행기를 이용하는 방법과 로마에서 기차로 시칠리아 섬까지 가서 그곳에서 배로 가는 경우, 그리고 카이로에서 비행기로 바로 가는 경우가 있다.

우리는 로마에서 일정을 마치고 기차로 수라구사까지 와서 배로 가는 방법을 택했다. 그러나 수라구사에서 몰타로 가는 배는 없어지고 더 남쪽에 있는 포찰로Pozzallo에서 출항하고 있었다.

포찰로를 떠난 배는 30분도 채 되지 않아 심한 파도로 수백 명이 타는 배도 가만히 있지 못할 정도로 흔들렸다. 난생 처음 겪는 뱃멀미로 초죽음 상태가 되었다. 선원은 가운데 기둥을 붙잡고 있다가 여기저기서 욱하는 소리가 나면 급히 비닐봉지를 가져다주곤 했다. 그만큼 멜리데로 가는 해안은 풍랑이 심한 곳이었다.

배는 2시간 30분 만에 멜리데 발레타시 항구에 도착했다. 항구에 내리자마자 진통제를 두 알씩이나 먹고 나서야 조금 안정을 되찾았다. 그런 섬을 바울은 14일 동안이나 풍랑으로 고생하고서야 도착했으니 어찌 우리와 비교할 수 있겠는가!

오늘날 몰타는 영국에서 독립한 후 조선소 폐쇄와 수출입 저조로 경제 사정이 매우 나빠졌다. 2003년에 이곳을 방문했을 때도 거리에는 버려진 차가 즐비했고 건설이 중단된 호텔은 물론 줄어든 관광객으로 호텔 역시 성수기임에도 빈 방이 많았다.

이 섬의 최대 도시인 발레타시 항구에 도착한 우리는 우선 숙소

멜리데 섬의 발레타시 항구

를 정한 후 이튿날 풍랑을 만난 바울이 처음으로 도착한 현장을 찾았다. 시간을 줄이기 위해 아예 택시를 이틀 빌렸다.

언덕 위에 도착해서 에게 해 쪽을 바라보니 안내책자에 나온 대로 멀리 작은 섬 위에 세워진 바울의 동상이 보였다. 바로 바울을 태운 배가 로마로 항해하던 중 난파를 당해 기착한 곳으로 발레타시에서 섬 북서쪽 끝을 향해 12.9킬로미터 거리이자 가장 빠른 현대 길을 기준으로 18킬로미터 떨어진 곳이다. 그래서 사람들은 이곳 해안을 바울 만이라고 부르며 바울의 도착을 기념하고 있다.

한참을 걸어 내려가 보니 《성경》에 기록된 대로 옛 항구 터가 남아 있었다. 다른 어떤 곳보다도 결코 방문하기가 쉽지 않은 곳이기에 이곳을 왔다는 것이 실감이 나지 않았다.

다행히도 바울 일행이 도착한 후 섬 원주민은 따뜻한 동정을 베풀며 불을 피워 맞이했다. 바울은 나무 한 묶음을 주워 불에 넣었고 그 뜨거움으로 땅속에 있던 독사가 나와 바울의 손을 물었다. 이를 본 원주민은 바울이 살인한 자이기 때문에 독사에 물렸다고 생각하고 곧 그가 죽는 줄 알았다. 그러나 바울은 뱀을 불에 떨쳐 버리고 아무렇지도 않은 듯 행동했다. 이에 원주민은 바울을 신으로 생각했다.

우리는 다시 바울 만을 따라 8킬로미터를 달려 바울이 뱀에 물렸던 곳에 도착했다. 오늘날 이곳에는 바울 피난 교회가 세워져 있다. 현주민의 말에 의하면 본래 이 섬에는 독사가 많아 독사를 신으로 섬겼다고 한다. 그런데 바울이 독사에 물리고도 아무렇지도 않고 오히려 독사를 불에 떨어뜨린 후에는 이 섬에 뱀이 사라졌다는 것이다.

바울 피난 교회를 나와 다음으로 간 장소는 바울이 보블리오를 만난 곳이다. 바울과 일행은 이 섬의 우두머리인 보블리오를 만나 그의 집에서 사흘 동안 머물면서 후한 대접을 받았다. 《성경》에 보면 그 근처에 토지가 있다고 기록하고 있는데 우리가 방문했을 때는 교회 앞에 방울토마토를 재배하고 있었다. 교회는 때로 학교로 사용하기도 한다고 했다.

보블리오의 대접을 받은 바울은 열병과 이질에 걸려 누워 있는 그의 부친을 안수해 고쳐 주었을 뿐만 아니라 섬에 있는 다른 많은 병자를 고쳐 주었다. 그래서 이 섬의 가장 큰 항구인 발레타시 위쪽 언덕에는 보블리오를 기념하는 교회가 세워져 있다. 이는 보블리오가 바울과 그 일행 276명을 잘 대접해 준 것을 기념해 세운 교회이다. 그리고 교회 앞에는 보블리오 동상이 세워져 있다.

바울이 뱀에 물린 곳에 세워진 바울 피난 교회 _ 멜리데(몰타)

바울이 3개월 동안 갇혀 지낸 곳에 세워진 바울 기념 교회 _ 멜리데 섬

멜리데 섬 중앙에 있는 라바트에는 바울이 멜리데에서 지내는 3개월 동안 갇혔던 자리에 세워진 바울 기념 교회가 있고 그 옆에 바울의 카타콤이 있다. 라바트는 바울이 뱀에 물린 곳에서 남쪽으로 10킬로미터 정도 떨어져 있다.

우리는 먼저 바울 기념 교회를 둘러본 후 바울이 3개월을 갇혀 지낸 동굴로 내려가 보았다. 바울의 호송을 맡은 백부장 율리오는 시돈에서 그랬던 것처럼 이곳 멜리데 섬에서도 죄수를 죽이자는 군인들로부터 바울을 살리기 위해 헤엄치는 사람을 먼저 육지에 도착하도록 했다. 그렇기에 바울이 이 동굴에 갇혀 있었다 하더라도 상당한 자유를 주었음에 분명하다. 그래서 바울은 보블리오 부친과 다른 병자까지 고칠 수 있었다.

바울이 도착한 바울 만의 작은 바위섬. 저 멀리 바울 동상이 보인다. _ 몰타

동굴에는 바위에 사람을 묶어 두었던 홈이 파인 흔적이 남아 있었다. 죄수의 몸으로 로마로 압송되어 가는 중에서도 하나님의 말씀을 전한 바울, 멜리데 섬에 도착해서는 보블리오의 부친과 많은 병자를 치유하는 사역을 했던 바울, 하나님은 어떤 상황에서도 바울을 통해 구원에 이르는 복음을 전하도록 했다. 즉, 멜리데 섬은 바울이 로마에서 감당해야 할 사명이 있음을 깨닫게 하는 하나님의 섭리가 숨 쉬는 곳이었다.

수라구사에 대고 사흘을 있다가 거기서 둘러가서 레기온에 이르러 하루를 지낸
후 남풍이 일어나므로 이튿날 보디올에 이르러 사도행전 28:12~13

로마는
점점 가까이
_수라구사, 레기온, 보디올

레기온 항구 _ 이탈리아

> **"** 바울 일행은 멜리데 섬에 머문 지 3개월 만에 섬을 떠나 시칠리아 섬
> 동쪽에 있는 수라구사에 도착해 3일을 거한 후 다시 레기온으로 출발했
> 다. 그리고 레기온에서 하루를 머문 후 보디올을 향해 떠났다. 보디올에
> 서 믿음의 형제를 만난 그들은 7일을 이곳에서 생활하고 여기서부터는
> 발로 직접 땅을 밟으며 로마로 들어갔다 사도행전 28:11~14. **"**

바울을 압송해 로마로 항해하던 알렉산드리아 배가 풍랑을 만나 멜리데 섬에 도착한 지 3개월이 지났다. 겨울도 지나자 바울 일행을 태운 알렉산드리아 배는 로마를 향해 다시 떠날 준비를 했다. 멜리데 섬 북서쪽에서 출발한 배는 오늘날 시칠리아 섬 동쪽에 있는 수라구사에 도착해 3일을 정박했다.

수라구사Syracuse*는 이탈리아 남부 시칠리아Sicilia 섬 동쪽 해안에 위치한 항구 도시이다. 고대인은 시칠리아가 지진으로 본토에서 분리된 것으로 여기고 있는데 오늘날에도 화산이 폭발하는 섬이다.

멜리데에서 수라구사까지는 배편으로 세 시간이 걸린다. 지금까지 멜리데 섬은 두 번 방문했는데 처음에는 로마에서 이탈리아 반도를 거쳐 배로 갔다. 그리고 두 번째는 바울의 압송 루트와 같이 로마에서 멜리데로 가는 항공편을 이용한 다음 멜리데에서 배로 수라구사와 레기온, 보디올을 거쳐 로마로 왔다.

처음에 배를 이용할 때 뱃멀미로 너무 고생한 기억이 있기 때문에 이번에 함께한 일행에게도 멀미약을 먹어 둘 것을 권했다. 그렇게 멜리데 섬 발레타시 항구에서 출발한 우리는 시칠리아 섬 남쪽에 있는 포찰로에 2시간 30분 만에 도착했다. 지난번과 달리 약간의 흔들림만 있을 뿐 풍랑이 없어 뱃멀미는 하지 않았다. 항구에서 80킬로미터 떨어진 수라구사까지는 열두 명이 탈 수 있는 승합차를 대절해 갔다.

• 수라구사 : 희랍 도시 가운데 오랜 역사를 지닌 가장 큰 도시이면서도 잘 정돈돼 있다. 수라구사에 처음 거주했던 사람은 시카니Sicani족이었고 시카니아라는 이름에 따라 이 섬을 시카니아라고 불렀다. 시카니족의 뒤를 이어 시첼리Ciceli족이 이탈리아 본토에서 이곳으로 들어왔으며 그들의 이름을 따라 시칠리아Sicilia라는 이름이 붙었다.

제우스 신의 희생 제사 터로도 사용된 히에론Hieron(BC 478~467) 제단

수라구사는 바울이 멜리데 섬을 떠나 로마로 압송되어 갈 때 도착해 3일간 머문 곳이다. 로마 통치하에 있던 수라구사는 총독의 거주지가 되었으며, BC 21년에 아우구스투스는 이 도시에 자치권을 부여했다.

이 섬에는 다이아나 신전과 미네르바 신전 그리고 총독의 왕궁이 있었으며, 《그리스 신화》에 나오는 요정 아레투사Arethusa의 샘도 있었다고 전해진다. 또 아크라디나Achradina라 불리는 본토 지방에는 재판소, 공회당, 원로원 의사당, 올림포스 산의 주피터 신전 등이 있었다고 한다. 이렇듯 로마 제국 아래에서 수라구사는 번영을 누렸으며, 네로는 거대한 규모의 투우사들의 쇼를 이곳에서 거행할 것을 허락하기도 했다.

오늘날 폐허화된 이곳에는 BC 5세기경 겔론 왕이 건축한 것으로 보이는 아테나 신전이 있는데 이 신전은 AD 7세기에 기독교 대성당으로 전용되기도 했다. 그리고 히에론 1세가 건축하고, 200년 후 히에론 2세가 확장한 그리스식 극장과 아우구스투스 때 건립된 투우장, AD 3~4세기 그리스도인들의 지하 묘지(카타콤) 등이 있다.

　　바울은 수라구사에서 3일을 머물렀으나 어떤 사역을 했는지 《성경》에는 기록이 없다. 그러나 바울 이전에 이미 수라구사는 대도시였기 때문에 바울도 이곳에서 복음을 전했을 것이다.

　　첫 번째 방문 때는 야외극장을 비롯해 많은 유적지를 답사했으나 두 번째 촬영을 위해 방문했을 때는 일정에 쫓겨 항구만 촬영하고 로마로 가는 기차에 올랐다. 지난번에는 시간이 없어 레기온에서 시칠리아 섬까지 배편으로 왔으나 이번에는 기차로 갔기 때문에 우리가 탄 기차가 배에 실리는 특별한 체험을 하기도 했다.

　　비록 11킬로미터를 가는 짧은 시간이었지만 수라구사에서 레기

수라구사의 두오모 성당, 이 교회에는 바울이 수라구사에 도착하는 모습의 그림이 있다.

온으로 가는 선상에서 이제 이탈리아 본토에 첫발을 내딛는 바울의 심정을 느껴 보았다. 아마 바울은 곧 로마에 도착한다는 설렘으로 자신이 죄수로 압송되어 간다는 사실도 잊고 있었을 것이다. 바울에게는 묶인 쇠사슬보다도 이제는 로마에서도 복음을 전한다는 생각으로 가득 찼을 것이다. 그에게는 오직 주 예수 그리스도, 복음뿐이었으니 말이다.

어느새 기차를 태운 배는 시칠리아 맞은편 항구에 도착했다. 우리는 로마로 가는 다음 기차 시간까지 남은 시간 동안 항구에서 자동차로 30~40분 거리에 있는 《성경》의 레기온 항구를 다녀오기로 했다.

레기온Rhegium은 이탈리아 남부의 항구 도시로 오늘날에는 레이오 또는 레찌오 칼라브리아Reggio Calabria라고 부른다. 이곳은 메시나 해협에 위치해 있었는데 이 해협은 레기온에서 이탈리아 본토와 시

레기온에 있는 바울 기념 교회로 최근에 세워졌다. _ 이탈리아

보디올의 오늘날 포추올리 항구 _ 이탈리아 남부

칠리아 섬을 11킬로미터 정도의 폭으로 갈라놓고 있다.

처음 레기온을 찾았을 때는 바울과 관련된 기념 교회조차 세워져 있지 않았다. 그나마 다행스러운 것은 산중턱에 바울을 기리는 기념 교회가 있어 여러 번 물으며 찾아갔다. 교회 관리인의 친절한 안내 덕에 우리는 성서와 관련된 많은 그림을 사진에 담을 수 있었다.

이후 바울을 태운 배는 레기온을 떠나 북쪽에 있는 보디올로 향했다. 거리상 하루면 갈 수 있는 곳이다. 그러나 배는 북쪽으로 향하고 바람은 남풍이 불어 항해가 쉽지 않았다. 보디올에 도착한 바울은 로마로 압송되기 전까지 7일을 머물면서 믿음의 형제들을 만났다.

보디올Putheoli*은 오늘날 포추올리Pozzuoli라는 지명으로 남아 있어 비교적 쉽게 찾을 수 있었다. 이 탈리아 남부 나폴리 만에 위치한 항구 도시로 아고라 건물과 아우구스투스 황제의 신전, 고대 원형극장 등

● 보디올 : 그리스 사모스 섬 출신의 이주민에 의해 세워진 곳으로 고대에 유황을 수출하는 지역에 있었으며 일찍이 철 공업이 발달해 무기에서 농기구에 이르기까지 각종 철제품을 대량 생산했다. 특히 곡물을 실은 대형 상선이 드나드는 동서 교통의 요지 중 하나였다. 그래서 은행이 발달해 소아시아 5개 도시의 금융권을 장악할 정도였다.

로마 시내에 있는 압피아 가도

의 유적이 근래에 발굴되어 당시의 번영했던 모습을 보여 주고 있다.

보디올에 도착한 바울은 여기서부터는 육지 길인 압피아** 가도를 따라 로마로 들어갔다. 이제는 배가 아니라 발로 직접 땅을 밟으며 로마로 간 것이다.

오늘날 항구 옆에는 BC 5세기경 그리스의 세라피스 신전 터 유적이 있다. 그리고 해안가에는 바울이 이곳에 도착한 것을 기념하는 바울 도착 기념 교회가 세워져 있는데 교회 앞에는 바울이 보디올에 도착했다는 〈사도행전〉 28장 13절 말씀이 기록되어 있다. 이 말씀을 읽으며 한 발 한 발 로마로 내딛는 바울의 발걸음을 회상해 보았다.

이제 그의 나이 55세, 순교하기 7년 전이다. 하나님은 앞으로 그의 삶을 어떻게 인도하실 것인가? 바울의 발걸음은 로마를 통해 복음이 세계로 확산되기 위한 하나의 시작이었다.

●● 압피아 : 로마에서 카푸아Capua를 거쳐 부룬디시움Brundisium까지 약 570킬로미터에 이르는 길이다. 압피아(아피아)란 명칭은 감찰관인 아피우스 클라우디우스 카에쿠스에 의해 BC 312년 만들어져 그의 이름을 따라 명명되었다. 도로 폭은 4미터밖에 되지 않았으나 로마 시대에는 현무암으로 포장된 중요한 군사와 산업 도로였다.

우리가 로마에 들어가니 바울에게는 자기를 지키는 한 군인과 함께 따로 있게
허락하더라 사도행전 28:16

복음은
로마 길을 통해
세계로

_로마

베드로 대성당에서 본 로마

" 로마에 도착한 바울은 2년 동안 비교적 자유롭게 지내면서 하나님 나
라를 전했다. 그리고 한동안 감옥에서 풀려났지만 드로아에서 붙잡혔
다. 바울은 땅 끝까지 복음을 증거하라는 주의 말씀처럼 땅 끝 마을인
서바나를 가기 원했지만 결국 가지 못하고 로마에서 순교했다 사도행전
28:15~31. "

로마*에 있는 믿음의 형제들은 바울이 온다는 소식을 듣고 압비오 광장과 트레스 타베르네**까지 나와 바울을 영접했다. 이에 바울은 그들을 보고 하나님께 감사하고 더욱 담대한 마음을 가졌다.

로마의 형제들이 바울을 맞이한 트레스 타베르네는 오늘날 로마 외곽에 있는 산 칼리스토 카타콤the San Callisto Catacomb 지역이다. 현재 이곳으로 들어가는 입구에는 쿼바디스 교회가 세워져 있다. 바울을 영접한 정확한 지점은 아니라도 대략 이 지역으로 보고 있다.

쿼바디스 기념 교회Domine Quovadis는 폭군 네로가 기독교인을 극심히 박해할 때 베드로가 박해를 피해 로마를 탈출하다가 그리스도를 만난 압피아 가도에 세워졌다. 이때 베드로는 "도미네 쿼바디스(주여, 어디로 가시나이까)" 하고 물었고 그리스도는 "나는 네가 버리고 가는 로마의 어린 양들을 위해 다시 십자가를 지려고 로마에 가노라"고 대답했다. 이에 베드로는 충격을 받고 회개하면서 다시 로마에 들어가 관가에 출두해 마침내 십자가에 거꾸로 매달려 순교했다고 한다.

이 교회는 그리스도가 베드로에게

● 로마 : 고대 로마 이후 세계를 지배한 로마의 역사가 준 큰 유산은 국가를 조직하고 통치하는 법률과 정치, 또 헬라의 문화, 윤리, 철학을 서방에 전하는 큰 중개 역할을 한 것이다. 그러나 지금은 국호를 이탈리아Italy라 부르고, 그 판도도 유럽 남부 중앙에 돌출한 장화 모양의 이탈리아 반도와 시칠리아 섬과 사르드니아 섬으로 이루어졌다. 로마는 국토가 지중해에 접하고, 맑은 태양과 푸른 하늘을 가진 절경의 땅을 차지해 유럽의 낙원이라 불릴 만큼 경치가 좋으며, 이르는 곳마다 로마 제국 시대의 유적과 예술품이 산재해 있다.

●● 트레스 타베르네 : 《개역한글성경》에는 삼관으로 번역했다. 이곳은 로마 때 건설된 아피아의 간선도로와 오늘날 시스테르나Cisterna 마을 근처의 안티움Antium으로 가는 샛길의 접점이다. 이곳은 로마에서 약 52.8킬로미터 지점의 비아 아피아 노상의 중간 지점에 대한 라틴어 명칭이 잘못 해석된 것으로 삼관보다는 '세 상점'이 더 정확한 해석이다.

쿼바디스 교회가 보이는 트레이스 타베르네 _ 이탈리아 로마

나타났던 곳에 세워진 기념 교회이다. 당시에 찍힌 그리스도의 발자취가 근처 산 스바티아노 교회에 보존되어 있다고 하나 단지 전승일 뿐이다. 이 사실을 테마로 해서 쓴 폴란드 소설가 센케비치의 소설 《쿼바디스》는 세계적으로 유명해져 영화화되기도 했다.

바울은 로마에서 복음 전하기를 간절히 원했고 하나님은 그런 바울을 죄인의 몸으로 로마에 들어가게 했다.

로마Rome는 나라 이름도 되고 수도 이름도 된다. 도시로서 로마는 현재 이탈리아의 수도이며 옛 이베리아 반도 중앙에 있는 로마 제국의 수도이다. 제국으로서 로마는 예수님 당시에 동으로는 유프라테스 강, 서로는 라인 강, 남으로는 지중해, 북으로는 동부 유럽에 미치는 광대한 영토를 소유했고, 전성기에는 유럽 대륙을 대부분 석권

했으며 아프리카와 아시아까지 세력을 확장한 때도 있었다.

기독교인에게 로마가 중요한 것은 모든 길이 로마로 통한다는 말처럼 하나님이 바울을 사용해 당시 로마 길을 통해 복음을 전했다는 사실이다. 지금도 그때의 도로인 에그나티아(로마 때 포장길)가 네압볼리, 빌립보 등 각처에 남아 있다.

로마에 도착한 바울은 오직 한 명의 군인과 함께 따로 있게 되었다. 그래서 로마에 온 지 3일 만에 바울은 유대인 중 고위층에 있는 사람을 초청해 자신은 로마인이 심문했으나 죽일 죄목이 없었음에도 유대인이 반대한 탓에 부득이 가이사에게 상소한 것이요 유대인을 고발하려는 것이 아님을 밝혀 두었다. 이후 바울은 셋집에서 2년을 거하는 동안 하나님 나라를 증거했다.

로마의 공화정이 있었던 포로 로마노Foro Romano에는 바울과 베드로가 처음 갇혔던 마메르틴 감옥이 있다. 그리고 바울이 순교하기 직전 갇혔던 하늘 계단 교회가 로마 중심지에서 6킬로미터 정도 벗어난 곳에 있다.

하늘 계단 교회 지하에 있는 감옥은 한두 사람이 있을 만한 작은 공간으로 사실상 독방과 같았다. 창살을 통해 면회를 할 수 있도록 되어 있는 이곳에서 바울은 〈에베소서〉, 〈빌립보서〉, 〈골로새서〉, 〈빌레몬서〉 등 옥중서신을 기록했다는 이야기도 전해진다.

이제 언제 죽을지 모르는 사형수로 순교를 앞두고 갇혀 있는 이곳 감옥에서 바울은 어떤 생각을 했을까?

바울이 말년에 디모데에게 보낸 편지에서 그의 인생 회고담을 엿볼 수 있다.

전제와 같이 내가 벌써 부어지고 나의 떠날 시각이 가까웠도다 나는 선한 싸움을 싸우고 나의 달려갈 길을 마치고 믿음을 지켰으니 이제 후로는 나를 위하여 의의 면류관이 예비되었으므로 주 곧 의로우신 재판장이 그 날에 내게 주실 것이며 내게만 아니라 주의 나타나심을 사모하는 모든 자에게도니라 디모데후서 4:6~8

전승에 의하면, 바울의 순교 시기는 62년이나 67년으로 황제 때로 본다. 순교 장소로는 로마 시내에서 6킬로미터 정도 떨어진 오스티안으로 가는 도로변에서 참수형을 당한 것으로 전해지는데, 이곳은 로마의 사형장으로 지금은 세분수 교회가 세워져 있다.

바울이 순교 직전에 갇혔던 하늘 계단 교회를 나와 150미터 정도 떨어져 있는 세분수 교회로 갔다. 현재는 바울이 순교 직전 걸어갔던 로마 때 길이 20미터 정도 복원되어 있다. 바울이 순교 직전에 걸었던 그 길을 지금 걷고 있다는 사실만으로도 큰 감동이 밀려들었다.

교회 안으로 들어가자 바울이 참수형을 당한 대리석 기둥이 철조망 사이로 세워져 있었다. 바울은 이 기둥에 목이 잘려 순교했는데 당시 목이 세 번 튀었고 그 장소마다 샘이 솟았다고 한다. 그래서 이 교회를 세분수 교회라고 부른다. 지금도 정확히 열네 발자국 지점마다 샘물이 나오고 있다.

바울의 무덤은 이곳 순교 장소에서 상당히 떨어진 바울 무덤 교회에 있다. 바울의 무덤 앞에서 그가 그토록 가고 싶어한 서바나(로마서 15:22~24)를 생각했다. 바울은 땅 끝까지 복음을 증거하라는 주의

바울이 순교 직전 갇혔던 하늘 계단 교회 지하에 있는 감옥 _ 로마

말씀처럼 땅 끝 마을인 서바나를 가기 원했지만 결국 여기서 순교하
고 말았다.

이제는 바울이 남긴 복음 사역을 우리가 감당해야 할 차례이다.
난 로마를 네 차례 방문한 후인 2003년 1월에야 바울이 그토록 가고
싶어한 서바나의 땅 끝 마을을 찾았다.

오늘날 서바나의 맨 끝인 포르투갈 서쪽 해안가에는 십자가 탑이
세워져 있으며 그 탑 밑에 반도의 가장 남서쪽임을 알려 주는 위도와
경도 표시가 있다. 성서의 서바나 지역에 있는 땅 끝 마을인 포르투
갈의 로카 곶에서 로마 옥중에서 쓴 바울 사도의 말씀과 주님의 마지
막 부탁이자 명령을 묵상해 보았다.

나는 이제 너희를 위하여 받는 괴로움을 기뻐하고 그리스도의 남은 고
난을 그의 몸된 교회를 위하여 내 육체에 채우노라 골로새서 1:24

그러므로 너희는 가서 모든 민족을 제자로 삼아 아버지와 아들과 성령
의 이름으로 세례를 베풀고 내가 너희에게 분부한 모든 것을 가르쳐 지
키게 하라 볼지어다 내가 세상 끝날까지 너희와 항상 함께 있으리라 마
태복음 28:19~20

땅 끝 마을인 로카 곶의 해안 _ 포르투갈

서머나 교회의 사자에게 편지하라 처음이며 마지막이요 죽었다가 살아나신 이가

이르시되 요한계시록 2:8

서머나에 있는 폴리갑 기념 교회 _ 터키 이즈미르

가난하나
실상은
부요한 교회

_서머나

서머나 교회는 사도 요한이 밧모 섬에서 자신이 본 환상을 두루마리에 기록해 보낸 일곱 교회 중 하나이다. 빌라델비아 교회와 더불어 칭찬받았던 서머나 교회는 끊임없는 환난과 핍박 속에서도 교인들은 죽도록 충성했다 요한계시록 2:8~11.

사도 요한은 밧모 섬에서 서머나 교회에 보낸 편지에서 주에 대해 이렇게 소개하고 있다.

처음이며 마지막이요 죽었다가 살아나신 이가 이르시되 요한계시록 2:8

서머나Smyrna는 소아시아 지방 서해안에 위치한 터키의 대도시로 지금은 이즈미르Izmir라고 부른다. 버가모에서 남쪽으로 100킬로미터쯤 거리에 있는 서머나를 찾아가기 위해서는 이스탄불에서 비행기를 이용하면 한 시간도 채 걸리지 않는다. 그렇지 않으면 이스탄불에서 이곳까지 600킬로미터 거리여서 버스로 하루를 잡아야 한다. 시간이 있다면 버스를 이용해 버가모를 들렀다 오는 것도 좋다.

서머나는 BC 3000년 전부터 에게 해안의 항구로 발전했다. 알렉산더 대왕(BC 356~323년)은 이곳을 점령한 후 에메시스Emesis 여신으로부터 서머나에 새 도시를 건설하라는 꿈을 꾸었다. 그리고 곧바로 파커스Pakes 산에 거대한 성채를 건설하고, 산 밑 해변에는 그리스식 새 도시를 건설했다.

이후 BC 20년대에는 로마가 이 도시의 주인이 된 후 더욱 발전했다. 이때 이곳에는 아고라와 2만 명을 수용할 수 있는 야외 원형극장, 운동경기장, 체육관, 공중목욕탕 등 여러 건축물이 들어서 당시 로마 제국 내 어느 도시와 견주어도 손색이 없었다. 이후 서머나는 170년에 일어난 큰 지진으로 크게 파괴된 후 재건되었으나 그 후에도 여러 번의 지진으로 서머나의 영광이 대부분 파괴되거나 땅 속에

고린도 양식의 기둥이 남아 있는 고대 아고라 터 _ 터키 서머나

묻히고 말았다.

우리는 소아시아의 일곱 개 교회를 답사하는 가운데 서머나에 들렀기 때문에 버스를 이용해 두아디라와 버가모를 거쳐 이곳에 왔다. 오늘날 이즈미르, 곧 《성경》의 서머나는 소아시아 에게 해 주변 지역에서는 가장 큰 상업도시의 하나로 발전하고 있다. 그래서 터키 어느 도시보다도 서구적인 풍취가 물씬 느껴진다. 시내 중심가에는 가로수가 늘어진 길가에 앉아 커피를 마시는 사람들의 모습이 마치 유럽 대도시에 와 있는 듯한 착각을 불러일으킬 정도다.

서머나의 뜻은 몰약沒藥인데, 서머나 교회 성도들의 신앙 절개가 몰약과 같이 향기를 뿜는다는 데서 생긴 이름이다. 세계 1차 대전으로 오트만 터키 제국이 몰락하고 공화정 정부가 들어서면서 이 도시 이름이 서머나에서 이즈미르로 바뀌었다. 길고 좁은 만bay의 동쪽 끝

온통 성화로 장식된 폴리갑 기념 교회 _ 터키 서머나

폴리갑의 순교 성화 _ 폴리갑 기념 교회

에 자리한 이곳에 기독교가 어떻게 들어왔는지는 아무것도 밝혀진 바 없다.

그러나 〈요한계시록〉 기록에 의하면, 서머나는 사도 요한이 편지를 보낸 일곱 교회 중 하나이며, 빌라델비아 교회와 더불어 칭찬을 받았다. 이곳 서머나 교회는 외견상 빈곤하고 끊임없는 환난에 처해 있었으며 몇 사람이 옥에 갇히는 수난을 받기도 했다. 그러나 서머나 교인들은 죽도록 충성했다.

현재 서머나에는 사도 요한 당시의 교회 터나 흔적은 없다. 단지 시내 중심가에 있는 폴리갑 기념 교회를 찾아 허락을 받고 안으로 들어갈 수 있었다.

이 교회는 순교자 폴리갑을 기념하는 교회로 17세기 때 화재로 소실되었다가 1690년에 재건된 것이다. 교회는 그리 크지 않지만 내부 벽화가 유명하다. 벽면과 천장이 온통 벽화로 되어 있는데 벽화는《성경》주제뿐만 아니라 폴리갑의 생애와 관련된 벽화도 많았다.

이곳 성화는 19세기 말, 교회를 크게 보수할 때 프랑스 화가 레이몽 페래가 그린 것이다. 그중에서도 폴리갑의 순교 벽화가 눈에 들어왔다. 불길에 싸인 폴리갑을 향해 칼을 든 사나이가 달려들지만 폴리갑의 얼굴은 평화스러우며, 눈길은 하늘을 향하고 있는 성화 속에서 성스러움이 느껴졌다.

〈요한계시록〉에서 "네가 죽도록 충성하라. 그리하면 내가 생명의 면류관을 네게 주리라"는 말씀대로 성자 폴리갑은 이곳에서 배출되었다. 160년에 교회가 크게 박해를 받을 때 사도 요한의 제자인 폴리갑Polycrap은 체포되어 갖은 협박과 유혹으로 신앙을 버리도록 강요받았다. 그러나 "내가 86년간 사는 동안 예수님은 한 번도 나를 버린 적이 없는데 내가 어찌 주님을 배반하리요" 하고 화형火刑을 받아 순교했다.

환난과 궁핍한 가운데서도 부요한 자라고 칭찬받았던 서머나 교회, 동시에 장차 받을 고난을 두려워하지 말라는 격려의 말도 받았던 서머나 교회에 대한 말씀을 폴리갑 기념 교회에서 떠올려 본다.

우리나라도 6·25동란 이후 외국으로부터 구제를 받아 살았던 때가 있었다. 나도 우윳가루와 찐 우유를 먹기 위해 교회에 다닌 적이 있다. 그러나 60여 년의 짧은 기간 동안 세계에서 두 번째로 많은 선교사를 파송하는 나라가 되었다. 이전에 가난했지만 신앙만큼은 부요했던 그때를 잊어서는 안 된다.

이제는 부요하게 된 한국 교회가 서머나 교회처럼 계속해서 주께로부터 칭찬받는 그런 교회의 모습으로 서기를 기도한다.

버가모 교회의 사자에게 편지하라 좌우에 날선 검을 가지신 이가 이르시되

요한계시록 2:12

감추었던
만나를 주리라

_버가모

버가모에 있는 바실리카 교회 _ 터키 페르가몬

" 버가모 교회는 사도 요한이 밧모 섬에서 자신이 본 환상을 두루마리에
기록해 보낸 일곱 교회 중 하나로 세 번째 편지를 받은 곳이다. 버가
모는 거대한 규모의 바실리카 교회 유적도 남아 있지만 우상 숭배에
빠진 이단자 흔적도 공존하는 선과 악의 투쟁지 같은 지역이다 요한계시
록 2:12~17. "

사도 요한은 밧모 섬에서 버가모 교회에 보낸 편지에서 주에 대해 이렇게 소개하고 있다.

현재 베르가마Bergama라고 불리는 버가모Pegammum는 터키 에게 해 중간 부분인 동쪽 해안에서 그리 멀지 않은 내륙에 위치한 도시이다. 보통 성지 순례에서는 파묵깔레에서 라오디게아, 빌라델비아, 사데, 두아디라, 버가모, 서머나로 이어지는 하루 일정을 잡는다. 그래서 버가모에서는 바실리카 교회를 보고 바로 떠날 수밖에 없고 아크로폴리스(아크로 버가모)를 보지 못하는 안타까움이 있다. 그래서 몇 차례 단체로 버가모를 찾은 후에야 아크로폴리스를 방문할 수 있었다.

버가모 교회는 소아시아 일곱 교회 중 세 번째 편지를 받은 곳이다. 특히 이 교회에는 사단의 위位가 있는데, 이는 버가모가 "온 아시아에서 가장 우상 숭배가 성한 곳"이라는 뜻이다.

오늘날 버가모에는 상상을 초월하는 규모의 바실리카 교회 기둥이 남아 있어 당시 교회가 얼마나 컸는지를 알 수 있다. 반면 이 도시 뒤 언덕에는 많은 신전이 있었다. 그래서 예수님의 충성된 증인 안디바가 순교한 곳이요, 반대로 발람의 교훈을 지키는 자와 니골라당의 교훈을 지키며 우상 숭배에 빠진 이단자가 있었다. 그러므로 버가모는 선과 악의 투쟁장이기도 했다.

로마 황제의 트라야누스 신전이 보이는 아크로 버가모 _ 터키 페르가몬

  교회에서 아크로폴리스를 향해 가파른 언덕길을 오르자 교회 규모를 비웃듯 제우스 신전과 로마 황제들의 신전 기둥이 아직도 웅장한 모습으로 남아 있었다. 버가모는 BC 3~1세기 사이 그리스 통치시대에 전성기를 이루었다. 당시 이곳은 버가모 왕국의 수도로 주변지역에 군림하던 큰 도시였다. 산 위에 세워진 아크로폴리스 왕국과 신전 유적은 한때 번성했던 버가모 왕국의 권세와 영광을 증언해 주고 있다.

  버가모 유적 중에 가장 유명한 것은 도서관이다. 물론 지금은 책한 권 남은 것 없이 건물 기초 부분만 남아 있을 뿐이다. 그러나 번영하던 당시에는 알렉산드리아 도서관과 함께 세계 2대 도서관으로 꼽혔으며, 특히 도서 수집광이었던 유메네스Yumenes 왕의 후원으로 크게 번성했다. 심지어 알렉산드리아에서는 버가모 도서관의 번영을 막기 위해 버가모로 파피루스Papyrus* 수출을 금지했다. 그러나 버가모는 이 기회에 파피루스 대신 양피지羊皮紙**를 고안해 사용했기 때문에 그 이름을 따서 버가멘Pergamen이라고 불렀다. 이 말은 라틴어를 거쳐 영어의 파치먼트Parchment가 되었다.

이렇게 버가모 도서관은 어려움을 극복하고 계속 번영했는데, BC 1세기에 알렉산드리아의 도서관이 불타서 크게 손상을 입자 이집트 왕 클레오파트라 여왕의 요청을 받은 로마 장군 마르쿠스 안토니우스는 군대를 동원해 버가모 도서관의 장서를 알렉산드리아로 옮겼다.

또 하나 유명한 유적은 아스클레피온Asclepion이다. 이 신전은 고대 세계에서 두 번째로 널리 알려진 보건소保健所, 病院이기도 하다. 버가모 성읍 남서쪽에 자리 잡은 이 건물은 아름다운 거리를 따라 들어가게 되어 있다. 돌로 포장된 폭이 20미터나 되는 대로로, 800미터에 이르는 구간을 직선으로 들어가는데 길 양편에는 약 15미터 높이의 돌기둥이 나열해 있어 장관을 이룬다.

원형 신전의 둥근 지붕과 장미 매듭 장식을 한 치료실이 있는데, 치료실 안뜰 중앙에 자리한 신성한 우물과 연못은 지하 터널로 연결되어 있으며, 여

● 파피루스 : 히브리어로는 '고메'로 《개역한글성경》에서 왕골과 갈대로 번역하고 있다. 고대에는 이집트 전역에 걸쳐 강가나 늪지에서 자생했다. 파피루스는 이집트에서 이미 BC 3000년경부터 AD 1000년경까지 필사 재료로 사용되었는데 종이를 나타내는 영어의 paper는 바로 이 papyrus에서 유래했다. 파피루스로 만든 종이는 《요한2서》 1장 12절에 언급되고 있다. 파피루스는 제지용 이외에도 고대 이집트에서 멍석이나 작은 배를 만드는 데 사용되었다. 모세가 갓난아이일 때 담겼던 갈(고메)상자는 바로 이 파피루스로 만든 상자였다.

●● 양피지 : 양의 가죽을 펴서 늘린 다음 표백해 건조한 것으로 종이가 발명되기 이전에는 이곳에 글을 기록했다.

아스클레피온 유적 _ 터키 버가모

기서 목욕과 진흙 습포식 치료, 음악요법을 위한 야외 음악당, 명상
요법을 위한 터널 통과, 식이요법, 운동요법, 심리요법, 신앙을 통한
치유 방법 등 전인적 요법을 사용했고 구내에는 의학 도서관도 있었
다고 한다.

아스클레피온에 남아 있는 많은 유적 가운데 돌기둥에 부조된 뱀
의 형상이 있는데, 《그리스 신화》에서 뱀은 의료의 신이 되는 아스클
레피오스Asclepios를 상징한다. 뱀이 껍질을 벗고 새 생명을 얻듯이
아스클레피오스의 도움으로 사람들이 질병의 껍질을 벗고 새 생명을
얻는다는 뜻에서 뱀이 의료신의 상징이 된 것이다.

아직도 웅장하게 남아 있는 바실리카 교회 유적과 아크로폴리스

의 거대한 신전 기둥에서 버가모가
선과 악의 투쟁지였음을 본다. 그
옛날 바울 사도에 의해 기독교
가 흥왕했던 소아시아에 다시
한 번 기독교가 부흥하기를 바라
며 버가모를 떠나 남쪽 서머나로
향했다.

아스클레피온 유적지에 있는 뱀 문양이 새
겨진 돌기둥 _ 터키 페르가몬

두아디라 교회의 사자에게 편지하라 그 눈이 불꽃 같고 그 발이 빛난 주석과
같은 하나님의 아들이 이르시되 요한계시록 2:18

처음보다
나중이
좋은 교회

_두아디라

두아디라 교회 _ 터키 악히살

" 두아디라 교회는 사도 요한이 밧모 섬에서 자신이 본 환상을 두루마리
에 기록해 보낸 일곱 교회 중 하나이다. 처음보다 나중이 더 좋았던 두
아디라 교회지만 우상 제물과 행음으로 얼룩진, 그래서 칭찬과 책망을
동시에 받았던 교회이기도 했다 요한계시록 2:18~29. "

사도 요한은 밧모 섬에서 두아디라 교회에 보낸 편지에서 주에 대해 이렇게 소개하고 있다.

그 눈이 불꽃 같고 그 발이 빛난 주석과 같은 하나님의 아들이 이르시되

요한계시록 2:18

두아디라Thyatira는 서부 소아시아의 한 도시로 리쿠스Lycus 강 남쪽 강변에 자리하고 있다. 서쪽에 있는 버가모Pergamum와 동남쪽에 있는 사르디스Sardis(사데)를 잇는 도로상에 위치해 있으며 현재는 악히살Akhisar이라는 이름으로 불리는 중소 도시이다.

두아디라의 초기 역사는 거의 알려진 것이 없다. 이 도시는 BC 3세기 초에 셀레우코스 니카토르Seleucus Nicator가 재건해 마게도냐 군대를 주둔시키면서부터 그 중요성이 점차 높아졌다. 당시 대도시는 아니었으나 리쿠스 계곡에서는 가장 중요한 도시였다.

이 지방에는 구리 장인, 가죽제품 제조공, 염색공, 모직공, 면직공의 조합 등 수많은 전문 직종별 조합Guild이 있었다. 그리고 이 지방에서는 질이 좋은 명주가 많이 났다. 또한 염색공 조합에서 사용하던 뿌리로 만든 '터키 자주'라는 물감이 유명했다고 한다. 지금도 이 지방에서는 면직, 모직, 명주 등의 직조물이 많이 나며 도기 제조 생산도 활발하다. 그 중에서 가죽 제품은 터키에서도 명물로 꼽힌다.

보통의 유적지와 달리 두아디라 교회 유적지는 시내 중심지에 있

다. 두아디라에서 숭배하던 신 중 뛰어난 것은 태양신 아폴로와 동일 시되던 티림노스Tyrimnos와 아르테미스와 동일시되던 여신 보레이테네Boreitene였다.

"그 눈이 불꽃 같고 그 발이 빛나는 주석 같은 하나님의 아들"에 대한 표현은 두아디라의 태양신 숭배 관념을 염두에 두고 주장한 뜻으로 볼 수 있다. 그 밖에 무속 종교로는 시빌 삼바데Sibyl Sambathe, 또는 삼베데Sambethe 신앙이 있었는데 이 신전은 도시 앞에 있었다.

사도 시대 당시 이곳 교회는 소아시아 일곱 교회 중 가장 긴 편지를 받았으나 이사벨을 교회에서 용납함으로써 교인들로 하여금 행음하고 우상의 제물을 먹게 만들었다.

고대 근동 지역의 초대 교회가 안고 있던 가장 심각한 문제 중 하나는 우상의 제물에 대한 태도와 매음으로부터 자기를 지키는 일이었다. 이교의 신전에는 여사제들이 있어 매음이 보편화되었기 때문에 개종하기 이전에 그들과 가졌던 관계가 마음에 걸리는 이도 있었지만 개종 후에도 성에 대한 인식이 성경적이지 못한 경우가 적지 않았다.

우상의 제물을 먹는 문제도 마찬가지였다. 이미 몸에 밴 습관이어서 쉽게 해결하기 어려웠다. 이런 문제는 두아디라 교회도 마찬가지였다. 그러나 빌립보의 자주옷감 장사인 루디아는 두아디라 출신으로 빌립보 교회의 핵심 교인이었다.

사랑과 믿음과 섬김과 인내가 처음보다 나중이 더 좋았던 두아디라 교회, 그러나 우상 제물과 행음으로 얼룩진 교회, 칭찬과 책망을 동시에 받았던 두아디라 교회가 있던 오늘날 악히살의 교회 터를 바

두아디라 유적지 _ 터키 악히살

라보면서 오직 주만이 만세반석 되심을 확신하며 주께서 베드로에게
한 말씀을 묵상해 본다.

> 너는 베드로라 내가 이 반석 위에 내 교회를 세우리니 음부의 권세가 이
> 기지 못하리라 마태복음 16:18

사데 교회의 사자에게 편지하라 하나님의 일곱 영과 일곱 별을 가지신 이가
이르시되 내가 네 행위를 아노니 네가 살았다 하는 이름은 가졌으나 죽은 자로다
요한계시록 3:1

죽게 된 것을
살리라

_사데

사데 교회 _ 터키 사르디스

" 사데 교회는 사도 요한이 밧모 섬에서 자신이 본 환상을 두루마리에 기
록해 보낸 일곱 교회 중 하나이다. 당시 사데 교회는 아시아를 대표하
는 일곱 교회 중 하나였지만 그 신앙이 죽은 자와 같은 교회로 성령의
책망을 받았다요한계시록 3:1~6. "

사도 요한은 밧모 섬에서 사데 교회에 보낸 편지에
서 주에 대해 이렇게 소개하고 있다.

하나님의 일곱 영과 일곱 별을 가지신 이가 이르시되 요한계시록 3:1

서머나에서 터키의 수도 앙카라까지 뻗은 넓은 국도를 따라 동쪽
으로 약 70킬로미터쯤 가면 사르트Sart라는 작은 마을이 나오는데 바
로 고대의 대도시였던 사데Sardis의 유적을 간직한 곳이다. 이 마을
지명의 뜻은 '남은 물건'이다.

본래 이곳은 작은 시내가 둘러 흐르는데 이 시내는 황금천黃金川
이라고 부를 만큼 많은 사금을 함유했다. 그래서 크로이소스 왕은 엄
청난 분량의 사금砂金을 채취해 당시 최대의 부왕이 되었다. 또 그는
금화를 주조해 최초의 금화 제조자이기도 했다.

사데에 대한 발굴 작업은 미국 프린스턴 대학팀이 20세기 초반
부터 시작해 1950년 이후부터는 하버드 대학팀과 코넬 대학팀이 발
굴 작업을 이어가고 있다. 그 결과 순금을 제련하던 도가니가 무려
300개 이상이나 발굴되었고, 도가니 밑바닥에는 순금이 그대로 남아
있어 크로이소스 왕의 전설적인 부가 역사적 사실임이 드러났다.

그러나 이 지역의 신앙은 금 산지답지 않게 정금처럼 정결하지
않아 예수님도 사도 요한을 통해 그 행위가 살았다 하는 이름은 가졌
으나 죽은 자라고 책망했다. 그리고 정결을 상징하는 흰옷을 입으라
고 말씀하셨다.

눈 덮인 사데의 아데미 신전 터, 왼쪽 건물은 교회 터이다. _ 터키

사데 유적지는 금 제련 터에서 가까운 거리에 있다. 유적지에 도착해 입구에 들어서면 바로 정면에 두 개의 큰 기둥이 하늘을 향해 높이 솟아 있는데 이것이 사데에서 가장 유명한 아데미 신전이다. 이 신전은 BC 330년경 알렉산더 대제의 명령으로 건축이 시작되었다.

에베소의 아데미 전각과 같이 '다산과 풍요의 여신'을 위한 신전으로 전면의 폭이 50미터, 길이 90미터, 78개의 돌기둥이 늘어선 웅대한 규모이다. 성상聖像 안치소는 신전 동쪽으로 향하고 있다. 이중 주랑柱廊이 남아 있는 유적은 주로 로마 시대의 것이다. 그리고 서쪽 끝에는 BC 5~6세기경에 처음으로 세워진 독립 제단이 하나 있다. 지금은 18미터 높이의 이오니아식 돌기둥 두 개가 외롭게 서 있어 과거 웅장했던 신전의 단면을 여실히 보여 준다.

아데미 신전 남쪽에는 붉은 벽돌로 지은 작은 교회 유적이 남아 있다. 다섯 개의 둥근 지붕의 형태를 지니고 있는 중세 비잔틴 시대의 교회이다. 외부는 장식용 벽돌로 쌓았고, 내부는 모자이크 무늬와 수채화로 그린 프레스코Fresco 벽화와 채색 유리로 장식되었다. 웅장한 아데미 신전 옆에 초라하게 남아 있는 사데 교회는 아마 기독교가 공인되기 이전에 세워진 것으로 보인다.

사도 요한 당시에 이곳 사데 교회는 아시아를 대표하는 일곱 교회 중 하나였다. 그러나 살았다는 이름을 가졌으나 실상은 그 신앙이 죽은 자와 같은 교회로 성령으로부터 책망을 받았다. 동시에 "사데에 그 옷을 더럽히지 아니한 자 몇 명이 네게 있어 흰옷을 입고 나와 함께 다니리니 …… 이기는 자는 이와 같이 흰옷을 입을 것이요"(요한계시록 3:4~5)라고 칭찬과 격려를 받기도 했다.

당시 로마 시대의 부와 권세를 상징하는 옷은 자주색 옷이었으나 사데의 의인은 흰옷을 약속받았으니 의미심장하다.

성지 순례차 이곳에 왔을 때 순례팀과 함께 교회 터를 붙잡고 이렇게 기도하자고 제안했다.

죽은 신앙을 가진 교회에게 너는 그 죽게 된 것을 굳게 하라는 주님의 훈계처럼 우리에게 죽게 된 신앙을 다시 한 번 굳게 하소서. 세상의 욕심과 쾌락과 교만으로 죽어가는 우리의 신앙을 다시 살아나게 하소서. 다시 한 번 식어지는 사랑과 섬김과 인내와 믿음을 새롭게 하소서.

사데 유적지에서 보면 멀리 산 정상부분에 성채 같은 것이 보이는데 바로 트몰루스Tmolus 산등성이 중턱에 남아 있는 리디아 왕궁의 궁전 터이다. 이곳을 가려면 따로 몇 시간을 들여야 한다. BC 700~AD 150년 동안 리디아 왕궁의 궁전 터로 쓰인 이 성터는 리디아 왕국의 가장 유명했던 마지막 왕 크로이소스와 관련이 있다.

크로이소스는 서구인에게 부를 상징하는 왕으로 널리 알려진 역사적 인물이다. 그래서 영어에서도 "크로이소스Croesus처럼 부유하다"는 말은 '거부'를 뜻하는 말이 되었다. 그러므로 리디아 왕궁은 황금으로 찼을 것인데 지금은 왕궁이 간 곳 없고 성벽만 남아 있다.

아데미 신전과 교회 터를 관람한 후 다시 대로로 나와 자동차로 2~3분 정도 달리면 대로변에 사데의 체육관과 회당 터를 보게 된다. 로마 시대에 건축된 거대한 체육관의 전면이 현재 복원되어 있는데

트몰루스 성채 _ 사데

424

이 체육관은 단순히 육체만을 단련하는 곳이 아니고, 일반 교육도 이루어진 장소였다. 사데에 이런 대규모 체육관이 있었다는 것은 이 도시의 문화적, 학문적 수준을 잘 말해 준다. 또 체육관 앞에 있는 회당은 당시 1,000명 이상의 사람이 들어갈 수 있었는데 지금까지 알려진 유대인 회당으로는 최대 규모의 것이다.

금 산지로 유명한 사데의 금 제련소와 신전과 성터, 그리고 체육관과 회당을 돌아보며 "심령이 가난한 자는 복이 있도다"라는 주의 말씀과 "행함이 있는 믿음이 살아 있는 믿음"이라는 〈야고보서〉의 말씀이 마음 깊이 다가왔다.

사데의 체육관, 앞에는 회당 터였다. _ 터키

시험의 때를 면하게 하리라

_ 빌라델비아

빌라델비아 유적 _ 터키 알라세힐

"
빌라델비아 교회는 사도 요한이 밧모 섬에서 자신이 본 환상을 두루마리에 기록해 보낸 일곱 교회 중 하나이다. 빌라델비아는 예수님으로부터 적은 능력을 가지고도 말씀을 지키고 내 이름을 배반치 않았다고 칭찬을 받았다. 서머나 교회와 함께 칭찬만 받은 교회였다 요한계시록 3:7~13.
"

사도 요한은 밧모 섬에서 빌라델비아 교회에 보낸 편지에서 주에 대해 이렇게 소개하고 있다.

> 거룩하고 진실하사 다윗의 열쇠를 가지신 이 곧 열면 닫을 사람이 없고 닫으면 열 사람이 없는 그가 이르시되 요한계시록 3:7

빌라델비아Philadelphia[*]는 사데 동쪽으로 45킬로미터쯤에 위치한 오늘날 알라세힐Alasehir이라는 소도시가 있는 곳이다. 빌라델비아와 잇닿아 있는 고대 코가미스Cogamis 강은 헤르무스Hermus(오늘날 게디스) 강의 지류이며, 루디아의 고대 수도인 사데Sardis로부터 동쪽에 이르는 자연적인 교역 통상로이다. 오늘날에도 철도가 이곳을 통과한다.

라오디게아에서 이곳까지는 60킬로미터 거리로 우리는 점심 시간이 다 되어 빌라델비아에 도착했다.

빌라델비아 성읍에서 일어난 역사적인 사실과 새로 발생한 오늘날의 알라세힐 도시에서는 과거 헬레니즘 문화와 로마 문화의 흔적을 거의 찾아볼 수 없다. 그러나 기독교의 본거지였던 빌라델비아의 영광은 셀주크Seljuk와 오트만Ottman이 비잔틴 제국을 침략할 당시에 다시 빛을 발하게

> ● 빌라델비아 : 헬라 시대에 상당히 번영해 이미 BC 2세기에 화폐 주조를 시작했다. 17년에 발생한 대지진의 강타로 크게 파괴된 빌라델비아를 디베료 황제가 원조하러 왔고, 주민은 감사의 표시로 이 성읍에 '네오 가이사랴Neo caesarea'라는 별칭을 붙였다.
> 베스파니아누스Vespaisanus 황제 치하에서는 플라비아Flavia라는 이름이 화폐에 나타나기 시작했으며, 카라칼라Caracalla 황제 시대부터는 황제를 숭배하는 뜻과 관련되어 네오코로스Neocoros(성전의 파수꾼)라고 불리게 되었다.

되었다.

빌라델비아는 점령된 영토 내에서 혼자 고립된 채로 기독교를 신봉했으며 투철한 용맹으로 두 차례의 포위 공격을 견뎌냈다. 1391년 함락되었을 때 베야짓 1세Bejazit I의 군대와 마뉴엘 2세Manuel II의 지휘하에 그리스 원군의 연합군에게 항복했다. 현재는 빌라델비아가 미국의 유명한 대도시의 이름으로 더 잘 알려져 있지만 초대 교회가 있었던 빌라델비아는 땅 속에 묻혀 고고학자들의 발굴을 기다리고 있다.

알라세힐(빌라델비아)에 도착해 찾은 곳은 교회 유적지였다. 현재 웅장한 두 개의 벽돌로 쌓은 기둥만이 남아 있는 이곳은 '형제 사랑'이란 뜻을 가진 도시답게 예수님으로부터 적은 능력을 가지고도 말씀을 지키고 내 이름을 배반치 않았다고 칭찬을 받았다.

빌라델비아 교회 | 터키 알라세힐

일곱 교회 중에서는 칭찬과 책망을 받은 교회가 있는가 하면 책망만 받은 교회도 있는데 빌라델비아 교회는 서머나 교회와 함께 칭찬만 받은 교회였다.

지금은 교회 기둥만 남아 있는 이곳에서 적은 능력을 가지고도 하나님의 말씀을 지키고 하나님의 이름을 배반하지 않았던 빌라델비아 교인들을 생각해 보았다. 우리는 삶 속에서 얼마나 예수의 이름을 배반하며 살았는가? 말씀과 삶이 동떨어진 이중적인 생활로 세상 사람들로부터 얼마나 많은 비난을 받고 있는가?

말씀과 다른 생활에는 영적 영향력이 없다. 세상을 향한 기독교의 힘은 주의 말씀대로 실천하는 데서 나온다. 비록 빌라델비아 교인처럼 적은 힘이지만 서로 섬기며 베풀고 욕심을 버리는 삶 속에서 말씀의 능력이 나타나는 것이다.

차든지 뜨겁든지 하라

_라오디게아

라오디게아 중심 도로 _ 터키 데니즐리

> 라오디게아 교회는 사도 요한이 밧모 섬에서 자신이 본 환상을 두루마리에 기록해 보낸 일곱 교회 중 하나이다. 라오디게아에는 수로로 사용되었던 기초석 일부가 남아 있는데 히에라볼리의 온천수를 이곳까지 끌어오기 위해 만든 것이다. 그러나 7킬로미터의 수로를 통과하는 동안 물이 식어 미지근해졌는데 라오디게아 교인을 향한 "네가 차지도 않고 덥지도 않고 미지근하다"라는 《성경》 기록은 이런 연유에서다 요한계시록 3:14~22.

430

사도 요한은 밧모 섬에서 라오디게아 교회에 보낸
편지에서 주에 대해 이렇게 소개하고 있다.

아멘이시요 충성되고 참된 증인이시요 하나님의 창조의 근본이신 이가
이르시되 요한계시록 3:14

라오디게아Laodicea는 루커스Lycus 강 계곡에 있는 한 도시이다.
옛 브루기아 남서쪽 끝에 자리 잡고 있는데, 때때로 카리아Caria에 속
했던 것으로 생각된다.

우리는 《성경》의 히에라볼리인 오늘날 파묵깔레 온천지에서 하
루 묵은 후 라오디게아 교회를 향해 출발했다. 히에라볼리에서 라오
디게아는 남쪽으로 9킬로미터, 골로새 서북쪽으로 약 16킬로미터쯤
떨어진 지점에 있어 출발하자마자 도착했다.

라오디게아는 BC 250년경 셀레우코스 왕조의 안티오코스 2세
Antiochos II에 의해 건설된 도시로, 도시 이름은 그의 부인인 라오디
게의 이름을 따서 라오디게아라고 명명했다.

비옥한 토질에 좋은 목장이 있어 봉제공 조합 등과 같은 장인조
합이 나타났으며 경제적인 발달로 금융활동과 은행업이 발전하게 되
었다. 또 근방에는 후루기야라고 하는 안약 원료가 생산되었으며, 전
설적인 명의 갈렌Callen도 이 안약을 크게 추천했다. 그래서 라오디
게아 교회에 보낸 편지 중에 "안약을 사서 눈에 발라 보게 하라"(요한
계시록 3:18)고 권면한 것은 라오디게아가 안약의 산지임을 염두에 두

고 한 말씀이 분명하다.

2011년 이곳을 방문했을 때는 많은 부분이 발굴된 데다 계속해서 발굴이 이루어지고 있었다. 그래서 교회 터라 할 수 있는 정확한 장소에 대해서는 아직 확증된 것이 없다. 다만 현재 발굴된 중심도로 끝부분에서 십자가 문양이 새겨진 돌조각이 발견되어 그곳을 교회 터로 보고 있다.

또한 수로로 사용되었던 것이 현재 일부분 남아 있는데 이는 고대 라오디게아에서는 히에라볼리의 온천수를 이곳까지 끌어오기 위해 만든 것이다. 7킬로미터에 달하는 이 수로를 통과하는 동안 더운 물은 라오디게아에 오면 식어 미지근해졌다. 그래서 〈요한계시록〉 3장 15~16절에서 라오디게아 교인들에게 "네가 차지도 않고 덥지도 않고 미지근하

교회 터로 주장되는 십자가 문양이 새겨진 돌을 발견한 곳(위) 새로 발굴된 신전 터(중간) 수로 기초석(아래) _ 터키 라오디게아

다"라고 책망한 말씀은 바로 이런 연유에서다.

라오디게아에서는 온천수를 끌어온 히에라볼리(파묵깔레)가 보인

다. 특히 히에라볼리는 석회석으로 인해 흰색으로 보여 쉽게 육안으로 확인된다. 십자가 문양이 있는 교회 터에서 히에라볼리를 바라보며 미지근한 신앙을 책망했던 주의 말씀을 읽고 순례객에게 말씀을 전한다.

신앙이란 열정이다. 그것은 양자택일이며, 세상과 하나님 양쪽을 선택하는 것이 아니다. 라오디게아 교회는 믿는 것인지 안 믿는 것인지 신앙의 열정이 식어 불분명함으로써 책망을 받았다. 세상 앞에서 내가 하나님의 사람이라는 것을 삶으로 자신 있게 보여 줄 수 있는 자가 참된 기독교인이다.

또한 빌라델비아 교회는 안약을 사서 눈에 발라 보게 하라는 권면을 받았다. 안약으로 유명한 라오디게아였지만 정작 이곳 교인들의 영적인 눈은 어두웠다. 그런 라오디게아 교회의 유적을 보면서 세상적인 것 때문에 영적인 것을 보지 못해서는 안 된다는 것을 새삼 느꼈다.

하나님의 말씀과 예수를 증언하였음으로 말미암아 밧모라 하는 섬에 있었더니

요한계시록 1:9

아멘 주 예수여 오시옵소서

_밧모 섬

스카라 항구가 보이는 밧모 섬 _ 그리스

" 바울 사도가 순교하고 28년이 지나 사도 중 유일하게 순교하지 않은 사도 요한은 밧모 섬에 유배되어 장차 일어날 일에 대해 환상을 본다. 그리고 그것을 아시아에 있는 일곱 교회에 편지를 써서 보내도록 말씀을 받았다. 이에 두루마리에 환상 내용을 써서 교회에 보냈다요한계시록 1~22장. "

AD 67년 6월경, 62세쯤 되는 나이로 바울 사도가 순교 당한 후 28년이 지났다. 사도 중에 유일하게 순교하지 않은 사도 요한은 95년경 밧모 섬에 유배되어 있었다.

그는 밧모 섬에서 장차 일어날 일에 대해 환상을 보게 된다. 그리고 자신이 본 것을 두루마리에 써서 아시아에 있는 대표적인 일곱 교회에 보내도록 말씀을 받았다. 그 일곱 교회는 에베소, 서머나, 버가모, 두아디라, 사데, 빌라델비아, 라오디게아 등이었다.

밧모 섬은 에게 해에 산재해 있는 3,000여 섬 가운데 하나이다. 터키 서해안 쿠사다시Kusadasi(에베소의 외항격)에서 동쪽으로 약 60킬로미터 지점이고, 그리스 아테네에서는 서쪽으로 약 250킬로미터 떨어진 곳에 위치해 있다. 지리적으로는 터키에 훨씬 가까우나 에게 해의 다른 섬과 마찬가지로 현재 그리스에 속해 있다.

사도 요한이 유배되었던 밧모 섬으로 가는 방법은 터키 에베소의 쿠사다시 항구에서 전세선을 타고 가거나 밧모 섬으로 가는 크루즈급 정기 여객선을 이용할 수도 있다. 전세선은 일정을 맞추기 위해 이용하지만 여름철을 제외하고는 풍랑으로 취소되는 경우가 많다. 반면 정기선은 단체 터키 순례 시 일정을 맞추기가 어려운 단점이 있다.

또 하나의 방법은 아테네에서 항공편을 이용해 북쪽에 있는 사모스 섬까지 온 후 배를 이용하는 경우이다. 그러나 단체는 어렵고 개인적으로 오는 경우 가능하다. 아니면 밧모 섬 남쪽에 있는 고스 섬에서 가는 방법도 있으나 이 경우는 특별히 섬 지역을 순례할 경우에

고려해 볼 수 있다.

우리는 섬 순례를 하던 중 다음 일정인 사모 섬으로 가려고 했으나 이왕 이곳까지 왔으니 밧모 섬에서 하루를 지내기로 했다.

배는 고스 섬을 출발한 지 2시간 30분 만에 밧모 섬 스카라 항구에 도착했다. 2,700명의 인구가 사는 밧모 섬은 남북이 약 16킬로미터, 동서로는 넓은 곳이 약 10킬로미터이고, 중간 부분은 잘록해서 불과 1킬로미터 정도밖에 안 된다. 해안 굴곡이 심해 주위 둘레가 약 60킬로미터이고, 면적은 우리나라 영종도와 거의 같다. 그래서 많은 사람은 승용차보다는 오토바이를 이용한다.

로마 제국 시대에 밧모 섬은 정치, 종교 중범자들의 유배처였는데, 한번 들어가면 살아 나오기 힘든 생지옥이었다. 예수님의 제자 사도 요한은 도미티안Domitian 황제 때 이 섬으로 유배 와서 18개월간 살다가 96년에 에베소로 귀향했다고 전해진다.

먼저 요한이 유배 생활을 하는 동안에 계시를 받았다는 산중턱의 요한 계시 동굴에 들렀다. 동굴 입구에는 〈요한계시록〉 1장 9절 말씀이 그리스어로 동판에 새겨져 있었다. 동굴 입구 위쪽에는 눈이 어두운 요한 대신에 계시의 내용을 대서하는 브로고로 집사의 모습이 모자이크로 그려져 있었다.

계단을 따라 내려가 동굴 안으로 들어가자 요한이 계시를 받을 때 갈라졌다고 하는 바위가 있었다. 그리고 바위 벽면에는 사도 요한이 기도한 후 일어날 때마다 손을 잡은 곳에 홈이 파진 곳이 있었다. 얼마나 많이 기도했으면 바위에 홈이 파질 정도였을까?

바로 이곳에서 사도 요한은 장차 일어날 일에 대해 환상을 보았

436

요한 대신 계시를 기록하는 브로고로 집사 _ 밧모 섬

던 것이다. 동굴 내부는 거룩한 곳이라 하여 사진 촬영을 철저히 금하고 있었다.

계시 동굴에서 나오자 밧모 섬의 스카라 항구가 한눈에 들어왔다. 다시 택시를 타고 산 정상 쪽에 있는 요한 수도원으로 향했다.

요한 수도원은 섬 중앙에 있는 호라 마을 뒤 언덕 정상에 난공불락의 요새 같은 성으로 버티고 있다. 이 수도원은 1088년 수도자 성 크리스토둘로스St. Christodoulos가 요한을 기념해 세웠는데 이 지역에 자주 출몰하는 해적의 공격을 막기 위해 요새화된 것이다.

원래 이 장소는 희랍(그리스) 여신 아르데미스Artemis(아데미) 신전이 있었던 곳이라고 전한다. 이 수도원에는 값진 보물과 희귀한 《성경》이 많은데, 특별히 500년대에 기록한 〈마가복음〉은 매장의 첫 글자를 순금으로 썼고, 나머지는 은으로 썼다. 그리고 해상무역으로 큰돈을 번 상인이 안전한 항해를 기원하며 많은 보물을 기증해 엄청난 보물이 있다고 한다.

이전에 몇 차례나 방문했던 곳이기에 이번에는 사진만 찍고 한 번도 가보지 않은 섬 뒤편으로 가보기로 했다. 우리를 태운 기사는 우리가 사진 찍는 사람인 줄 알고는 섬의 가장 높은 곳으로 안내했다. 그것은 하나의 행운이었다.

기사 덕분에 섬의 가장 높은 곳에 오른 우리는 요한 수도원이 내려다보이는 곳에서 요한 수도원의 모습을 사진에 담고 섬 뒤편의 아름답게 펼쳐진 해안가를 바라보며 항구로 향했다.

항구로 내려오던 중 산중턱의 엘리야 기념 교회와 그 오른쪽에

밧모 섬 스카라 항구의 노을

있는 요한 신학교를 보았다. 요
한 신학교는 1713년에 창건되
었고, 희랍 정교회 신학교 중 많
은 인재를 양성한 우수한 신학
교였다.

　항구로 내려와 해안도로를
따라 항구 맞은편으로 가다 보
면 해안가 도로 옆에 사도 요한
이 세례를 주었던 세례 터와 그
옆에 세워진 기념 교회가 있다.
유배된 몸으로 믿는 이들에게
세례까지 주었으니 요한은 이곳
에서도 말씀을 전했던 것이다.

　사도 요한이 유배를 와서 장
래의 일에 대해 환상을 보고 〈요
한계시록〉을 기록한 밧모 섬, 그
마지막 말은 마라나타! 즉 아멘
주 예수여 오시옵소서였다. 그
것은 이 세상에서 고통당하고
절망 중에 있는 이들에게 희망
의 메시지였다. 그리고 모든 믿
는 이들이 소망하는 간절한 바
람이다.

호라 마을에 있는 요한 수도원(위) 밧모 섬의
신학교(중간) 요한이 세례를 주던 곳(아래) _
밧모 섬

이원희 목사와 함께 떠나는
성지행전 _ 신약

이원희 지음

발 행 일 초판 1쇄 2012년 12월 29일
발 행 처 평단문화사
발 행 인 최석두

등록번호 제1-765호 / 등록일 1988년 7월 6일
주   소 서울시 마포구 서교동 480-9 에이스빌딩 3층
전화번호 (02)325-8144(代)   FAX (02)325-8143
이 메 일 pyongdan@hanmail.net
I S B N 978-89-7343-373-5 03230

이 도서의 국립중앙도서관 출판시도서목록(CIP)은 e-CIP 홈페이지(http://www.nl.go.kr/ecip)와
국가자료공동목록시스템(http://www.nl.go.kr/kolisnet)에서 이용하실 수 있습니다.
(CIP제어번호: CIP2012005700)

Jesus Loves You
저희는 매출액의 2%를 불우이웃돕기에 사용하고 있습니다